GÉNÉALOGIE

DE LA

MAISON

d'ARCLAIS de MONBOSCQ

de MONTAMYS

et NOTES concernant plusieurs FAMILLES
qui lui sont alliées
d'après Documents originaux & Renseignements dignes de foi

Éditeur Louis JOUAN, à Caen
IMPRIMERIE B. LE BEAU — VANNES
M D C. C. C. C. X I I

D'ARCLAIS de MONBOSCQ

ET

DE MONTAMYS

GÉNÉALOGIE

DE LA

MAISON

d'ARCLAIS de MONBOSCQ

ET

de MONTAMYS

et NOTES concernant plusieurs FAMILLES

qui lui sont alliées

d'après Documents originaux & Renseignements dignes de foi

Éditeur Louis JOUAN, à Caen

IMPRIMERIE B. LE BEAU — VANNES

M D C. C. C. C. X I I

Armes de la Maison D'ARCLAIS

De nombreuses erreurs ont été commises par différents Héraldistes au sujet des Armoiries de la Maison D'ARCLAIS.

Nous ne les signalerons pas dans leurs détails, il suffira de faire remarquer que ces Armes n'ont été modifiées légalement qu'une fois au cours des siècles.

Ce n'est qu'au XVIIIe, en effet, que le franc-quartier de sable a été changé en franc-quartier d'or, le reste de l'écu demeurant identique.

Cette modification paraît avoir été apportée par Didier D'ARCLAIS, celui qui fut Premier maître d'hostel du duc d'Orléans et son ayde de camp pendant diverses campagnes.

On voit paraître le franc-quartier d'or pour la première fois dans le sceau d'armes qui scelle un aveu rendu le 16 Juillet 1737, ensuite dans les armoiries peintes en tête des preuves que Didier D'ARCLAIS avait dû fournir en 1762, lors de sa nomination de Chevalier de Saint-Lazare, enfin dans les lettres patentes adressées par Sa Majesté à NICOLAS-JOSEPH, son frère, pour érection du domaine de Montamys en Comté, lettres datées du mois de Juillet 1769.

Depuis cette époque les armes ont toujours été portées pareilles par la famille.

Avant cette date l'écu avait le franc-quartier de sable, ce qui se justifie : par les sceaux qui précèdent l'époque sus-indiquée ; par les recherches où le libellé des armoiries est donné, et par les peintures et descriptions qui en ont été faites à ces diverses époques.

Telles les suivantes : « Jacques ENEURET parle, en 1590,

1° « D'un écusson à champ de gueulles
« et d'argent deux petites meulles
« aussy est véritable
« qu'y a un quartier de sable
« barré d'azur à travers
« pour rendre les effets plus clers », etc., etc., etc. .

2° Deux certificats relevés par le juge d'armes, l'un de 1671, l'autre de 1761 où les armoiries sont peintes. Dans le premier, le franc-quartier est de sable, il est d'or dans le second.

3° Le certificat de CHAMILLART où le blason est ainsi expliqué :

« Gueule au F. quartier de sable chargé d'une bande d'azur et 3 mollettes d'argent, deux en chef et une en pointe. »

Dans le dessin en couleur qui accompagne ce libellé, le F. quartier est à senestre et la deuxième molette brochante sur la bande.

D'autres textes sont ainsi formulés :

« De gueules au F. quartier à senestre de sable, tranché d'une bande d'azur et trois molettes d'argent posées deux et une, la seconde du chef brochant sur la bande d'azur. »

Le blason des lettres patentes de Juillet 1769, est le suivant :

« ... portant pour Armoiries : Gueules à un franc-quartier à senestre
« d'or chargé d'une bande d'azur et trois molettes d'argent posées deux et
« une, la seconde du chef brochant sur la dite bande. »

La particularité qui subsiste toujours est, on le voit, que le franc-quartier est à senestre et qu'il n'a jamais varié de position, s'il a changé d'émail ; la bande d'azur n'a jamais été « surchargée de plusieurs molettes », comme il est prétendu à tort dans certains recueils.

Il est aussi à remarquer que les différentes branches ont porté les mêmes armes sans brisures.

Fief de Montamys

Maison d'Arclais

SEIGNEURS DE MONBOSC & DE MONTAMYS

Armes des Maisons alliées
et des Maisons qui en descendent.

Nicolas Joseph d'arclais Comte d'arclais de Montamy
capi.ne d'une Compa.e de Chevaulegers des ordonnances du Roy

INVENTAIRE

des Titres et Papiers du

COMTÉ de MONTAMYS

Rangés selon l'ordre des Matières
et chaque Matière suivant l'ordre Chronologique

Cet Inventaire fait par les ordres de haut et puissant Seigneur Messire NICOLAS Joseph, Comte d'ARCLAIS de MONTAMYS, Chevalier de l'ordre Royal et Militaire de Saint-Louis, ancien major de Cavallerie, Seigneur Baron de Montchauvet, Arclais, etc..., dont l'original a été rédigé par DECHEVRIÈRES, *Archiviste Géomètre féodiste, etc., en mars 1782.*

Fief & Comté de Montamys [1]

Le Comté et Seigneurie DE MONTAMYS, situé au baillage de Caen, viconté de Vire, sergenterie du Tourneur est un huictiesme de fief de Haubert relevant du Roy à cause de sa chastellenie de Vire et pour lequel il n'est deu que foy et hommage, reliefs treisiesmes et service d'ost, comme les autres fiefs nobles du Duché de Normandie.

---

(1) Extrait des titres du Comté de Montamys, par Dechevrières. Archives Daudeteau d'Arclais de Montamys.

Erection en Comté

Cette terre fut érigée en Comté en faveur de Messire Nicollas-Joseph d'Arclais et de ses descendans mâles en légitime mariage, par lettres patentes données à Versailles au mois de Juillet 1769.

Cette érection fut faite par Sa Majesté pour témoigner au Seigneur de Montamys, la satisfaction qu'Elle avait eue, de ses services militaires ainsi que de ceux de ses ancêtres.

Anciens Seigneurs

Le plus ancien seigneur de Montamys que l'on ait pu découvrir par les titres, est Pierre Poisson, escuyer. Il vivait l'an 1450. Après sa mort les biens de sa succession ayant été partagés, la terre de Montamys tomba en partage à Robert Poisson, prestre, qui du vivant de son père avait été nommé curé de Montamys.

En 1518, Robert Poisson vendit la terre de Montamys à Marcel du Brieul, seigneur d'Ussy. Cette vente fut ratifiée par Jehan Poisson, seigneur de Crennes, neveu de Robert et même il est dit que les deniers provenants de cette vente doivent revertir au proffit de ce dernier.

Dans cette vente les vendeurs se réservèrent le droit de reméré pendant cinq ans, mais en 1519 ce droit de réméré fut vendu audit Marcel du Brieul.

Nicollas d'Arclois, fils du seigneur de Monboscq et petit-fils de Perette Poisson, fille de Pierre Poisson, clama l'effet des ventes ci-dessus, non seulement à droit lignagé, mais encore comme ces ventes étaient frauduleuses. Enfin, après plusieurs procédures, Nicollas d'Arclais resta paisible possesseur de la terre de Montamys et, depuis ce temps, elle a toujours été possédée, à droit successif, par les descendants dudit Nicollas d'Arclois, ce qui a fait une branche de cette maison connue sous le nom d'Arclois de Montamys, dont celle de Monbosq est la souche, ainsi qu'on peut le voir par le tableau généalogique joint à cette recherche.

Noms des Seigneurs d'Arclais

Ce nom qui dérive d'une localité située au Nord-Ouest des landes de Monchauvet, sans qu'on puisse définir si la famille lui a apporté son nom, ou l'a pris d'elle, comme il est commun pour toutes celles qui venues avec Rollon en Neustrie, en ont reçu des fiefs, est orthographié de diverses manières.

Il s'écrit : Darclais, Darclès, Darclois, Darcloys, Darclaès, Darclays, Darclais, puis avec une apostrophe suivant le D, qui se trouve ainsi séparé du nom lui-même. Le lieu d'origine se dénommant Arclès, Arclais, Arclays, Arcleys, Arlès, Arclaès, etc., constituait une seigneurie relevant de la baronnerie du Plessix.

C'est en tout cas de ce fief qu'est originaire la famille dite d'Arclais, qui a possédé divers domaines dans le bocage normand et jusques en dehors de ses limites, puisqu'on en rencontre des branches qui portent le nom de diverses seigneuries qui leur ont appartenues, comme celles de Monboscq, Montamys, Saint-Cellerin, Beaupigny, Boscpoisson, Montchauvet, Lesnault, Bretteville — l'orgueilleuse — etc., etc., etc.

Une charte de 1074, donnée par le duc Guillaume, celui qui avait conquis l'Angleterre et s'en était fait Roi, fit cadeau de la baronnerie du Plessix à l'évesque de Bayeux, Odon, son frère et au Chapitre de l'Église Cathédrale dudit Bayeux.

Dans cette charte le nom de ladite seigneurie est écrit *Arléam* ou *Arlès.*

Que ce nom ait été apporté à cette terre par ceux à qui elle estoit eschue en partage, ou, au contraire, que les possesseurs l'aient acquis de la terre elle-même, il n'en paraît pas moins certain, ou tout au moins très présumable, que les membres de cette illustre et ancienne Maison existant à cette époque, accompagnèrent leur Duc dans son expédition outre-mer et combattirent avec les autres seigneurs normands dans la mémorable journée d'Hastings.

Branche Anglaise

Ce qui tend à fortifier cette opinion c'est la croyance de quelques historiens que la maison D'ARCLAIS est originaire d'Angleterre et ensuite le fait qu'il existe encore en ce païs une branche de cette Maison dont une partie habitait à Londres dans la rue de Finsburg, près le « secouard » *(sic)* de ce nom sur la droite de cette rue en allant audit « secouard » *(sic)* de Finsburg.

Cette mention est faite par Pierre DE SAVIGNAC DES ROCHES, époux de dame Marie-Louise D'ARCLAIS, dans les notes qu'il a rapportées de l'émigration. Elle a donc toute l'autorité d'une chose personnellement vue et de connaissance certaine.

La branche des DARCLAIS, qui est revenue en Normandie après l'expédition de l'an 1066, y réside, depuis ces siècles reculés, toujours dans la même partie du païs, comme il vient d'être expliqué antérieurement.

Preuves de Noblesse

Cette famille prouve sa noblesse par titres dès avant le XIIe siècle.

Elle a vu sortir cette terre d'Arclès de ses mains, parce que vraisemblablement la branche aisnée qui la possédait, étant tombée en quenouille, le domaine a été porté par l'héritière dans des mains étrangères.

La Maison se divise en quatre branches, scavoir :

1° Celle des Seigneurs DE MONBOSCQ issue de l'aisnée ;

2° Celle des Seigneurs DE MONTAMYS ;

3° Celle des Seigneurs DE BEAUPIGNY ;

4° Celle des Seigneurs DE BRETTEVILLE-L'ORGUEILLEUSE,

rameaux sortis tous les deux de la branche cadette.

La Terre de Montamys

Domaine

La terre DE MONTAMYS ne consistait autrefois qu'en domaine fieffé, mais depuis 1518, les Seigneurs ayant acquis progressivement, partie du domaine fieffé en ont composé un domaine non fieflé dont la continence actuelle est de. . . . vergées.

Il consiste expressément, en château ou manoir seigneurial, chapelle, cour, jardins, étangs, prés, herbages, bois, terres labourables, moulin à eau nommé le *moulin du Val,* qui en 1518 estoit en ruynes, mais qui fut restabli en 1565.

Moulin à Vent

En 1561 le seigneur DE MONTAMYS fit construire un moulin à vent dans sa Seigneurie pour que ses vasseaux y puisse aller mouldre leurs grains, lorsque le ruisseau de Courbenson, qui faisait mouldre le moulin banal était à sec ; plusieurs Seigneurs des environs s'opposèrent à cet établissement et présentement ce moulin n'existe plus.

Patronage et Présentation

Aux seigneurs de Montamys appartient de temps immémorial le patronage et droit de présenter à l'église paroissiale de Saint-Martin de Montamys ; ce droit n'a jamais été contesté.

Domaine fieffé

Le domaine fieffé de la seigneurie de Montamys ancien était composé des mazures Pellecerf continant 197 acres 2 vergées.

Celle au Chartier continant 41 acres 1 vergée 1/2 ;

Celle de la Vavassorie continant 47 acres 3 vergées dont 11 acres assis en la paroisse de Brémois ;

Celle des Hamelets 84 acres ;

Celle Babin 40 acres ;

Celle Muriel 46 acres et celle Cordier 6 acres ; toutes ces continences sont prises sur l'aveu rendu au Roy vers 1547 *(voyez boîte 2 n° 18).*

Toutes ces masures doivent des rentes seigneurialles qui sont en suivant les anciens adveux pour les masures susdittes :

Rentes Seigneurialles

Pour la masure Pellecerf : 156 boisseaux d'avoine, 25 boisseaux de froment, 5 chappons, 5 pains, 50 œufs.

Pour la masure au Chartier : 24 boisseaux d'avoine et 6 boisseaux de froment avec 4 deniers par boisseau, 4 chapons, 4 pains, 40 œufs.

Pour la masure de la Vavassorie : 20^{s}, 4 pains, 4 chapons et 40 œufs.

Pour la masure des Hamelets : 3 boisseaux de froment, 12 boisseaux d'avoine, 4 chapons, 4 pains et 40 œufs.

Pour la masure Babin : Six boisseaux de froment, 24 boisseaux d'avoine, 17^{s} en argent, 4 chappons et 40 œufs.

Pour la masure Muriel : 15^{s}, 6 pains, 6 chapons et 60 œufs.

Pour la masure au Cordier : 5^{s}, 4 pains, 4 chapons et 40 œufs avec une geline.

Escrois de Fief

Il est deu aussi plusieurs rentes en escrois de fief dont on peut voir le détail en parcourant les aveux de ces diverses masures.

Outre toutes ces rentes, les aisnés et puisnés de ces diverses masures, doivent au seigneur les services et subiections cy-après : Scavoir l'aide du tiers an qui est 2 d. par chaque acre de trois en trois ans, reliefs 13mes, aides et sous-aides et aides coustumières, regard de mariage, qui dans quelques aveux est évalué à 7 s. 6 d. et dans un accord en datte du 28 mars 1340 (boite 5, liasse 18, n° 3), est dit estre que lorsqu'un des tenans de la seigneurie se marie, il doit le jour de ses noces, un plat honneste et fourni de viande, pain et vin pour le diner du Seigneur et de la Dame, le gâteau estimé à 15^{s}.

Droict de Quintaine

Le droit de Quintaine qui est que lorsqu'un des tenans homme, épouse une héritière en la seigneurie, il est tenu de faire trois courses à la Quintaine avec une lance de la grosseur de la poignée à la Dame à l'endroit de sa mamelle et s'il ne rompait pas la lance en l'une des trois courses ou s'il tombait en l'une d'icelles, il serait tenu à payer 12 boisseaux d'avoine, mais s'il rompait la lance dans l'une des trois courses, il ne payeroit qu'unq boisseau d'avoine pour la provende du Cheval que le Seigneur doit fournir. A cette course de Quintaine doivent estre présens les autres vassaux.

Bannalité et Service du Moulin

Ils sont aussi subjects à la bannalité et meulte fraiche et seiche du moulin de la Seigneurie, nommé le moulin du Val. Subjection à mener l'eau de Courbenson depuis l'écluse jusques au sas pour tous services de moulin.

Prévosté

Service de Prévosté, receveuse, tournoyante et comptable. Obéissance de court et usage à simple gage pleige.

Item sont subjectz les vassaux d'avertir le seigneur des rentes, 13mes, Echanges, forfaitures et choses gaives lors qu'ils en ont connaissance.

Ne peuvent les vassaux tenir, ni faire tenir taverne sur les masures, sans la permission du Seigneur.

Mesure pour le paiement des Rentes

Il y eut plusieurs contestations au sujet de la mesure à laquelle se devoit payer les rentes en grains deues à la Seigneurie de Montamys.

En 1549 intervint un accord entre les Vasseaux et le Seigneur par lequel il fût arrêté qu'il serait fait deux futs de boisseaux d'un doigt plus haut que la mesure de Vire lors ayant cours, laquelle mesure serait ratée *(sic)* reez le fut du boisseau.

En 1686 cette contestation se renouvella, l'affaire fut portée au bailliage de Vire, où intervint une sentence en datte du 21 mars 1687 qui ordonne conformément à la transaction cy dessus.

De cette sentence il y eut appel au parlement où l'arrest qui intervint en datte du 4 septembre 1699, réforme la sentence cy dessus et ordonne que le Seigneur de Montamys serait payé des rentes seigneurialles à raison de 17 pots par boisseau, pourquoi serait fait un fut de boisseau pour estre marqué en présence des vasseaux.

Fourches patibulaires

Suivant les anciens aveus rendus au Roy les seigneurs de Montamys avaient en leur seigneurie droit de fourches patibulaires.

Ordre des Titres

Les titres de la Seigneurie de Montamys et du Comté sont divisés par matières et subdivisés en autant de liasses ou subdivisions que les matières l'ont exigé, les titres de chaque subdivision sont suivant l'ordre chronologique et chargés d'un N° qui indique le rang qu'ils doivent avoir dans chaque liasse. On a tâché de rendre l'ordre qui y subsiste clair et distinct afin de faciliter les recherches et pour qu'en peu de temps on puisse rassembler tous les titres concernant telle matière que ce soit.

Les titres sont extraits d'une manière laconique, mais cependant on y a rien obmis qu'il soit essentiel de savoir. La lecture de ces extraicts suffit pour être assuré de l'usage que l'on doit faire des titres et faire connaître les conventions et obligations des parties qui y ont figuré ; enfin, l'on présume que sur le veu d'iceulx on peut se dispenser de sortir les titres des boîtes, excepté dans le cas où les Juges en ordonneraient la réprésentation.

Ce sont ces extraits copiés à la suite des uns des autres dans le même ordre des titres qui forment l'ensemble de cet Inventaire.

Pour faciliter les recherches, à la fin du volume, on trouvera une table alphabétique des diverses matières qui concernent les titres.

Cette table contient toutes les différentes dénominations de chacune des matières ainsi que les noms des fiefs, masures ou tenements. Elle indique par colones, la boîte, la liasse, où les titres sont renfermés, le N° du rang où ils sont placés, et la page de l'Inventaire où est copié l'extrait.

Ainsi lorsqu'on a besoin d'une pièce quelconque, il faudra la chercher à la première lettre de l'objet auquel elle aura rapport.

Il sera facile de replacer les pièces qui auront été retirées des boîtes, attendu que sur chacun des titres est l'indication de la boîte et de la liasse où il doit être renfermé, ainsi que du N° du rang où il doit être placé.

Martyre de Sainte Agathe

Martyre de Sainte Agathe

Dans l'église de Montamys se trouve une sculpture en mi-relief représentant le martyre de sainte Agathe.

La Sainte apparaît de face, les mains jointes, les tresses de ses cheveux s'épandent sur ses épaules. Elle se tient debout devant le préteur, son juge, assis sur un siège en haut de quatre marches. Derrière la Sainte se penche par dessus son épaule, un personnage qui cherche à voir opérer le bourreau.

Ce dernier, sur l'autre côté, prend appui avec son pied et son genou sur la jambe et la hanche de la Sainte ; d'une main, il lui relève les seins, et, avec une pince rougie tenue de l'autre main, il se prépare à lui arracher les mamelles. (*Voir le martyre de sainte Agathe dans les vies de Saints et les martyrologes, 5 février*).

Les personnages sont habillés de vêtements à la mode du xve siècle, comme il est d'habitude à cette époque : chaussures à la poulaine, justaucorps, braies et manches à crevés, sur lesquels se voient encore des traces de peinture bleue. Le sommet des têtes est détruit, les visages sont effacés en partie, de même sont brisées toutes les saillies dont le relief se détachait par trop de fond. L'ensemble, enfoncé dans le mur, d'une surface de 45 sur 32, est entouré d'un listel fleuronné à sa partie supérieure.

Le martyre de sainte Agathe eut lieu vers l'an 250, à Catane disent certains Auteurs, à Palerme, assurent certains autres, sous le règne de l'Empereur Décius, qui se distingua, parmi tant d'autres, par la violence de ses persécutions contre les chrétiens.

Son règne fut court, il ne dura que 249 à 251, mais sa férocité fut extrême.

Cure de Montamys [1]

PRÉSENTATION à la Cure de Montamys par les Seigneurs dudit lieu. COLLATION dudit bénéfice par les Evesques de Bayeux sur lesdittes présentations ; résignation dudit bénéfice ; prise de possession.

Ces pièces servent à prouver que les Seigneurs de Montamys sont patrons dudit lieu et que la nomination à la Cure de cette paroisse leur appartient : il appert de ces pièces que les Curés qui furent nommés par les Seigneurs de Montamys, sont :

En 1537 Jacques d'Arclais.
1569 Louis d'Arclais.
1583 Radulph Le Sciourney.
1603 Jehan Houlard.
1646 Fabien Granderie.
1669 Pierre Le Pésant.
1703 Gilles Le Marchand.
1753 Louis d'Arclais, qui fut aussi Curé de Condé-sur-Noyrot.
1780 L. Martine.

(1) Archives d'Audeteau Darclais de Montamys : *Inventaire des Archives.*

Hôpital de Vire

L'hôpital de Vire avait une maladrerie au Mesnil-Ozouf, jouxtant le domaine de Montamys.

Le 14 août 1711 les administrateurs de cet hôpital vendirent au profit du Seigneur de Montamys, une pièce de terre sise en la paroisse du dit Montamys contenant demie vergée où estoit bastie la chapelle Saint Marc, chef de la dite maladrerie de Mesnil-Ozouf, jouxtant d'un costé audit Seigneur, d'autre au chemin de Vire ; Item une portion de terre nommée le Clos au ladre, de l'autre costé au grand chemin, assis la paroisse dudit Mesnil-Ozouf, contenant une vergée jouxtant audit chemin de Vire, joint l'expédition d'une acquisition faite par ledit hôpital d'après laquelle, il appert qu'en faisant icelle on avait employé les deniers de la vente cy dessus.

Inventaire

L'Inventaire dont il est question dans les pages précédentes remplit un fort et grand volume manuscrit de 25/40, intitulé : *Titres du Comté de Montamys.*

Il a été établi et rédigé par le Sr Deschevrières, architecte-géomètre-féodiste, en mars 1782, sur les ordres de Haut et Puissant Seigneur Messire Nicolas-Joseph Comte D'ARCLAIS DE MONTAMYS, chevalier de l'ordre royal et militaire de Saint-Louis, ancien major de Cavallerie, Seigneur baron de Montchauvet, Arclès et autres lieux.

Nous y avons ajouté quelques notes rapportées de l'émigration par Pierre DE SAVIGNAC DES ROCHES, l'un des gendres dudit Seigneur, parce qu'elles nous ont paru corroborer d'autres renseignements relatifs à l'ancienneté du nom, de la terre, du fief et du domaine recueillis, d'autre part par La Chesnaie-Desbois.

On voit avec quel soin le sieur Deschevrières a constitué cet inventaire, la table qui le termine établit la correspondance des pages, des boites et des liasses.

Malheureusement, si le volume a subsisté jusqu'à ce jour ainsi que quelques boîtes et liasses, beaucoup de ces dernières ont disparu et surtout la plupart des boîtes qui existent actuellement sont vides. Que sont devenus les documents qui y ont été renfermés ? Le hasard seul pourrait nous l'apprendre.

Heureusement aussi que dans les cinq ou six boîtes qui nous sont parvenues, nous avons trouvé des pièces des plus intéressantes en ce qu'elles établissent de façon complète et indiscutable l'importance de la *Maison d'Arclais.*

Parmi la masse de documents qui se trouvent, tant dans les archives d'Audeteau d'Arclais de Montamys que dans les archives publiques du Calvados ou de Paris, nous ne reproduirons ici que quelques pièces.

Elles suffiront à déterminer la « quallité » des intéressés.

Nous y ajouterons les noms des familles qui, au cours des siècles, ont pris alliance avec la Maison DARCLAIS, leurs escus et une courte notice sur chacune d'elles, autant qu'il nous aura été permis d'en retrouver les traces, au móins jusqu'à l'année 1800.

Si le manque ou la disparition de quelques pièces, laisse des vides dans la filiation antérieure au XIVe siècle, du moins après cette époque, les documents retrouvés sont tels qu'ils témoignent sans conteste de l'ancienne extraction noble des DARCLAIS et démontrent, que dès ce temps, ils jouissaient non seulement de ce qu'on a appelé « le privilège de Noblesse » mais d'une situation déjà acquise depuis de longs siècles.

Nous joindrons à ces pages plusieurs dessins : Le château tel qu'il était au XVIIe siècle ; l'église paroissiale qui était primitivement la chapelle même du château et avait été construite à l'origine par les seigneurs de Montamis.

Cette église dans laquelle lesdits Seigneurs recevaient tous leurs tenants et vassaux, qui constituaient les paroissiens dudit lieu, était entretenue avec soin par eux ; les réparations, les reconstructions n'étaient pas faites par autre que le Seigneur. En 1758 un DARCLAIS étant curé, l'église fut reconstruite à peu près entièrement. Une plaque de granit placée au-dessus du porche sous la tour du clocher, porte l'écu des DARCLAIS et mentionne que la reconstruction a été faite par l'abbé Louis DARCLAIS, Curé.

Cet abbé D'ARCLAIS avait été curé de Condé-sur-Noyrot.

C'est lui qui maria sa nièce Marie-Louise avec Pierre DE SAVIGNAC DES ROCHES, le 14 mai 1777, ainsi qu'il sera vérifié plus loin.

Louis Darclais, curé de Condé-sur-Noyrot et ensuite de Montamys, avait reçu de Rome une délégation sur une abbaye de Saint-Vincent au diocèse de Bezançon et touchait de ce chef une rente annuelle de 1500 livres tournois, ainsi qu'il ressort d'une bulle de 1768 adressée par S. S. le Pape Clément XIII à « son cher fils nommé de Montamys, prestre »..., etc. La moitié de cette bulle a été coupée et le sceau, dont on voit encore la place, enlevé. Mais si on n'a pu la lire mot à mot à la chancellerie du Vatican, du moins il a été possible d'en déterminer le sens et d'en fournir un résumé, qui se trouve plus loin.

Depuis la Révolution, l'église de Montamys a été réparée en entier par Achille de Savignac, comte de Montamys, héritier à titre de légataire universel de son oncle Louis-Philippe d'Arclais, Capitaine de Frégate, décédé en 1817, sans postérité née de lui.

L'église et la demeure du Curé qui y est jointe sont au centre du domaine de Montamys, proches du château. Pour y accéder, des maisons sises dans toute l'étendue du domaine et de la paroisse, il faut passer par les avenues du château qui sont tracées et plantées de temps immémorial à travers les terres de la propriété.

Aujourd'hui la situation topographique est la même qu'autrefois, l'usage a très abusivement tendu à consacrer un empiètement sur le droit originaire des Seigneurs-propriétaires de Montamys.

La concession du passage faite à leurs tenants et vassaux par lesdits Seigneurs, tant pour venir au château qu'à l'église ou vaquer à leurs intérêts et travaux, a fini par être considérée comme un droit et le terrain sur lequel ce passage s'exerce. comme s'il était propriété communale.

De plus Louis-Philippe d'Arclais par un testament fait en 1817, l'année de son décès, donna à la paroisse de Montamys le Presbytère, l'Eglise et une ferme, nommé le *Mesnil-Hubert*, d'un revenu de 1800 francs à condition de certaines charges et prières à dire à jours prévus ; de loger le Curé et d'accomplir les cérémonies du culte catholique.

Église de Montamys

Les nouvelles lois de séparation de l'Eglise et de l'Etat sont venues aggraver une situation déjà très difficile. Le séquestre a été mis sur tous les biens, enclavés dans la propriété de Montamys au mépris des droits des héritiers collatéraux et légataires universels, seuls subsistant aujourd'hui, qui par une loi spéciale ne sont plus admis à faire valoir les droits qu'ils possédaient non seulement au moment où la donation a été faite, mais encore à celui où la loi de séparation a été votée.

Le dessin du château de Montamys que nous reproduisons ici, le représente tel qu'il existait dès avant le XVIIe siècle et qu'il a subsisté jusqu'à la fin du XVIIIe, sauf quelques modifications de détail. Pendant la tourmente révolutionnaire, les propriétaires du domaine étaient hors du château : Les uns avaient émigré, les autres habitaient la contrée environnante.

Nicolas-Joseph Comte D'ARCLAIS DE MONTAMYS est mort l'an 1790. Il a été inhumé près de son église ; la trace de sa sépulture n'existe plus.

Son habitation était envahie et occupée par des gendarmes ; une lettre écrite à la fin de la Révolution constate que les gendarmes « sont toujours là et qu'ils ont tout dégradé ».

Le château ancien a totalement disparu, on n'en retrouve aucune trace, et il serait difficile de dire ce qu'il devait être, s'il existait, comme c'est probable au Xe et XIe siècles.

En effet la configuration du terrain ne peut laisser de doute sur l'utilisation qui a dû en être faite à une époque où il imposait avant tout d'assurer la sécurité des habitants.

Quant au nouveau château il a été construit par Louis-Philippe D'ARCLAIS et Achille DE SAVIGNAC à la suite des temps troublés du commencement du XIXe siècle et fait des morceaux de l'ancien château.

Louis-Philippe D'ARCLAIS, proscrit, puis prisonnier d'Etat, exilé à

Château de Montamye avant le xviie Siècle

l'intérieur, était en effet, avec la Restauration, rentré en possession de son domaine. Après sa mort et par suite de la disposition testamentaire par laquelle il avait institué légataire universel, son neveu Achille, fils aîné de sa sœur Marie-Louise et de Messire Pierre de Savignac des Roches, celui-ci propriétaire du domaine exécuta certaines modifications au corps de logis qui fut très diminué et séparé des autres bâtiments formant alors avec lui une cour fermée.

L'habitation prit l'aspect qu'elle a aujourd'hui et qu'on retrouve dans presque tous les châteaux du bocage normand. Ensemble rectangulaire, comprenant deux ailes accostant un pavillon central, surmonté d'un fronton triangulaire, et un perron de quelques marches accédant à la porte du milieu.

Château de Montamys, tel qu'il existe actuellement façade sud

Extrait des Archives

Publiques et Particulières

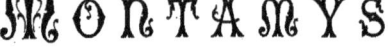

MONTAMYS

Documents

Des documents nombreux permettent d'établir la filiation de la Maison d'Arclais en ses différentes branches.

Comme il vient d'être expliqué dans l'Inventaire de Deschevrières, le Chartrier de Montamys comprenait autrefois une quantité considérable de pièces qui avaient été parfaitement vérifiées et classées lors de l'établissement de cet inventaire, vers l'an 1780, et réparties en une trentaine de boîtes.

De cet ensemble si précieux, il ne reste plus qu'un nombre limité, bien qu'encore appréciable ; trop de boîtes ont été vidées, les parchemins détruits, vraisemblablement pendant les troubles révolutionnaires ou perdus dans des fonds de placards humides, où on n'en retrouve que quelques-uns en paquets décolorés, qu'un souffle suffit à faire tomber en poussière.

De ce qui reste à peu près lisible le commandant d'Audeteau a retiré ce qui lui a paru avoir le plus d'intérêt pour l'état généalogique de la Maison d'Arclais ; il en a formé un dossier dont toutes les pièces sont les copies exactes des originaux qu'il possède, il y a joint tous les documents relatifs aux Darclais qu'il a pu rencontrer dans les archives publiques, nationales, départementales ou communales.

C'est de ce dossier général qu'il a extrait un certain nombre de pièces non sans intérêt pour l'histoire du fief de Montamys et de la maison d'Arclays.

Il y a joint les armoiries des Maisons qui ont pris alliance avec cette dernière ou qui en sont descendues, en les accompagnant d'une notice chaque fois qu'il a été possible de le faire.

Comme nous l'avons déjà dit, ces documents suffisent à démontrer « la quallité » des membres de la Maison d'Arclais.

Par leur témoignage, il est aisé de voir que ces seigneurs étaient d'une ancienne race qui « a toujours flory en sagesse, courage et preudhommie en même temps qu'elle jouissait des privilèges de la noblesse de si longtemps qu'il n'est mémoire du contraire ».

Adveu rendu à Jehan Darclois, Seigneur de Monboust (1)

(14 Mars 1397)

De Jehan DARCLOIS Seigneur DE MONBOUST, confesse et advoue tenir Guillaume BUTOR par foy et par hommage, C'est assavoir vergée et demie de terre qui jadis fut du nombre de la Vavassorie de la Bourdonnière assise en la paroisse de Neuilly-le-Malherbe ès mettes des fieux dudit escuier, assises en vellage de ladite Bourdonnière jouxte Guillaume HORNS d'une part et Bernard AUBOURG d'autre, bute d'un bout sur le camp du Sommier à Raoul VASSEL. Consent en fait ledict Guillaume audit escuier, par chascun an, de rente, quinze deniers tournois, de sens à la Saint-Michel en Septembre, service de prévosté à son tour, obéissance à court et usage, reliefs XIIIe et les aultres coustz quand le cas s'offre. Ainsi rendu et baillé par ledit Guillaume et à sa requeste. Ya esté mis le sceel de Guillaume LE PICART, Séneschal du dict lieu, l'an mil CCC IIII vint XVII le XIIIIe jour de mars.

(1) Archives du Calvados, 5e liasse Darclois. L'indication d'origine est faite pour toute pièce qui ne provient pas des Archives Daudeteau, dossier Darclais de Montamys.

Attestation des nobles du pays en faveur de Jehan Darclaez Seigneur du fief de Monbaoust

(20 Mars 1402)

A tous ceulx qui ces lettres verront Nicollas Potier Viconte DE BAYEULZ Salut. Comme nous eussions fait prendre et arrester en la main du Roy nostre Sire, le fieu et Seigneurie de Monbaoust appartenant à JEHAN DARCLAEZ, escuyer, et que l'on nous aurait donné à entendre estre non noble et tenir le dit fieu comme noble et eussions icelluy DARCLAIS contrainct à paier la finance pour ce deüe au Roy nostre dict Seigneur et soy anobli, ou Icellui fieu mettre hors de sa main, pourquoi il s'est tourné devers nous disant que luy et ses prédécesseurs DARCLAIZ dont il estoit yessu estoyent nobles et que ledit fieu de Monbaoust est veneu et escheu de la succession de sa mère laquelle avec frères et sœurs estoyent nobles et tenant franchement et noblement, requerant que, de ce, nous nous voulussions bien informer par les nobles du paÿs, Scavoir faisons que le 20e jour de mars l'an mil quatre cent deux en la ville de Thorigny pour nous informer de ce que dit est, sur l'heure vismes devers nous, les genz dont les noms suivent ; C'est assavoir : Jehan MALHERBE escuyer, Robin MALHERBE escuyer, Jehan DU BURET (ou DU BUAT) escuyer, Pierre DUFRESNE escuyer, Jehan LE VICOMTE escuyer, Jehan DE SAINTE-MARIE escuyer, Jehan MAUBEULT escuyer, Monsieur vic. DE LA CHÈZE, prestre, Raoul BLANCHECAPPE escuyer, Jehan DU BOSQ escuyer et Jehan DE LARCHAMP (1) escuyer, présens,

(1) Ce Larchamp est un Grimouville.

lesquels susdits sur ce dilligeamment examinés chascun par foy, trouvasmes par tous sans nul contredict que Jehan Darclais estoit noble yessu de noble ligne et que luy et ses prédécesseurs sestoient toujours maintenüs et gouvernés comme nobles et avoient servy le Roy nostre dict Sire, en ses guerres amplesement ceulx du temps passé. Et mesme disoient les anciens a voir veu le dict Jehan à la guerre du Roy, nostre dict Sire, monté et armé comme homme noble devoit estre, et oultre disaient que ledit fieu de Monbaoustq lui estoit venu et succédéz de la succession de Perette de Monboultq sa mère, laquelle et tous ses prédécesseurs d'eux yessus tenoient franchement et noblement à court et usage. Pourquoy nous oÿs la ditte attestation des susdits, ostasmes l'empeschement et arrest par nous mis sur ledict fieu de Montbaoultq et mesmes en deslivre plainement audit Jehan Darclaez sauf en toutes choses le droict du Roy, audict seigneur dont il nous requist ces lettres que nous luy ottroÿasmes scellées du grand scel aux causes de laditte Viconté en l'an et jour dessus dit.

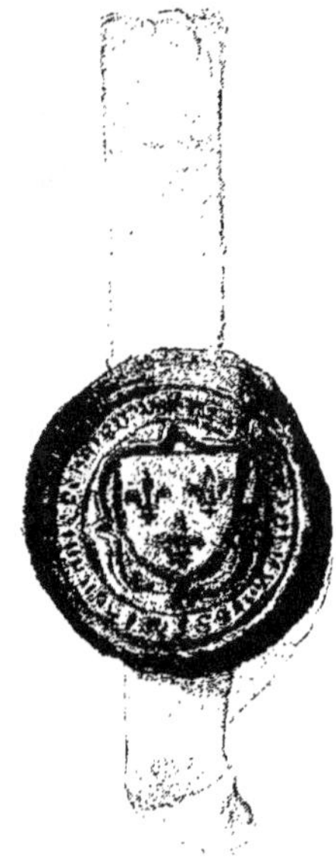

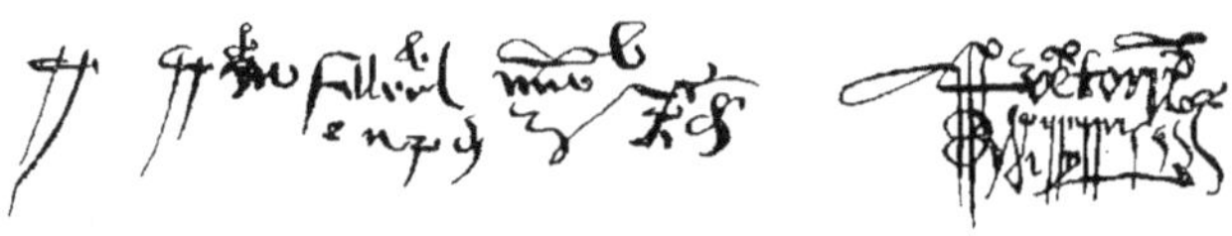

Nomination de Jehan Darclays à la charge de Pannetier du Roy de France

(18 Juing 1402)

De par le Roy,

Maistre de nostre hostel et à vous maistre et Conticuleur de nostre chambre aux deniers, assavoir vous faisons que pour le bon rapport et tesmoins qui faict nous a esté de la personne de nostre amé Jehan Darcloys, escuier, nous y celuy avons aujourd'hui retenu et retenons par ces présentes en nostre pannetier pour nous servir audict office, aux gages, droictz, livraisons, prouffis et autres émolumens accoustumés et qui y appartiennent.

Si vous mandons et à chascun de vous, si comme à luy appartiendra que nostre conte retenu vous enregistiez ou faites enregistier ès registres ou esseps de nostre dite chambre aux deniers avec noz autres pannetiers et desditz gaiges, livraisons, prouffis et emolumentz dessusditz vous souffrez et laissez jouir et user plainement et paisiblement. Et les gaiges ainsi à lui payés par rapportant ces présentes au vidimus de nous soulz scel royal.

Nous voulons et mandons estre alouez ès contes de vous maistres dessus dictz par nos amez et feaulx gens de nostre court à Paris, sans aulcun contredict non obstant quelzconques ordonnances et mandement, réservations ou défences à ce contraires.

Données le dix-huictiesme jour de Juing l'an de grâce mil quatre cent et deux.

Par le Roy, Monseigneur DE BOURGOINGNE,

Monseigneur D'ORLÉANS, Messire Pierre DE NAVARRE et autres présents,

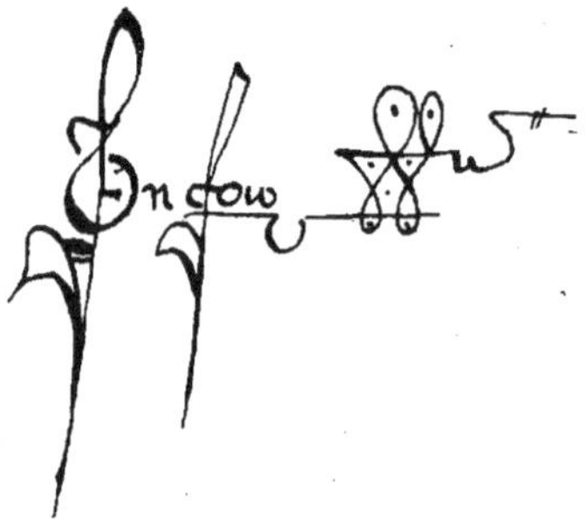

Les lettres patentes du Roy furent reçues à Vire et visées par le Viconte dudit lieu le 12 octobre 1402. Le procès-verbal de ce vidimus signé Potier, répète exactement les termes des lettres ci-dessus datées du 18 Juin de la même année et se termine par ces mots : « en tesmoing de ce ces « lettres sont scellées du scel aux obligations de la ditte Viconté, sauf tous « autres droitz. Ce fu faict et donné l'an et jour dessus dict ».

Certificat de réception par les maistres d'ostel du Roy

(29 Octobre 1402)

Les maistres d'ostel du Roy nostre Sire à tous ceulx qui ces lettres verront salut. Savoir faisons que l'an de grâce mil quatre cent et deux, le vingt neuf présent du moys d'octobre.

Nous receusmes et fismes faire le serment en tel cas acoustumé à Jehan Darclois, Ecuïer, lequel le Roy nostre Sire avoit et a retenu son pannetier créé par les lectres de retenue dicellui Seigneur scellées de son scel d'Estat, nous est deuement apparu et Icellui instituasmes et mismes en possession dudict office par les fourmes et manières que le Roy nostre dict Sire le nous mandoit par lesdittes lectres pour et à ce que icelui Jehan jouïsse doresnavant des droictz, libertez et franchizes audit office appartenant partout où il appartiendra. Et ces choses certiffions estre vrayes par ces présentes esquelles en tesmoing de ce nous avons mis les sceaux de deux de nous. Ce fut fait l'an et jour dessus dict.

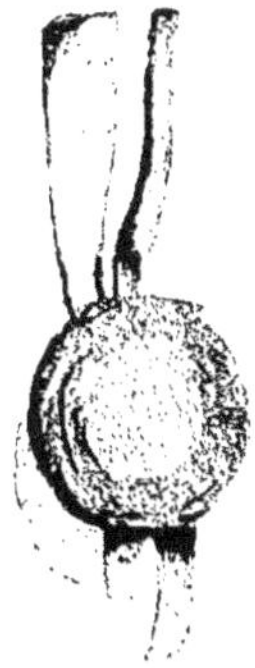

Congé donné par MM. SS. les Mareschaux de France à Jehan Darclais

(25 Septembre 1410)

Nous les Mareschaux de France certifions à tous à qui il appartient que Jehan Darclois escuier, est aujourd'hui venu par devant nous ou nos lieutenantz aux accoustréez du Roy nostre Sire pour servir ledit Sire en cette présente armée et partout ailleurs où il luy plait pour deffinir les fiefs et arrière-fiefs qu'il tient dudict Sire et d'autres pour ce que il est apparu que le Roy nostre dict Seigneur a donné congé et licence à Monsieur le Conte de Tancarville de prendre et retenir tant de gens qu'il lui plaira pour la garde et seureté de ses chasteaux et du pays et aussi que il est apparu par les lettres dudit Monsieur le Conte que il a retenu ledit Darclois avons donné congé et donné licence de s'en retourner à la dite garde et au

païs et de ce de la dernière présentation lui donnons par ces présentes pour lui valoir ce qu'il appartient et sans ce qu'il puisse ne doive retourner

à aucun préiudice ou domaige ores ne pour le temps à venir. SI DONNONS en mandement à tous gardes de pons et passages par où il vouldra passer que ilz le laissent retourner sans lui donner aucun destourbier. Donné à Paris sous le scel de laditte mareschaussée le vinq-cinq^{e} jour de septembre l'an mil quatre cent et dix.

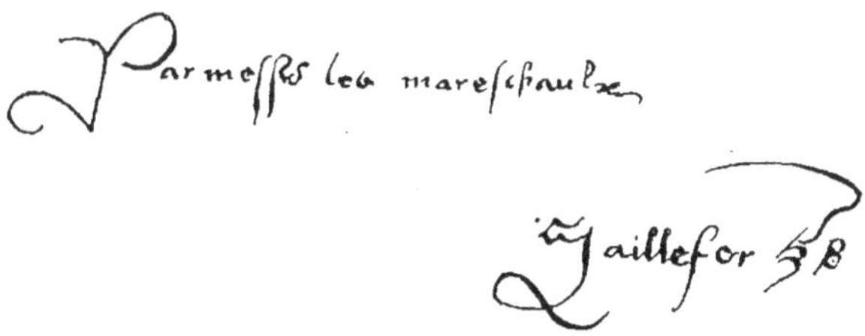

Aumosne pour le salut de leurs âmes par Jehan Darclays et Martine le Bourguignon, sa femme (1)

(12 Juing 1414)

A tous ceulx qui ces Lectres verront ou orront Thomas Le Berge garde du scel des obligations de la Viconté de Vire, Salut. Scavoir faisons que par devant André CARVELE Clerc Tabellion du Roy nostre Sire en la sergeanterie du Tourneur à ce faire Juré, commis et estably, furent présens Jehan D'ARCLAIS escuier, sieur DE MONBOSCQ et damoisselle LE BOURGUIGNON sa femme à laquelle il donna plain povoir et authorité à ce qui en suict. ET ONT FAICT iceux mariés, meus en devotion et bonne vollenté, desirant faire le salvement de leurs aames, de leur bonne vollentez, sans aulcune contraincte, cogneurent et confessèrent avoir donné, transporté, délaissé quicté et ceddé de tout en tout afin d'héritage et en tousiours, mais chascun par moitié, pour Dieu en aumosne et pour le sallut de leurs aames et prédécesseurs. C'est assavoir : vingt

solz tournoiz de annuelle et perpétuelle rente avec la justice, le droict,

(1) Archives de l'Eglise de Montamys.

et condition á luy appartenant à laquelle il avait eu naguères par acquisicion de Jehan GUILLAUME de la paroisse de Saint-Martin-de-la-Besasse, ainsy et en la manière que plus à plain est contenu et desclaré èslectres sur ce faictes et passées par lesquelles les présentes sont annexées lequel don et aumosne ilz ont ainsy faict pour faire, avoir, trouver et servir un cierge qui sera benest par chascun an en l'Eglise dudict lieu de Saint-Martin-de-la-Besasse, pour y ardre et donner lumière à célébrer, coucher, lever le corps de Nostre Seigneur Jésus-Christ à touttes les messes qui seront jamais chantées, dictes et célébrées en ladicte église en touttes autres choses nécessaires à faire de cierge benest et vouldront et s'accorderont lesd. donateurs que eulx présentz ou absentz ces lettres soient oÿes à paroisse et saisie prinse des choses contenues toutefois qu'il plaira au porteur d'icelles. Sans aultre contredict et quant ad ce tout ce que dessus est dict, tenir, entretenir de poinct en poinct et ledict don et aumosne avoir stable ferme et agréable maintenir et accomplir, fournir, employer, saus jamais revoquer et aller au contraire en temps advenir d'eux et de leurs hoirs, en aulcune manière lesdict escuïer et damoizelle chascun de soy en obligèrent leur foy, leurs corps, ... pour garantir, desfendre, deslivrer envers tous et contre tous de tout encombrement ou empeschement quelsconques qui en contre pourraient venir ou ailleurs eschanger et restorer en leurs héritaiges où qu'ilz soient, valüe ou à valüe obligèrent chascun soy pour moictyé de tous leurs biens et les biens de leurs hoirs, meubles et héritaiges présens et advenir où qu'ilz soient pour les vendre et despendre d'office de justice par voye d'exécution tranchée sans tenement de pled ordonné pour le deffault et dessusdictz tenir et entretenir et pour rendre et restorer tous coustz et dommaiges sur ce faict et soustenus.

EN TESMOING de ce ces lectres sont scellées dudict scel saouf aultruy droict. Ce fu faict l'an de grace mil quatre centz et quatorze le 8e jour de décembre prẽtz Jacques ROUILLÉ, Jehan FARCY, Girot BELLEREY et RICHARD Vincent tesmoings appelés ad ce. Signé sur le pli Carvele.

Permis donné par le Roy à Jehean Darclais pour s'en retourner chez lui en Normandie à la Besace

(8 Février 1427)

Charles par la grâce de Dieu Roy de France à nos bien amez et féaulx Connestable, Mareschaux, Admiral, Visadmiral, Seigneurs, Sénéschaulx, Baillifs, Prévostz, Vicontes, Cappitaines de genz d'armes, Archers, Arbaletiers et autres gens de guerres. Cappitaines et gardes de bonnes villes, cités, chasteaux, forteresses, pons, fors, passages, train, juridiction, destroitz quelzconques de nostre royaulme de France et à tous nos autres affiés, officiers, subjectz, aussy alliéz et bienveillantz amys de nous et de nostre dict royaulme leurs lieutenants et a chascun d'eulx auxquels ces présentes seront monstrées Salut et dilection. De la partie de Jehan Darclaes, ecuier, aagé de cinquante cinq à soixante ans d'aage demourant en la paroisse de Saint-Martin-de-la-Besace en nostre païs de Normandie nous a esté expressément exposé disant que pour acquit sa loyauté envers nous et nostre Seigneur ainsi que faire le doit, il Nous ait fini tout son tems au fait de noz guerres contre noz ennemiz les Angloix en y exposant et mectant en péril, son corps et tous ses biens où il fauc et despence presque tout le sien. Et mesmes que dès la veneue desdictz Angloix il s'en partit dudict païs de Normandie en nostre obéissance sans aulcunement avoir joÿ de ses terres et revenus et depuis ce tems na de quoi vivre ne sousteoir son estat. En nous humblement requerant que vueillons sur ce pourvoir. Pour ce est-il que nous ces choses considérans les bons et agréables services qu'il nous a faez ès tems passez et espérons que luy et ses autres parenz et amiz nous facent au tems à venir, de grans paines et despences et Banaux qu'il a soustenu à l'occasion deffendue. Et aussi qu'il puisse vivre et soustenir son estat, le demourant de ses jours avecques ses consanguins et amiz. Et pour certaines causes et considérations qui a ce nous ont meu et meuvent. Audit suppliant, sa famille, avons octé et octons de graces espéciales par ces présentes, qu'il puisse et lui plaise demourer audit païs de Normandie en l'obéissance de nosdictz ennemiz, vivre sur son héritage en récompense le tout en partie, communiquer et converser avec les genz dudit païs, faire ses nécessitez sans se entremettre de fait de guerres pour ce qu'en celui tourne ne puisse tourner, Ores ne pour le tems a venir aucun reprouche ou préiudice. Lequel avecques sa famille et biens quelzconques ne seront prins et mis et par ces présentes prenoms et mettons par grâce en ce soubz nostre sauf conduict, protection et espécial sauvegarde.

Si mandons à vous noz officiers de justice obéissans prions et requerrons vous autres nos bienveillanz amiz et alliéz que ledict exposan avecques laditte famille et genz quelzconques vous fassiez passer et lessiez aller, venir, passer, séjourner et demourer de jour et de nuitz en ses maisons terres possessions et saisines et par les païs ou bon lui semblera sans lui faire ou donner ne souffrir estre faict ou donné aucun arrest, destourbe ou empeschement ; au contraire, si empeschement luy fust en ce faict, mis ou donné le faites oster chascun de vous en droict foy et mesure à pleine deslivrance. Et afin, vous nosdictz justiciers, officiers et subjectz, que n'en devez estre reprins et vous nosdictz bienveillants amys et alliéz que vous voudriez que feissions faire pour vous en tel cas. Car ainsi le voullons estre faict. Et audict exposant lavons octé et octons nonobstant quelzconques lettres subreptices impétrées ou à impétrer ou autres faits à ce contraires.

Donné en nostre ville de Co...ne... le huictiesme iour de febvrier l'an de grâce mil quatre cent vingt sept et de nostre règne le septième.

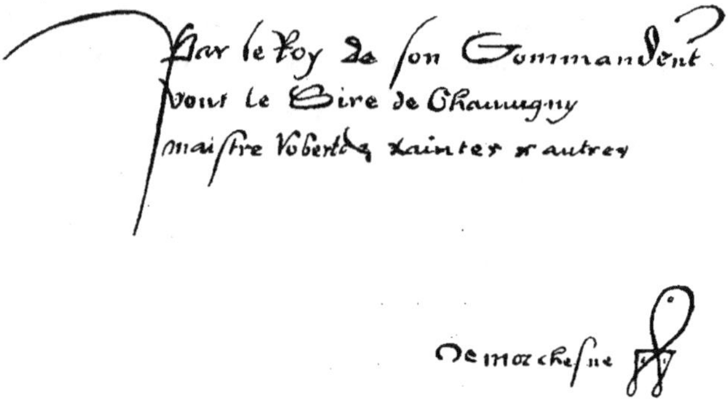

Par le Roy de son Commandement
Vous le Sire de Chauvigny
De marchesne

Sceau en l'absence d'un grand scellé sur simple queue.

Le sceau a disparu.

Reçu délivré par Pierre de Bailleul

(21 Décembre 1529)

NOUS, Pierre DE BAILLEUL escuïer S^{r} DE VIREVILLE et Thomas LE CHEVALLIER auxi escuier sieur DE CLOUAY, esleuz, quant à ce qui en suict, par les nobles de la Viconté de baïeux, avons receu de noble homme Jehan D'ARCLAIS escuier .... le sieur de Monbosc .... la som̄e de trois (?) centz livres tournoiz qu'il a affirmé estre la dixième partie du revenu d'une année de ce qu'il tient noblement en la dite Viconté, pour ladite som̄e (estre) baillée au Roy nostre dit seigneur ou a celluy que par ledit seigneur a esté ordonné, pour subvenir au païement de la Rançon d'Icelluy Seigneur et de Nosseigneurs ses enffans tennus à oustage en Espaigne. Faict au jour duy XXIe jour de décembre l'an mil cinq cens vingt neuf.

Certificat de service pour Nicolas Darclaez escuier représenté par son beau-frère François de Bérolles

(26 Aoust 1468)

A tous ceulx qui ces lettres verront Jehan PORTEFAIS escuier, Seigneur d'Ouffières, Conseiller maistre des requestes de l'Ostel du Roy nostre Sire et commissaire en ceste partie de hault et puissant seigneur monseigneur l'admiral de France lieutenant du Roy nostre dict Seigneur en Normandie Salut. Scavoir faisons que aux monstres et reveues des genz nobles du bailliage de Caen qui avoient esté en service d'icelluy Seigneur en ceste présente année a comparu François de Bérolles qui avait esté audict service en l'acquit et descharge de Nicollas DARCLAEZ escuier, suffisament monté et accoustréy a brigandines avec trousses et autres habillementz ad ce appartenanz qui ad ce fust reçeu et s'est reconnu ad ce requis.

En tesmoing desquelles choses nous avons signé cestes présentes de nostre seing manuel cy mis le vingt-sixe jour d'aoust l'an mil quatre cent soixante huict.

Certificat de service donné à Nicollas Darclaez et à Colin de Bérolles par le Bastard de Bourbon

(30 Mars 1469)

Loÿs Bastard de Bourbon, conte de Roussillon, seigneur de Valloingnes et Dussion, admiral de France et lieutenant général du Roy notre Sire en païs et Duché de Normandie ença la rivière de Seyne. Certiffie à tous à ceux à qui il appartient que Nicollas Darclaez, escuier, demourant en la Viconté de Bayeulx et Colin de Bérolles archier d'icelluy escuier tant pour icelluy escuier que pour son fils se sont comparus à la monstre générale, en abillement suffisant, tel qu'il avoist été commandé et enjoinct audit escuier à la monstre particulière de la Viconté de Baïeux par le Commissaire ad ce ordenney par le Roy nostre Sire. Lesquels Darclois et de Berolles après ce que de eulz ont été prins et receu le serment de bien et loyaulment servir le Roy nostre dit Sire partout où commandé leur sera par le Roy nous ont requis ces présentes pour leur servir et valloir ce qu'il appartient que nous leur avons accordées.

Pour tesmoing des quelles choses nous avons faict mettre nostre contre sceel le trenticsme jour de mars l'an mil quatre cent soixante neuf avant Pasques.

Pour monseigneur le Conte admiral et Lieutenant du Roy,

Vobertet

Vidimus du 3 Avril 1470

En tesmoing desquelles choses nous garde du scel des obligations de la Viconté de Carentan avons mis à ce présent vidimus ou transcript le scel des dittes obligations le tiers jour d'apvril l'an de grâce mil quatre cent soixante dix avant Pasques selon l'usage du Diocèse de Coutances. Collation faite.

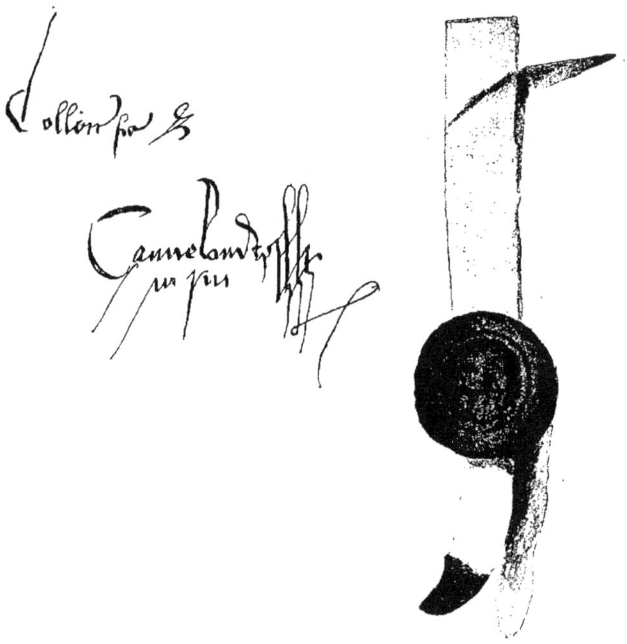

Traicté de mariage d'entre noble homme Jehan Darclois fils Nicollas et damoiselle Gilette Poisson

(14 Novembre 1473)

A TOUS CEULX qui ces lettres verront Estienne MYLLET escuier, garde du scel des obligations de la Viconté de Carentan Salut. Scavoir faisons que par devant Guillaume et Pierre ditz CAUVELANDE Clers tabellions, jurez commis à St-Lo, furent présens nobles personnes Pierre POISSON escuier, seigneur DE CRENNES et damoiselle Marguerite LAMBERT sa femme düement authorisée par son dict mary lesquelz de leur bonne volonté confessèrent que en faisant et traictant le mariage de noble homme Jehan DARCLAEZ escuier, seigneur DE GROUCHY et de damoiselle Gillette POISSON sa femme fille desditz seigneur DE CRENNES et Marguerite LAMBERT, ilz leur avoient promis et accordé vingt cinq livres tournoiz de rente que ledit seigneur DE CRENNES et damoiselle Margueritte à cause d'elle avoient à prendre chascun an à cause de son don de mariage selon les lectres sur ce faictes auquel don il y avoit faitte cédule de laquelle la teneur en suict :

En faisant et traictant du mariage de noble homme Jehan DARCLAYS, escuier, seigneur DE GROUCHY d'une part et damoiselle Gillette POISSON fille de noble homme Pierre POISSON escuyer, seigneur DE CRENNES, d'autre, a esté promis et accordé par lesdittes parties du consentement de Nicollas DARCLAEZ père dudit Jehan que ledit seigneur DE CRENNES a donné en mariage à sa dicte fille en nom et ligne d'elle, ledit mariage faict et accomply la some de vingt cinq livres tournois de rente par chascun an en assiette audit escuier et à laditte damoiselle son épouze à cause d'elle, par raison de son mariage selon les lettres dudit don, lesquelles vingt cinq livres tournois de rente dessusdittes promist et sera tenu mettre au clair et audeslivre et avecquez ce ledit escuyer promist vestir sa fille suivant la maison d'où elle sort et le lieu où elle est mariée. En promecttant les dittes parties passées et accort devant tabellionn royal dudit mariage faict et accomply. Et pour tesmoing de ce, ledit sieur de Crennes et Nicolas Darcloys ont mis leurs signes et ont promis le passer en l'état que dessus est dict. Faict le quatorziesme jour de novembre l'an mil quatre cent soixante treize. Présens messires Michel Danfernet chevalier ; Guillaume du Bosc ; Roullet de Percy ; Lucas du Fresne ; Jehan de Bonlieu ; Jehan de Pertou ; Michel Autin ; Jehan Le Roux ; Collin de Berolles escuyers tesmoings ad ce. Ainsi signé P. Poisson, Darclays, et encores en tant que dit est led. seigneur de Crennes a promis garantir, donner et payer et en accordant afin d'héritage aux ditz Jehan Darclays et damoiselle Gilette sa femme pour elle et pour ses hoirs en ligne d'elle, lesditz vingt cinq livres tournois de rente dessus dictz et ratifiant et eurent pour agréable le contenu en lad. cédulle dessus transcritte. O tout les droictz, action, raison, justice, liberté, saisine et service que les ditz sieur de Crennes et Margueritte y avoient et pouvoient avoir, callengier et demander avecquez les arrérages d'icelle rente depuis la datte d'icelle cédulle. Et fust ce faict pour la bonne amitié naturelle que les ditz seigneur de Crennes et Margueritte ont à leur fille et qui au dit traicté de mariage faisant et accomplissant il auroit esté ainsi promis et accordé ainsy comme ilz disoient dont ledit s^r^ de Crennes et Margueritte se tindrent à bien contents devant lesditz jurés. Et de ce furent présens lesditz Jehan Darclais et Gilette deüement authorisée par son dict mary qui ce présent contract eurent agréable et se tindrent à constant desdittes vestitures contenues en laditte Cédulle parce que ledit seigneur de Crennes et Margueritte promisdrent à iceulx Darcloys et Gilette et à leurs hoirs lesdits vingt cinq livres de rente mettre au clair et au deslivre ainsy que dessus est dict et quant ad ce tenir et accomplir, lesd. seigneur DE CRENNES et MARGUERITTE obligèrent eulx et leurs hoirs et tous biens meubles et héritages présens et advenir à vendre d'office de justice pour deffault de ce entherigner, rendre tout coustz mises et despens faictz et deubs, pour ce.

En tesmoing de ce ces lettres sont scellées dudit scel à la rellation desditz jurés sauf aultruy droict.

CE FUT FAICT en la présence de nobles hommes Guillaume DE BANVILLE escuier, François POISSON, Mathurin MAIN escuyers le lundi XIIe jour d'aoust l'an de grâce mil quatre cent soixante seize.

Recherche

des

Esleus de Bayeux l'an 1523 [1]

D'Arclais Seigneur de Montbosq

C'est la déclaration de la généalogie, extraction et dérivation de la noble lignée de noble homme Jean d'Arclaiz, sieur de Montbosq produitte vers vous, Messieurs les Esleus à Bayeux en ensuivant l'adjournement faict audict d'Arclais.

Premièrement :

De deffunct Jean d'Arclais, escuyer, et la demoiselle sa femme en son vivant sieur de Montboscq est issu et descendu Jean d'Arclais escuyer ; dudict Jean d'Arclays en son vivant sieur de Montboscq et fils dudit Jean

(1) Bibliothèque du Chapître de Bayeux.

premier nommé, est issu et descendu en mariage de lui et de la damoiselle sa femme Nicollas D'ARCLAIS escuyer.

Dudict Nicollas D'ARCLAIS escuyer en son vivant sieur DE MONBOSCQ et de la damoiselle sa femme est issu Jean D'ARCLOYS escuier.

Dudit Jean D'ARCLAIS en son vivant sieur dudict fief DE MONBOSC et fils dudit Nicollas est issu ledit Jean D'ARCLAIS à présent sieur dudit lieu de Monbosc et Robert D'ARCLAIS escuyer, son frère puisné à présent deffunct.

Lequel Jean D'ARCLOIS à présent sieur dudict lieu de Monbosq pour monstrer de son antienne noblesse faict apparoir d'unes lettres passées devant Jean DESLANDES tabellion en la sergenterie de Villers de l'an 1393 faisant mention comme Pierre DE BUON de Nully-le-Malherbe print en fief de Jean D'ARCLAYS escuyer, s^r de Saint-Martin-des-Besaces, une pièce de terre contenante demye acre ou cinq vergées de terre en faisant quattre solz tx. de rente sellon laditte Lettre.

Item monstre une autre lettre passée devant Jehan QUATTRAINS tabellion en la ditte sergenterie de Villers et d'Evrecy le 24e jour de Janvier l'an 1397 faisant mention comme Martin DE BUON dudict lieu de Nully, confessa estre tenu payer à Jehan DARCLAYS escuier S^gr DE MONBOSC, cinq sols tx. un chappon et autres choses contenues en la ditte lettres.

Item fait apparoir d'une antienne chartre du dix-huictiesme jour de Juin l'an 1402 faisant mention comme le Roy de France (1) pour lors vivant mandait à son Maistre d'Ostel et aux autres Serviteurs de la Chambre qu'il avoit retenu Jehan D'ARCLOIZ escuyer pour son pennetier et icellui enregistré au registre et papier de laditte Chambre, ladite chartre scellée du sceau d'icelluy sieur.

Item produict une lettre scellée de deux sceaux rouges en dabte du

(1) Charles VI.

29e d'octobre l'an 1402 comme les maistres d'ostel receurent le serment dudict Jehan D'ARCLAIS escuyer.

Item une autre Chartre donnée à Nicollas POTIER, viconte DE BAYEUX du xxe de mars l'an 1402 faisant mention comme dellivrance fut accordée à Jehan D'ARCLAIS de ses terres et fiefs qui avoient esté mis en arrestz et ledit D'ARCLAIZ trouvé noble en ensuivant les Informations de ce faictes sellon ladicte Chartre.

Item monstre un tenement ou adveu rendu par Jean VASSET à Jehan DARCLAIS escuyer, sieur de Monboscq sous le scel de Thomas JOURDAIN, séneschal, l'an 1404 le tiers jour de Juillet signé Jourdain, avec un autre tenement dudict jour sellon lesd. tennements.

Item produict une lettre faisant mention comme les mareschaux de France testifèrent que Jehan D'ARCLOIS escuyer s'estoit comparu aux monstres pour servir le Roy en ses guerres et que ledict D'ARCLOIS avoit esté retenu pour la garde des chasteaux d'icellui sieur, sellon laditte lettre en dabte du 25e de septembre l'an 1410, signé : TAILLEFER.

Item monstre une lettre passée devant Collin CAUVELAUDE tabellion à Saint-Lo le lundi 20e jour de Janvier l'an de grace 1430, faisant mention du mariage d'entre Richard DE BÉROLLES escuyer et damoiselle Catherinne DARCLAIS sa femme fille de Jehan D'ARCLOYS escuyer sieur DE MONBOSCQ sellon ladicte lettre.

Item monstre par plusieurs tenements ensemble en dabte de l'an 1433, faisant mention comme Guillaume AUBOURG rendit iceux tenementz à Jehan D'ARCLOIZ, escuyer, sellon lesditz adveux, signé DE BEAUMONT.

Item produict un tenement en dabte du 21e iour de Janvier l'an 1448, contenant comme Richard BRUNNEL confessa tenir de Nicollas D'ARCLAIS, escuyer, sieur DE MONBOSCQ en foy et hommage la maison de la Boutinière sellon ledit tenement.

Item produict un autre tenement en dabte du 16e jour de Juillet l'an 1482, faisant mention comme Pierre Brunnel confessa et advoua tenir par foy et hommage de Jehan d'Arcloys escuyer, sieur de Monsbocq une maison nommée la Boutinière sellon ledit tenement.

Item monstre une lettre ou testimonialle donnée de Jean Portefais, Conseiller du Roy, commissaire d'icelluy sieur faisant mention comme Nicollas de Berolles avoit esté au service dudit sieur en l'acquit et descharge de Nicollas d'Arclays escuyer, sellon la lettre en dabte du vingt sixe aoust l'an 1468. Signé : Portefais.

Item d'une autre lettre donnée de Louis Bastard de Bourbon le xxxe jour de mars l'an 1469 avant Pasques contenant comme ledict Nicollas d'Arclois seigneur de Monbosc escuyer et François de Bérolles archier d'icelluy s'estoient comparus en la monstre généralle en abillement suffisant sellon la ditte lettre.

Item produict trois tenemens ensemble rendus par Michel et Louis dictz Liet audict Jehan d'Arclais, à présent sieur dudict lieu de Monboscq de plusieurs maisons que tiennent par hommage lesdict Liet dudict sieur sellon lesditz tenements en dabte du 4e jour de Juillet 1508.

Offrant ledict Jehan d'Arcloys fournir et vériffier ce que dessus à suffire tant par lettres que par autre chose en temps et lieu ainsy qu'en tel cas appartient sauf à luy à plus bailler et amplifier sy mestier est. — Baillé et produict aujourd'hui xiiiie jour de Juilet 1523.

Lettres patentes du Roy François Ier à son cher et bien amé Nicollas d'Arclès (1)

(5 Juing 1531)

François par la grâce de Dieu Roy de France : à nos amez et féaulx les genz de noz comptes et trésoriers à Paris, bailly et Viconte de Vire ou leurs lieutenantx et à nos advocatz, procureur et recepveur audit lieu Salut et dilection. Scavoir faisons que nostre Cher et bien amé Nicollas de Arclès, escuier, seigneur de Montamys, nous a ce jourdhui faict en personne ès-mains de nostre très cher et féal et grand amy le Cardinal de Sens, Légat et Chancelier de France, les foy et hommaige qu'il nous estoit tenu fere à cause et pour raison du fief et seigneurie dudict Montamys assis audit viconté de Vire qu'il a naguères acquis par Retraict de Marcel du Brieul aussi escuier, icelluy fief tenu et mouvans de Nous à cause dudit viconté de Vire ; auxquels foy et hommaige nous avons receu ledict Nicollas de Arclès sauf nostre droict et l'aultruy. Si vous mandons, commandons et expressément enjoignons que par desfauft des dits foy et hommaige non faictz, vous ne faictes, mectez ou donnez, ne souffrez estre faict, mis ou donné audict de Arclès aucun ennui, destourbier ou empeschement en aucune manière, ains si le dit fief et seigneurie de Montamys, ses appartenances, deppendances ou autres ses biens sont ou estoient pour ce prins et

(1) Archives nationales. P. 273, I. n° 5579.

saisiz et mis en nostre main ou aultrement empeschez, iceulx mectez ou faites mectre sans deslay à plaine et entière deslivrance et ans premier estat et deu, pourveu qu'il baillera en nostre chambre des comptes à Paris son adveu et desnombrement dedans temps deu en payant les autres droictz et debvoirs s'aucuns nous sont pour ce deuz si faitz et payés ne les a.

Donné à Paris le cinquiesme jour de Juing l'an de grâce mil cinq cens trente et ung et de nostre règne le dix septiesme.

Par le Roy à nostre relation,

Barillon.

Aveu rendu au Roy notre Souverain Seigneur par noble homme Nicollas Darclays [1]

(2 Septembre 1531)

Du Roy nostre Souverain Seigneur à cause de sa Viconté et Chastellenie de Vire en Normandie, noble homme Nicollas Darclays confesse et advoue tenir par foy et hommage ung membre de fieuf noblement tenu à gaige pleige court et usaige nommé le fieuf de Montamys qui se consiste et extend en la paroisse dudict lieu de Montamys, ès paroisse de Brémoys, Mesnil-ozouf et ailleurs, sans domaine ne manoir qui ne soit fieuffé. En quel fieu l'église du dit lieu est assise, de laquelle et du patronnage de ladite paroisse ledict Darcloys est patron et à luy appartient présenter à la cure et bénéfice totiens quotiens quelle eschoit vaccante. Comme patron et en icelluy fieu le dict Darcloys a hommes hommaiges subjectz en rentes annuelles, deniers, grains, œufz, oyseaulx et toutes dignitez et liberthés à noble fieuf appartenantes comme les autres nobles tenants dudit pays et Duché de Normandie. Aussi y a place de moullin à bled deprésent en ruyne à ban et moulte, du quel les hommes et tenans dudit fieuf sont subjectz et aux services dudict moullin. Item a en icelluy fieuf droict de Quinctaine et place de Fourches. Lequel fieu se relève par ung huictiesme de fieuf de haubert et vaut communs ans trente livres tournoys à cause et raison duquel il doibt au Roy notre dict

(1) Archives nationales. P. 300, I, N° 302.

Seigneur foy et hommaige comme dessus, avecques reliefs XIIIe et autres services comme les autres nobles tenans du pays selon la coustume de Normandie à quoi il obaïst et plus amplement desclare si mestier est et s'il vient à cognoissance. PAR TESMOING des quelles choses il a signé ce présent de son signe manuel et scellé de son sceau d'armes. Le deuxiesme jour de septembre l'an mil cinq cens trente ung.

Contrat de mariage d'entre noble homme Nicolas d'Arclais et damoiselle Péronne de Banville

(26 Juillet 1532)

A tous ceulx qui ces lettres verront Pierres COLLARDIN garde des sceaulx des obligations de la Viconté de Vire Salut. Scavoir faisons que pardevant GILLES et DUBOST et Jehan MADELINE tabellions Roiaulx au Tourneur fut présent noble homme Jehan DARCLAYS seigneur de MONBOSCQ lequel en son propre nom et establissant et faisant fort pour noble homme Nicolas DARCLAYS son fils seigneur de MONTAMYS absent. promectant qu'il aura ce présent agréable et lui faire rattiffier toutefois que mestier sera lequel loua, ratiffia, tint pour bon et eult agréable, une cédulle escripte en papier (1) confessant avoir signer de son saing manuel de laquelle la teneur en suict.

Au traicté de mariage faisant d'entre noble homme Nicolas D'ARCLAYS seigneur DE MONTAMYS fils de noble homme Jehan DARCLAYS seigneur DE MONBOSCQ d'une part et de damoiselle Péronne DE BANVILLE fille de noble homme Nicolas DE BANVILLE seigneur DE PIERRES d'autre part a estey donney. promis et accordey par ledit Seigneur DE PIERRES audit seigneur DE MONTAMYS et à laditte damoiselle la somme de 600 livres tournois avec ce que ledit seigneur DE PIERRES a promis acoustrer et vestir sa ditte fille bien et honnestement d'abillement suffisans selon et autant comme assaditte

(1) La recognaissance est en Parchemin.

fille appartient et le lieu où elle ayra, de la quelle somme de six centz livres tournois ledit seigneur DE PIERRES a promis bailler cinq centz livres content, et pour le surplus que seroit de cent livres du nombre desditz six centz livres lesdits seigneurs DE MONBOSCQ en ont donné et donnent temps resonnable au dit Seigneur DE PIERRES, sur la quelle somme de 600 livres tournois lesd. Seigneurs DE MONBOSCQ subgectz en legier quatre centz livres tournois en quarante livres de rente chacun an héréditał en la ligne de laditte Péronne DE BANVILLE qui sera le dot et patrimoyne héréditał de laditte damoiselle. Et sil en estoit ainsy, que ledit Nicolas DARCLAYS filz dudit Seigneur DE MONBOSCQ, alast de vie à décès premier que son dit père ledit seigneur DE MONBOSCQ a doue et douaire sur lad. Peronne de la somme de vingt livres tournois de rente en attendant son droit de douaire coustumier en cas où la tierce partie du revenu dud. Seigneur DE MONTAMYS ne le pourroit valler. Et si au contraire que ladite Peronne decedat sans hoirs dudit Seigneur DE MONTAMYS et delle lesdits seigneurs DE MONBOSCQ auront faculté et permission de retirer lesdits quarante livres tournois de rente par le prix de quatre centz livres ; Et à ce moyen et en fabveur dudit mariage le dit mariage faict et accomply en face de Sainte Eglise ledit seigneur DE MONBOSCQ a amobilye les dits futurs mariés avecquez luy de présent comme deslors et de lors comme de présent.

EN TESMOING de ce lesdits seigneurs ont signé ceste présente de leurs saings manuelz aujourdhuy cinq[e] jour de febvrier l'an mil cinq cents trente et un ainsi signé :

DE BANVILLE, DARCLAIS, DE BANVILLE (1) un paraphe. Collation faite.

---

(1) La maison de Banville est une des plus anciennes de Normandie. Dame Marie-Antoinette D'AUDETEAU, femme du propriétaire actuel de Montamys (1909), qui compte parmi ses aieuls le père de ladite damoiselle Péronne DE BANVILLE, avait pour grand'mère dame Aimée-Françoise-Antoinette DE BANVILLE, fille de Georges DE BANVILLE Sgr DE MONTMORÉ descendant de Nicolas DE BANVILLE et de dame MICHELETTE DU PARC D'INGRANDES sa femme. Aimée DE BANVILLE née le 1er avril 1783, épousa le 4 Juin 1810 Charles-Julien LYOULT DE CHENNEDOLLÉ, le poète normand.

Et quant à ce tenir et entretenir et le contenu en laditte Cédulle tenir et accomplir en toutes choses généralement en icelles choses le dit Jehan Darclays Seigneur de Monbosco en son dit nom et pryvé et establissant et faisant fort pour ledit Nicolas Darclays son fils seigneur de Montamys absent en oblige tous ses biens et de ses hoirs, meubles et héritaiges ou qu'ilz soient présens et advenir. Et pour rendre et restaurer tous coustz et dommaiges (qui) en aultre cause se pourroient exister. En tesmoing de ce ces lettres sont scellées desdits sceaulx. Ce fu fait et recongneu l'an mil cinq centz trente-deux le vingt six^e^ jour de Juillet présens noble Jehan de la Bigne seigneur dud. lieu et Messire Richard Vautier prestre l'ainé tesmoings. Laquelle cédulle demeure attachée à ces présentes pour servir à ce quil appartiendra.

Ont signé avec Nous Dubost et Jehan Madeline, tabellions au Tourneur, les desnommez, etc.....

Certifficat de dépôt des titres de noblesse pour Jean Nicolas, Jaques, Hector et Louis dictz Darclais frères au greffe de Baieulx

(14 Décembre 1540)

Aujourdhuy quatorziesme jour de décembre mil cinq cens quarante s'est comparu au greffe de l'éllection de Baieulx, Noble homme Jehan Darclays, seigneur de Monboscq demeurant en la paroisse de Saint-Martin-de-la-Besache pour lui, Nicolas, maistre Jacques, Hector et Loüis ditz d'Arclays ses frères, lequel a produict pour leur justification de leur noblesse le nombre de vingt sept pièces d'escriptures attachées avecquez leur généalogie pour estre veues par le procureur du Roy, à la collation des genz et officiers dudict Bayeulx. Fait comme dessus.

Le 22 octobre 1541 les dittes escriptures ont suivant l'ordonnance esté recueuillies au greffe par moy ledit Darcloys.

Partage entre la Branche de Monbosc et celle de Montamys

(17 Janvier 1540)

A TOUS CEULX QUI CES LETTRES VERRONT Pierre COLLARDIN garde des sceaulx des obligations de la Viconté de Vire Salut. Savoir faisons que par devant Loïs LE BOUCHIER escuyer et Jehan DESBRIÈREZ tabellion royaulx au Tourneur.

FURENT présens nobles hommes Jehan et Nicolas ditz DARCLAYS frères, le dit Jehan Seigneur DE MONBOSTQ et le dit Nicolas seigneur DE MONTAMYS, lesquelz recongneurent chacun de soy une Cédulle de laquelle la teneur en suict. Il a esté accordé entre nobles personnes Jehan DARCLAYS seigneur DE MONBOSTQ filz aisné de deffunct Jehan DARCLAYS en son vivant escuier, Seigneur dudit lieu de Monbostq pour lui et Mes Jacques, Hector et Loïs ditz DARCLAYS ses frères d'une part et Nicolas DARCLAYS seigneur DE MONTAMYS filz second dudit défunt, que Icelluy seigneur DE MONTAMYS s'est départy et départ de toute et telle succession mobile qu'il eust peu prétendre et demander à cause de la terre qu'il avoit acquist avec sondit defunt père. Et a consenty et consent ledit Seigneur DE MONTAMYS que ledit Seigneur DE MONBOSTQ son frère ait et recueille tous et chascun les biens meubles soit en deniers naiz ou aultrement deubz et escheuz en précédent le jour Saint Michel dernier passé tant en la ditte terre de Montamys que aultres lieux parce que ledit Seigneur DE MONBOSCQ pour luy et endit nom s'est obligé payer et acquitter toutes les debtes tant mobiles que aultrement qui peuvent estre deubz à raison de la ditte terre, non comprins les debtes que ledit Nicolas pourroit avoir faites en son privez nom.

Item consent le dit seigneur DE MONBOSTQ pour luy et establi pour sesditz puisnés que ledit Nicolas ait recueilli et jouisse de toutes les acquisitions que leurdit defunct père pourroit avoir acquises en la ditte terre de Montamys sans que lesditz puinés ne luy en peuvent demander aucune chose, part ne portion desditz acquestz au moïen et parceque ledit Nicolas quitte et delaisse audit son aisné tout le droict et ce qui en déppend des procès qu'il a o la veufve et enfans de defunct Marcel DU BRIEUL et Laurens DAULNEY et qu'il en recueille tout et tel profit qui en pourroit sortir et venir soit par appoinctement, répétition de deniers ainsi qu'il pourra convenir tant en deppens principal que aultrement. En oultre et par dessus six acres de terre et ce qu'il y a de maisons et mesnages audit lieu de Montamys qui demeurent audit Nicolas. Parceque led. Jehan sera subject conduire et mener lesdits procès à ses deppens et en garder ledit Nicolas. Et d'avantage demeure subjet ledit Nicolas faire et payer par cy après CENT SOULZ tournois de rente hypotèque ès hoirs de Pierre DUVAL en son vivant bourgeois de Caen, laquelle rente avoit été et mise pour aider a acquerir et faire le rembours de sa ditte terre de Montamys. Et sy ne pourra prétendre ne demander ledit seigneur DE MONTAMYS audit Jehan son aisné aucune part ne portion sur la succession de leur dit defunct père par les moïens que dessus. Aussi ne pourra ledit seigneur DE MONBOSTQ demander aucune chose audit Nicolas des frais et mises qu'il pourroit avoir faites à la poursuitte et deffence des procès qu'il a conduitz et menés pour le fait de laditte terre de Montamys. Promettant tenir et entretenir nous lesdits Jehan et Nicolas toutes les choses dessus dittes sur l'obligation de nos biens. EN TESMOING de quoy avons signé cette présente de nos signes manuels, cy mis ès présences de nobles hommes Gilles DE FOULONGNES seigneur DU LONDEL, Robert DE BANVILLE Seigneur DE PIERRES, Jehan DE LA BIGNE seigneur du lieu, Jacques DE MONDEHARE et ledit Mre Jacques DARCLAYS curé dudit lieu de Montamys le dix sept^e^ jour de Janvier mil cinq centz quarante, ainsi signé cinq paraphes ./.

Et quant à toutes les choses dessus dites et teneur d'icelle maintenir parfaire et accomplir de point en point ainsi que dessus est dit et devisé et pour rendre et restaurer tous coustz et domages qui a laditte cause se pourroit eussyer lesd. parties en obligèrent l'un vers l'autre tous leurs biens et héritages.

En tesmoing des quelles choses ces lettres sont scellées sauf autry droict.

Ce fu fait et passé l'an et jour dessus ditz prévenus lesditz tesmoings ./.

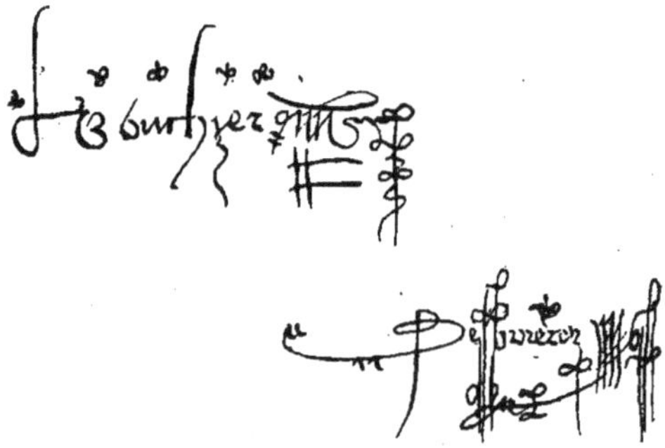

Adveu rendu par noble homme Nicollas Darclais [1]

(16 Mars 1547)

Du Roy nostre Souverain Seigneur à cause de sa Viconté et Chastellenie de Vire, Noble homme Nicollas Darclays confesse et advoue tenir par foy et hommaige un membre de fief noblement tenu à gaige pleige court et usaige nommé le fief de Montamys, ès-paroisses de Brèmoys, de Mesnilozouf et ailleurs, sans domaine ne manoir qui ne soit fieffé auquel fief l'église dudict lieu de Montamys est assise de laquelle et du patronage de ladicte paroisse est patron ledit Darclays et à lui appartient présenter à la cure et bénéfice totiens quotiens quelles eschaient vaccantes comme patron et en icelluy fief ledit Darclays, a hommes, hommaiges subjectz en rentes annuelles, deniers, grains, œufz, oiseaulx et toutes dignitez et libertés à noble fief appartenant comme les autres nobles tenans dudit pays de Normandie.

Aussi y a place de moullin à bled de présent en ruyne, au ban et moulte duquel les hommes et tenans dudit fief sont subjectz et au service dudict moullin.

Item et en Icelluy fief droict de Quinctaine et place de fourches ; le quel fief se relève par ung huictiesme de fief de haubert et vaut communs ans trente livres tournois à cause et raison duquel il doibt au Roy nostre dit Seigneur foy et hommage comme dessus avecques reliefs XIIIe et aultres

---

(1) Archives nationales : D'Arclays de Montamys. P. 300, I. N° 328.

services comme les aultres nobles du pays, sellon la coustume de Normandie, à quoy il obaïst à plus amplement desclairer sy mestier est et il vient à congnoissance. Pour tesmoing desquelles choses il a signé ce présent de son signe manuel et scellé de son sceau d'armes le xvie jour de mars l'an mil cinq centz quarante sept ./.

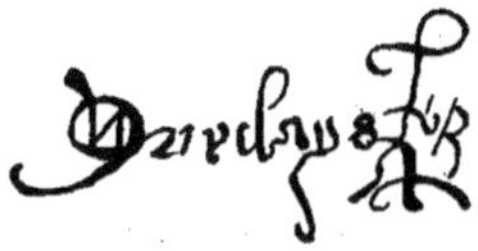

Ce dit présent adveu non vériffié a esté receu en la chambre de céans et retenu en icelle à la charge de iceluy faire vériffier deuement et dans tems deu sellon et suivant l'expédition qui en a esté ce jourd'hui faite.

Fait le xvie iour mars mv^{c} xlvii.

Dagenin.

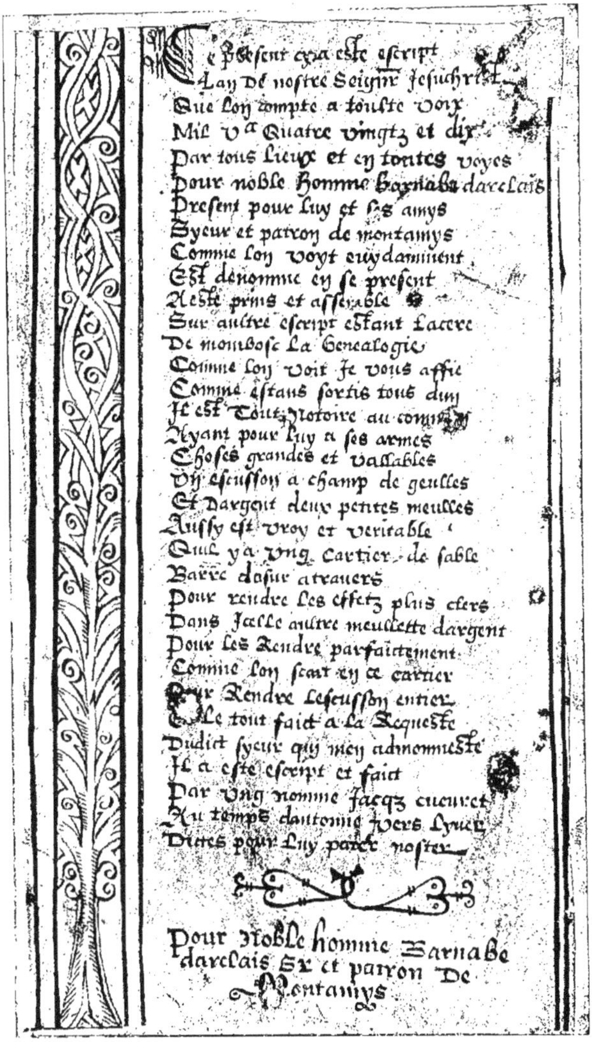

Ce présent cy a esté escript
L'an de nostre Seigneur Jesuchrist
Que l'on compte a toute voix
Mil V^c Quatre vingtz et dix
Par tous lieux et en toutes voyes
Pour noble homme Barnabé darclais
Present pour luy et ses amys
Syeur et patron de montamys
Comme l'on voyt euydamment
Est dénommé en se present
Reste prins et afferable
Sur aultre escript estant lacere
De mombose la Genealogie
Comme l'on voit je vous affie
Comme estans sortis tous d'un
Il est tout notoire au commun
Ayant pour luy a ses armes
Choses grandes et vallables
Un escusson a champ de geulles
Et dargent deux petites meulles
Aussy est vroy et veritable
Qu'il y a ung cartier de sable
Barré dasur atrauers
Pour rendre les effetz plus clers
Dans icelle aultre meullette dargent
Pour les Rendre parfaictement
Comme l'on scait en ce cartier
Pour Rendre lescusson entier
Et le tout faict a la Requeste
Dudict syeur qui men admonneste
Il a esté escript et faict
Par ung nommé Jacqz cueuret
Au temps dautomne vers lyver
Dites pour luy pater noster

Pour noble homme Barnabé
darclais Sr et patron de
Montamys

Lettre de Henri de Bourbon-Navarre
depuis Henry IV
à Monsieur Darclais de Montamys [1]

(à Caen le 25 Mars 1596)

.... depuis estre party party (*sic*) d'après le Roy mon..........
..... es ennemis se prepparoient au secours de la ....,
...... par le moien des forces qu'elle assemble de.... ...
.... partz, mesmes de sa Noblesse ; Si bien que c'est à ce coup que no...
..rons la bataille ...., de laquelle Sadilte Majesté se promettant (d'estre) assistée de ses bons services de la noblesse de ceste pro(vince) ma commandé expressément de la luy mener. C'est pourquoy Monsieur de Montamys, voullant croire qu'en une occasion sy signallée et Importante au géneral vous ne voudrez demeurer des derniers à y cou(rir) ce à quoy Lhonneur, le debvoir naturel et .... nation .... vous oblige. Je vous priye de toutte affect........ compaignie et à cest effet vous mettre en estat........ chs.

---

(1) Cette lettre est en mauvais état de conservation, *bien des mots sont détruits*.

dans la fin de ce moys au plus tard, pour vous rendre au lieu que je vous manderay, soubz l'assurance que je vous donne qu'en outre les prégnantes (*sic*) considérations cy dessus, Je ressentiray vous demeurer fort obligé de la particullière affection que me tesmoignerez en ceste occasion pour vous en rendre touttes les preuves de la myenne que sauriez désirer.

Certificat de service donné à Michel Darclays par le Sir de Longaulnay

(24 Mars 1606)

Nous Anthoine de Longaulnay, sieur de Franqueville, chevallier de l'ordre du Roy, lieutenant de la compaignye d'hommes d'armes de Monseigneur le Conte de Soissons, certifions à tous ceux qu'il appartiendra que noble homme Michel Darclais, sieur de Montamy, est employé en ladite compaignye pour y faire le service de Gendarme au voïage de Sedan, pourquoy luy avons baillé ce présent pour luy servir cè qu'il appartiendra, lequel avons signé et apposé le cachet de nos armes. Donné à Sainct-Sylvin le xx. iiij de mars 1606.

Vérification d'ung adveu rendu au Roy par Michel d'Arclais pour son fief de Montamys

(18 Juing 1608)

Es assises de Vire tenues par nous André DE BAUREGARD, Conseiller du Roy, lieutenant criminel en la Viconté de Vire, le mercredi 18 Juing mil six centz huit.

S'est présenté noble homme Michel DARCLAIS, sieur et patron de Montamys et du Bonpoisson, présent en sa personne et parlant par Maistre Robert TORQUETIL advocat, son conseil, lequel nous a fait apparoir que l'adveu par lui rendu au Roy nostre souverain Seigneur en sa Chambre des comptes de Normandie de la commission par luy obtenue de Nosseigneurs de laditte chambre a nous adressante pour vériffier le contenu dudit adveu dabté du 14ᵉ jour de mars dernier, demandant à ceste fin lettres lui soient accordées de la vériffication dudit adveu et de la séance desd. assises, ensemble mandement luy estre accordé pour faire tenir tesmoings des trois estats, tant noble, ecclésiastique et roturier, pour estre par nous oyes et examinés sur ladite vériffication suivant lad. commission ; oy sur ce le Procureur du Roy, parlant par Mᵉ Amand DES RADULPHES, escuyer Sʳ de Merez, advocat pour sa Majesté en ce siège qui de sa part a demandé qu'il feut procédé à laditte vériffication et à ceste fin les discuscions, soutiens compétans en la présence du procureur du Roy et receveur des domaines au regard de quoi lecture faicte tant dudit adveu que commission, nous en avons accordé lecture audit DARCLAIS et mandement à luy accordé pour faire assigner l'un des trois estats pour vériffier du contenu audit adveu ensemble convoquer le recepveur du domaine pour les venir jurer.

En charge au premier sergent de ceste Viconté ce présent exécuter.

Fait comme dessus.

Sont signés : LE HARDY, D'OSMONT, BEAUREGARD et DAVAIN.

Certificats de Services

Le Duc de Lesdiguières, Pair et Connétable de France

(25 Septembre 1625)

Il est mandé et ordonné à Mre Claude......... conr du Roy et trésorier général............. ....
....
.... de ceulx dont sous luy .... il luy baille et dellivre audit Michel DARCLAIS .... de la compagnie .... de Monsieur le Conte DE THORIGNY la somme de huit vingt livres... .... ladite compagnie est......... de Sa Majesté. Commandée par nous en Italye durant le moys de may et Juing de la présente année et rapportant par ledit Sieur une quittance dudict Sr D'ARCLAYS, la dite somme de huit xx livres lui sera passée à son compte .... MMrs des comptes.... .... lesquels sont priés ainsy le faire sans difficulté. Faict à ....nmo le vingt cinqe jour de septembre mil six cent vingt cinq ./..

Signé : LESDIGUIÈRES.

(4 Septembre 1635)

Le Sieur de Matignon Chevalier des Ordres du Roy cappe de cens hommes d'armes de ses ordonnances, Lieutenant général pour Sa Majesté en Normandie.

Nous attestons à tous qu'il appartiendra que Michel Darclais escuyer Sr de Montamys et de laditte paroisse, Viconté de Vire est par nous retenu estant du nombre de ceux de nostre compagnye .... rendre le service deu à Sa Majesté au premier commandement que nous lui enverrons.

En tesmoing de quoy nous avons signé la présente de nostre main et faict scellé du cachet de nos armes et contresigner par................. de nostre chambre : de Chougny.

Le quatriesme septembre mil six centz trente cinq.

(1636)

Le sieur de Matignon chevalier des ordres du Roy capp^{e} de centz hommes d'armes de ses ordonnances et Lieutenant général pour Sa Majesté en Normandie ...... en la ditte province.

Nous attestons à tous qu'il appartiendra que Michel Darclays esc. s^{r} et patron de Montamys, de la paroisse du dit lieu. Viconté de Vire..... à nous au rendez-vous de la noblesse.......... employé dans la cavallerie avec armes, chevaux et bagages pour servir Sa Majesté avec nous suivant nos commandements.

Faict à Auzy-la-ville le 22 octobre 1636.

Inventaire

Généralité de Caen, élection et sergenterie de Vire

(1645)

Inventaire des pièces, lectres et escriptures dont s'ayde MICHEL DARCLAYS escuyer, sieur et patron de Monthamis et du Boscq-poisson et du petit fief de Seigneur, demeurant en la paroisse de Monthamis, Ellection et Viconté de Vire, Générallittey de Caen par devant Nosseigneurs les commissaires généraulx deputés par le Roy pour la taxe de confirmation de l'exemption du droict des francs-fiefs et descharge de toutte Indemnitez pour justiffier sa Callité et ancienne extraction de noble race Aux fins de la main-levée de son dict fief de Monthamis et autres en despendants saissys. Instance de maistre Jean-Baptiste PALÉOLOGUE commis à la recepte des .... confirmation des .... (*déchiré*) .... du commissaire ....

LE DICT SIEUR DE MONTAMIS A REMONSTRÉ qu'il prend son origine de

Jehan Darclays escuier, lequel avoit espouzé damoiselle Pierette de Monbosc, dame dudict lieu de Montboscq.

Que dudict Jehan Darclays escuyer, est sorty Jehan Darclays escuyer, qui espouza damoiselle Martine Le Bourguignon.

Que dudict Jehan Darclays escuyer et de la ditte damoiselle Le Bourguignon estoit yessu Collin Darclays escuyer.

Que dudit Collin Darclays escuyer estoit yessu Jehan Darclays escuyer, second du nom, sieur de Monbosc, lequel espouza damoiselle Gillette Poisson.

Que dudict Jehan Darclays escuier et de la ditte damoiselle Poisson estoit yessu autre Jehan Darclays troisiesme du nom, lequel espouza damoiselle Margueritte Costard........ *(déchiré)* ....

Que dudict Darclays troisiesme du nom et de laditte damoiselle Costard estoit yessu Nicollas Darclays escuyer, sieur de Monthamis, lequel espouza damoiselle de Banville.

Que dudict Nicollas Darclays escuyer et de laditte damoiselle de Banville estoit yessu Barnabé Darclays escuyer sieur de Monthamis lequel espouza damoiselle Maguadalaine Bellier, sa femme.

Et dudict Barnabé Darclays escuyer et de laditte damoiselle Bellier est yessu ledict Michel Darclays escuyer sieur de Monthamis.

Premier Degrey

Et pour justifier la Callité noble dudict Jehan Darclois escuyer premier du nom duquel le sieur de Monthamis prend son origine et comme il avoit de son vivant bien et deuement servy le Roy,

S'ayde en premier lieu

D'ung cayer de quattre coppyes :

La première d'ung adveu rendu par le dit Jehan Darclais escuier à Jehan Baicon escuyer, sieur d'Undefontaine à cause de sa sieurie de St Wastz, tenue du sieur Evesque de Bayeux, d'ung fief à luy appartenant à cause de ladicte damoiselle sa femme, assiz en la paroisse de Saint-Martin-la-Bessasse et dapté du 28e jour de mars 1381.

La deuxiesme d'ung acte dudict jour et an, comme Nicollas de Hergine (?) recepveur et mesnager dud. sieur Evesque avoit rendu led. adveu de la part dud. Darclays.

La troisiesme est ung aultre adveu rendu au Roy par ledict Jehan Darclays escuyer, d'une tasse de bois assis en Monsegret, fief et sieurye de Monboscq assis en la paroisse de Saint-Martin-de-Labesasse et ung aultre tasse de bois assis en la paroisse de Cahaignes en son fief du Homme en dable du 18e jour de Janvier 1399.

Et la quattriesme et dernyère de lacte de réception d'ung adveu faict par Jehan de Vandosme escuyer du Corps du Roy, maistre et enquesteur des eaux et forestz d'icelluy en ceste Province de Normandie. Donné à Villiers-le-Bocage le 4e jour de décembre dudict an 1399.

Les dittes coppyes collationnées et aprouvées par le lieutenant du Bailly de Caën audit siège de Thorigny, en la présence du Procureur du Roy et du greffier dudict Bailly, le 19e jour de Janvier dernyer, sur les originaux représentés par Jacques Darclays escuyer, Sieur de Monboscq, aisné de la famille saissy desditz originaux.

Deuxiesme Degrey

Item d'un autre cayer de quattre coppyes collationnées et aprouvées comme dessus.

(1) *La première est une main-levée de Nicolas Potier, viconte de Bayeux, en dabte de 1402.*

La première d'une lettre de provision donnée par le Roy audit Jehan Darclays escuyer, de l'office de son Pannetier, donnée à Paris le 10e iour de Juing 1402.

La segonde de l'acte de la réception faicte par Messeigneurs les maistres des registres de l'hostel du Roy du dict Jehan Darclays escuyer audit office de Pennetier de sa Majesté en dabte du 27e jour d'octobre audict an 1402.

La troisiesme d'une lettre patente du Roy Charles, donnée à Tours le 8e iour de febvrier 1427, contenant comme en récompense des grands services que ledict Jehan Darclays escuier, avoit rendu à Sa Majesté. Il luy permectait de demourer dans la dicte province de Normandye, en sa maison, sise en la dicte paroisse de Saint-Martin-de-la-Bessasse, parmy les

(1) Cette mention a été ajoutée dans un interligne et est écrite d'une autre encre.

ennemis de son Estat sans que cela luy puisse estre reprouché et l'avoir, Ladicte Majesté, gardé en sa protection et sauvegarde.

Et LA QUATTRIESME et dernière est la Coppie d'ung contract passé par devant les tabellions de Saint Lo le 17e iour de may 1428, contenant comme ledict Jehan DARCLAY escuier Sr de Monboscq, avoit baillé par eschange à Robin CLÉREL escuyer et à damoiselle Peyrette D'ARCLAYS sa femme, fille dudict Jehan centz solz de rente à prendre sur les personnes y dénommées.

ITEM d'une autre coppye collationnée et aprouvée comme dessus, d'ung autre contract passé pardevant les tabellions du Tourneur le 8e jour de décembre 1414 contenant comme ledit Jehan DARCLAYS escuier, sieur de Monboscq et damoyselle Martine LE BOURGUIGNON sa femme a vendu donné et aumosné vingt solz de rente pour avoir ung sierge pour brusler pendant que on célébreroit les messes de l'Eglize de la paroisse de Saint-Martin-de-la-Besace.

ITEM s'ayde d'ung cayer de quattres coppyes collationnées et aprouvées comme dessus :

LA PREMIÈRE d'un accord faict et passé pardevant les tabellions dudit St Lo le 3e jour d'apvril 1432 entre ledict Jehan DARCLAYS escuier, sieur de Monboscq et Collin DARCLAYS escuïer, son fils, hérittier de laditte deffunte damoiselle Martine LE BOURGUIGNON, sa mère, vivante femme dudict Jehan DARCLAIS d'une part et Guillaume LE BOURGUIGNON escuier, frère de ladicte damoyselle d'aultre par lequel entre autres choses le dit LE BOURGUIGNON s'estoit submis d'acquitter ledit DARCLAIS de 20 boesseaux de fourment de rente envers Jehan SIMON.

LA SEGONDE d'ung aultre accord faict et passé devant lesd. tabellions dudit St Lo, les 1er jour d'apvril 1434, entre lesditz Jehan DARCLAIZ escuier sieur de Monboscq d'une part et Estienne LE ROUX ayant espouzé damoyselle Phelippine DARCLAYS fille dudict Jehan DARCLAYS, d'autre part, lequel led. sieur de Monboscq avoit baillé en assiette audit LE ROUX cinquante solz de rente en plussieurs partyes et payement de pareille somme qu'il avoit promis pour la dot de laditte damoyselle sa fille.

LA TROISIESME d'ung adveu rendu à noble personne Vincent PELTIER sieur de Undefontaine par ledit Jehan DARCLAIS escuier, de son fief, terre et seigneurie de Monbosc assis en lad. paroisse de Saint-Martin-la-Besace et de Neuilly-le-Malherbe, en dable du 8e Juillet 1434.

Et LA QUATTRIESME et dernière de lacte de la réception dud. adveu faicte par le Séneschal de la Sieurie DE UNDEFONTAINE ce 14e jour d'octobre 1436 et dans touttes lesquelles pièces cy-dessus la Callité noble et d'escuyer dudit D'ARCLAIS est emploiyée.

Segond degrey

ITEM pour justiffier comme ledit Collin ou Nicollas DARCLAYS, frère dudict JEHAN et de lad. damoiselle LE BOURGUIGNON avoit de son vivant ainsi que son deffunct père possédé la Callité noble et servy le Roy auxdittes ocasions qui s'estoient présentées s'ayde le sieur DE MONTHAMIS :

EN PREMIER LIEU d'ung cayer de sept coppyes collationnées et aprouvées comme dessus.

LA PREMIÈRE d'ung contract en forme d'acord faict et passé pardevant les tabellions de Carenten le 29e de Septembre 1446, entre Robert CLÉREL escuyer et Pérette DARCLAIS sa femme, d'une part et Robert JOSSET et Richard LE MARCHAND tutteurs des enfans soubzaagés de deffunct Jehan SYMON, d'autre, du procès pendant aux assises de Torigny sur la clameur desd. CLÉREL et DARCLAIS, mariés, pour retirer centz solz de rente que Collin

DARCLAYS escuier frère de ladìtte damoiselle avoit vendus aud. feu Jean SIMON, par lequel Acord lesd. tutteurs avaient faict remise et vendicion de ladicte rente aud CLÉREL et sa femme.

LA DEUXIESME est la coppye de l'acte de l'institution de tutteur desditz JOSSET et LE MARCHAND aux ditz soubzaagés faicte et passée devant le viconte DE CARENTEN les jours et an.

LA TROISIESME est d'ung aultre contract passé devant les tabellions de St-Lhoe le 23e d'oct. aud. an 1446, contenant comme ledit CLÉREL sieur de RAMPAN pour luy et s'establissant pour lad. damoiselle Pierette DARCLAIS sa femme, avoit vendu et transporté audict Collin D'ARCLAYS, escuyer, sieur de Monboscq frère de ladìtte damoisselle lesd. centz solz de rente par eulx retirés desditz tutteurs desditz soubzaagées du dict Jehan SIMON.

LA QUATTRIESME d'un certifficat ou attestation de ALLAIN sieur de Chennoncelles et de Villers, Conseiller Chambellan du Roy et son bailly en Costentin du 23e iour de septembre 1463, contenant comme ledit Nicollas DARCLAYS escuier, sieur de Monbosq avoit toujours servy le Roy en la compagnie des aultres nobles et luy avoit donné congé de s'en retourner audict bailliage dudict COSTENTIN pour le bien du paìs.

LA CINQUIESME est la Soppye *(sic)* d'ung aultre contract passé devant les tabellions dudict St-Lo, le 21e de mars 1467, contenant comme ledit Collin DARCLAYS escuier, sr de Monboscq s'estoit obligé et constitué envers Jehan DE BONLIEU bourgeois de St-Lo et damoiselle CARDINE sa femme, fille dudict Sr de Monboscq leur faire et païer annuellement 12 livres de rente qu'il leur avoit promis par leur traicté de mariage pour ladicte Icelle damoyselle.

LA SIXIESME d'ung certifficat ou atestation de Louÿs BASTARD DE BOURBON duc DE ROUSSILLON, admiral de France et Lieutenant général du Roy en Normandye, du 30 mars 1469, contenant comme ledit Nicollas

Darclais escuier et Collin de Bérolles son Archer s'estoient comparus tant pour ledit escuyer que pour son fis aux monstres générales, en habillementz suffisantz et telz qu'il leur avoit esté commandé pour servir le Roy et qu'ilz avoient promis faire.

Et la septiesme et dernière d'ung aultre contract passé devant les tabellions de St-Lo, le cinqe de may 1486, contenant comme Jean Larsonneur ayant droict par acquissitions de Michel Autin escuier, sieur de la Blancappière et damoiselle Guillemette Darclays sa femme, de soixante solz de rente quy avoient esté balliés en assiette audit Autin et damoiselle pour son dot par Nicollas Darclais escuier sieur de Monboscq père d'Icelle damoyselle et Jehan Darclays escuier frère d'icelle damoiselle, avaient renoncé poursuivre iceux Darclais pour la guarantye et fournyture de ladicte rente.

Item s'aide de la coppye collationnée et aprouvée comme dessus d'ung aultre contract passé devant les tabellions dudict St-Lo, le 2e d'apvril 1473, contenant comme ledict Nicollas Darclais escuier, sr de Monbocq et Jehan Darclais escuier son frère avoit baillé en assiette, audit Michel Autin escuier Sr de la Blancappière et ladite damoiselle Guillemine Darclays, sa femme, pour le dot d'Icelle damoiselle cent solz de rente à prendre sur les personnes desnommées audit contract.

Troisiesme Degrey

ITEM et pour monstrer que le dit Jehan DARCLAIS escuier, second du nom, fis dudict COLLIN avoit de son vivant jouy et possédé de la Callitté de noble ainsy que sesd. père et ayeul,

S'AYDE EN PREMIER LIEU

De la coppie collationnée et aprouvée comme dessus d'ung aultre contract passé devant les tabellions dudit St-Lo, le 12e d'aoust 1476, contenant la recongnoissance de lacte de mariage d'entre le dict Jehan DARCLAIS fis dudict Nicollas DARCLAYS escuier et damoiselle Gillette POISSON fille de noble homme Pierre POISSON sieur de Crennes et de damoiselle Margueritte LAMBERT sa femme, en dabte sous signe privey du 14e jour de novembre audit an, et comme les ditz POISSON et LAMBERT mariés avoient passé contract de Constitution aud. Jehan DARCLAIS et à sadite femme de 25 livres de rente à eux promis par le dict traité de mariage.

ITEM de la coppye collationnée et aprouvée comme dessus d'un aultre contract passé devant les tabellions de Carenten le 1er jour de Juillet 1482 contenant comme ledit Jehan DARCLAIS escuier sieur de Monboscq pour luy et la damoiselle Gillette POISSON sa femme, avoient transporté à Thomas DU HOMME escuïer, sieur de Burcy vingt livres du nombre desd. 25 livres de ladicte rente.

Item s'ayde d'ung aultre cayer de quattre coppyes collationnées et aprouvées comme dessus.

La première d'une acte donnée aux assizes de Torigny le 14e jour de Juing 1492, contenant comme le dict Jehan Darclais escuier, sieur de Monboscq avoit émancippé et mis hors de son pouvoir paternel Jehan Darclais escuier son fis.

La segonde d'ung extraict de contract passé devant les tabellions de St-Lô le 20e jour d'apvril 1486, contenant comme Michel Autin escuier, sieur de la Blancappierre, pour luy et damoiselle Guillemine Darclais sa femme, avoient baillé et transporté à Jehan Larsonneur 60 solz de rente du nombre du dot de laditte damoisselle, laquelle rente avoit esté donnée auxditz mariez par Nicollas Darclaez escuier, sieur de Monboscq père de ladite damoiselle et par Jehan Darclais frère dicelle damoiselle.

La troisiesme d'ung aultre contract passé devant les tabellions de St-Lô, le 3e jour de Janvier 1483, contenant comme le dit Jehan Darclais escuier, sieur de Monboscq, fis et hérittier dudit feu Nicollas Darclais, avoit baillé en assiette à Guillaume Autin escuier sieur de la Blancappierre et damoiselle Jehanne Darclais sa femme fille dudit Nicollas et sœur dudict Jehan, le nombre de centz solz de rente à prendre sur les personnes y desnommées. Laquelle rente led. Nicollas Darclays avoit donné auxditz Autin et damoiselle en mariage faisant dentreulx.

Et la quattriesme et dernière d'ung aultre contract passé devant les tabellions de Caën le 4e jour de Juillet 1482, contenant comme Louys de Vauchy (*Vassy*) acquéreur de Ollivier de Augustoville (?) avait fait remise à droict de sang et lignage audit Jehan d'Arclais, escuyer et la ditte damoiselle Gilette Poisson sa femme, des héritages que ycellui Daugustoville avoit auparavant acquis de Pierre Poisson escuier père d'Icelle damoyselle.

Quatriesme Degrey

ITEM pour monstrer que dud. Jehan DARCLAYS escuyer, sieur de Monboscq estoit yessu ung aultre Jehan DARCLAIZS escuier, 3e du nom, sieur de Nully lequel avoit espouzé damoiselle Margueritte COSTARD et que icellui DARCLAYS ainsy que ses prédécesseurs avoit jouy et pocédé laditte Callité noble.

S'AIDE EN PREMIER LIEU :

DE LA COPPYE collationnée et aprouvée comme dessus du tretté de mariage d'entre ledit Jehan DARCLAIZ escuier, sieur de Nully et laditte damoiselle Margueritte COSTARD sa femme, fille de Jehan COSTARD escuier, sieur de Camber signé dudict Jehan DARCLAIZ escuier, sieur de Monboscq père d'icelluy sieur de NULLY, en dabte soubz saing privé du 29e iour de décembre 1491 recongneu devant les tabellions le 18e jour d'oct. 1540. Instance de laditte damoiselle COSTARD lors du decedz dudit feu Jehan DARCLAYS, escuier.

ITEM d'ung cayer de quattre coppyes collationnées et aprouvées comme dessus :

LA PREMIÈRE d'une procuration passée par le dit Jehan D'ARCLAYS escuier, sr de Nully et lad. damoiselle Margueritte COSTARD sa femme à Jehan DARCLAIS escuier, sieur de Monboscq père dudit sieur de Nully et à

Regnaud de Blancvillain escuyer, pardevant les tabellions du Tourneur, le 16e iour de novembre 1498 pour prendre en assiette dudit Costard père de ladite damoiselle 30 livres de rente qu'il luy avoit promis par le contract de mariage cy-dessus.

La segonde d'ung contract passé devant les tabellions du Tourneur le 6e jour d'octobre 1500 contenant comme la recongnoissance faicte par ledit Jehan Darclaiz escuier, Sr de Monboscq, du tretté de mariage d'entre Raoul Laillet escuyer, sieur de Cussy et damoiselle Nicolle Darclais sa fille, en dabte soubz saing privé du 24e iour de Septembre audit an 1500.

La troisiesme du trecté de mariage dudit sieur Jacques de Mondehare escuier, sieur du lieu et de damoiselle Françoise Darclaez fille dudict Jehan Darclaiz escuier, sieur de Monboscq et de la ditte damoiselle Costard en dabte du 24e jour de septembre 1519.

Et la quattriesme et dernière d'ung aultre contract passé devant les tabellions du Tourneur, le 24e jour de janvier audict 1520, contenant comme Jehan de Bonlieu pour luy et pour ses frères avoit vendu audit Jehan Darclaez escuier, sieur de Monboscq douze livres de rente qui avoient été promis à deffunct Jehan de Bonlieu ayeul dudit vendeur au mariage de luy et de damoiselle Chardine Darclaiz fille de deffunt Nicollas Darclaez, escuier, sieur de Monboscq aussy ayeul dudit Jehan Darclais.

Item d'ung acte ou sentence donnée de Monsieur de Manneville Conseiller du Roy en sa cour de Parlement à Rouen le 20e jour de may 1531, contenant la recongnoissance faicte par Marcel de Breuil escuier sieur de Crennes. Instance de Nicollas Darclaiz et Jehan Darclais escuiers, frères dudit Jehan Darclaez escuier, sieur de Monboscq, dudict contract de remise faicte par du Breuil soubz saing privé, le 3e jour dudict mois et an aud. Nicollas Darclaiz stipullé par ledit sieur de Monboscq son père, du fief de Monthamis acquis par iceluy du Breuil de maistre Robert Poisson prestre curé du dict lieu.

ITEM d'une quitance soubz saing privéz dudict DU BREUIL du 19e jour dud. mois de may audit an 1531, contenant comme il avoit rendu auditz Jehan et Nicollas dits D'ARCLAIS faisant fort pour le dit Jehan D'ARCLOIS escuier sieur de Monboscq le dit père de la somme de quattre cens livres.

ITEM de lettre de la recongnoissance faicte par ledit DU BREUIL dudict argent pardevant Monsieur de Manneville, Conseiller commissaire, le 22e jour dudict mois et an. Instance desditz Jehan et Nicollas dictz D'ARCLAIZ, fis dudict Jehan DARCLAIS escuier.

ITEM une aultre acte ou sentence donnée du Bailly de Caën ou son lieutenant au siège de Vire, le 23e iour de novembre 1532, contenant comme ledit Marcel DU BREUIL sieur de Beauvoir, avoit receu dud. Jehan DARCLAIZ escuier, sieur de Monboscq comparant par Jean DARCLAIZ escuier, son frère la somme de mille livres pour le racquis du principal de cent livres de rente.

Cinquiesme Degrey

ITEM et pour justiffier d'abondance la Callité noble dudict Jehan DARCLAIZ et comme ledit Nicollas DARCLAIS escuïer, Sieur de Monthamis estoit yessu d'Icelluy Jehan DARCLAIS et que ainsy que ses prédécesseurs, il avoit de son vivant jouy et poscédé de la ditte Callité noble *(déchiré)* du trecté de mariage d'entre lesditz Nicollas DARCLAIZ escuier, sieur de Monthamis frère dudict Jehan DARCLAYS escuier, sieur de Monboscq d'un part et damoiselle Péronne DE BANVILLE, fille de Nicollas DE BANVILLE sieur de Pierres d'autre, en dabte soubz saing privez du 5e jour de febvrier 1531, Recogneu pardevant les tabellions du Tourneur le 26e jour de Juillet 1532 par ledit Jehan DARCLAIS escuier, sieur de Monboscq, establissant, faisant fors pour led. Nicollas DARCLAYS escuier, sieur de Monthamis son fis, absent.

DU CONTRACT de la dite recognaissance passée devant les tabellions led. jour 26e de Juillet 1532.

DAULTRE CONTRACT passé devant les tabellions le 26e jour de Juillet 1532 par devant les tabellions du Tourneur, contenant comme ledit Jehan DARCLAEZ, escuier, sieur de Monboscq establissant pour led. Nicollas DARCLAEZ escuier, sieur de Monthamis, son fis, avoit receu dudit sieur de Pierres la somme de cinq cens livres en déduction des promesses contenues audict traicté de mariage.

DAULTRE CONTRACT passé devant les tabellions dudict Tourneur le 5e jour de Janvier 1536, contenant comme le dit Nicollas DARCLAYS escuier, sieur de Monthamis avoit quitté le sieur de Pierres, son beau-père de touttes les promesses contenues aud. traicté de mariage.

D'UNG AULTRE contract en forme d'acord faict et passé devant les tabellions du Tourneur le 17e jour de Janvier 1540 entre Jehan DARCLAIZ escuier fis aisné dudit Jehan DARCLAIZ escuier, sieur de Monboscq d'une part et le dit Nicollas DARCLAYZ escuier, sieur de Monthamis, fis segond dudict deffunct d'autre, touchand les partages d'entreux de la succession de leurdict deffunct père.

ITEM de six pièces qui sont quictances des sommes payées par ledict Nicollas DARCLAYS escuier, sieur de Monthamis pour le service du Roy à faire lequel en la ville de Grandville, en dabte des années 1538-1539. gbc 40, 41, 42 et 43.

ITEM d'ung adveu rendu au Roy par ledit Nicollas DARCLAIS escuier, dudit fief, terre et seigneurie de Monthamis en dabte du 16e jour de mars 1547. receu led. jour et an, en la chambre des Comptes de Paris.

ITEM des lettres de main-levée accordées par le Roy aud. Nicollas DARCLAIZ escuier, sr de Monthamis, de son fief, terre et seigneurie dudict lieu de Monthamis en conséquence des foy et hommage par luy faictz au Roy en sa chambre des Contes à Paris à cause de son dict fief, en dabte du 14e jour dudict mois de mars 1547.

ITEM de la ...commission de la dicte chambre des comtes ....
.... pour avoir la vérrification dudict adveu et desnombrement, en dabte dudict jour 16e jour de mars 1547, en touttes lesquelles pièces cy-dessus la Callité noble et d'escuier dudict DARCLAIS est employée.

Sixiesme Degrey

Item pour justiffier comme Barnabé Darclais escuier, sieur de Monthamis est yessu dudict Nicollas Darclais escuier et de ladicte damoiselle Péronne de Banville et qu'il a toujours jouy ainsy que son père et ses auttres prédécesseurs de la Callité noble et servy le Roy aux ocassions quy se sont présentées,

S'aide :

Du contract et traicté de mariage d'entre ledit Barnabé Darclais escuier, sieur de Montamis fis dud. Nicollas Darclais escuïer et de la dicte damoiselle Péronne de Banville d'une part et damoiselle Magdelaine Bellier, fille de maistre Michel Bellier, sieur de Martigny, procureur du Roy à Tinchebray d'autre, en dabte soubz saing privez du 10e jour de may 1567, recogneu devant les tabellions de Tinchebray le 2e jour de Juing 1623.

Dune desclaration de fief, terre et seigneurie de Montamis baillée au greffe de la Viconté de Vire par ledit Nicollas Darclais escuier, sieur dudict lieu, de Monthamis affirmée véritable par ledict Barnabé de Monthamis, escuier, son fis, le dernier jour d'aoust gbc soixante quinze.

De l'acte de la réception de ladicte desclaration faicte au greffe ledit jour et an.

D'UNG CONTRACT passé par devant les tabellions du Tourneur le vingt quattre^{e} jour d'octobre 1580, contenant eschange et contre eschange d'herittages faictz entre Collin DU FAY et led. Barnabé DARCLAIS escuier stipullant pour led. Nicollas DARCLAIS escuier sieur de Monthamis son père.

D'UNE SENTENCE donnée en la juridiction du bailliage à Vire le vingt et ung^{e} jour de Juing 1586, d'entre ledict Nicollas DARCLAIS escuier, sieur de Monthamis, comparant par ledit Barnabé DARCLAIS escuier, son fis d'une part et Engueran DU ROZEL escuier pour luy et la damoiselle sa femme d'autre, touchand les arérages des rentes sieurialles deues à la ditte seigneurie de Monthamis.

DUNG CONTRACT en forme d'acord passé devant les tabellions Royaulx en la sergeanterie de Vassy ce 8e jour de febvrier 1588 d'entre Louis BERNARD escuier, sieur de la Blancapierre et ledict Barnabé DARCLAIS escuier sieur de Monthamis d'une part, et Messire Gabriel DU ROZEL escuier, sieur du Hameley et ledict Enguerrand du Rozel escuier, sieur des Landes d'auttre, de plussieurs procez qu'ils avoient pendantz entreulx au siège de Vire par lequel acord est prouvé que Iceluy Barnabé DARCLAIS escuier, estoit yessu dudict Nicollas Darclays et de ladicte damoiselle Péronne de Banville ses père et mère.

DUNE DESCLARATION baillée par ledict Barnabé DARCLAIS escuyer, sieur de Monthamis au greffe dudit bailly de Caën audit siège de Vire le 17e iour de Juillet 1595, de sond. fief, terre et seigneurye de Monthamis tenus du Roy.

De l'acte de la réception de lad. desclaration aud. greffe dudict jour et an.

D'UNG EXTRAICT du registre du greffe du bailli de Caën du 4e d'aoust 1589, contenant comme le sieur DE LA GERONNE capitaine et gouverneur de la ville et Chasteau dud. Caën, avoit dispensé Barnabé DARCLAIS escuier, sieur de Monthamis du service du Roy pour ...... *(Illisible)* .... qu'il avoit faict apparoir de l'atestation du sieur de Longaulnay, comme il estoit actuellement avec luy au service de Sa Majesté.

ITEM s'aide de sept pièces qui sont .... de feu Monseigneur de Montpensier et des sieurs de Matignon et de Longaulney et deux attestations qui justiffient comme ledit feu Barnabé DARCLAYS escuier, sieur de Monthamis avoit servy le Roy en touttes les ocassions qui s'en sont trouvées pendant les années 1589, 1590, 1591, 1596, 1597, tant et contre ceulx du party de la ligue que au subject .... et au voyage de....... .... sur ses .... et à cause de son indisposition, il y avoit envoyé led. Michel DARCLAIS escuier, son fis aisné qui avoit esté receu en lad. compagnie du Seigneur comte de Thorigny.

Septiesme Degrey et dernier

ITEM et pour justiffier que dud. Barnabé DARCLAIZ escuier et de la dicte damoiselle Maguadelaine Bellier sa femme est yessu ledict Michel DARCLAIZ escuier, à présent sieur de Monthamis et comme il jouit et possède aussy comme ces prédécesseurs de la dite Callité noble et qu'il a continuellement servy le Roy en toutles les ocassions quy s'en sont présentées.

S'AIDE en premier ....*(déchiré)*.........

LA PREMIÈRE est ung extraict de contract passé devant les tabellions de Sainct-Jehan-le-Blanc le 26e iour de Septembre 1601, contenant comme Guillaume des Buissons sieur de Boscq-poisson avoit faict vente audict Michel D'ARCLAIS escuier, sieur et patron de Monthamis du noble gage plège, rentes et revenus de la dicte Seigneurie du Boscq-poisson.

LA SEGONDE est le trectté de mariage d'entre Bon LE MÉTAŸS escuïer sieur de la Londe et damoiselle Caterinne DARCLAYS, fille dud. feu Barnabé DARCLAIS escuïer, sieur et patron de Monthamis et de lad. damoiselle Bellier ses père et mère et sœur dudict Michel DARCLAYS escuier, sieur dudict lieu de Monthamis, contenant les promesses faictes par Icelluy Michel DARCLAYS escuier, en Callité d'hérittier de son dict deffunct père et de la ditte damoyselle Bellier sa mère, ...*(effacé)*.......... venantes audit de Bon et à lad. damoiselle Caterinne DARCLAIS sa sœur, en dabte du 3e jour d'aoust l'an 1602.

La troisiesme est ung adveu ou desclaration rendu au Roy par ledict Michel Darclays escuïer, sieur et patron de Monthamis devant les nottaires royaulx à Vire le 7e jour de febvrier l'an 1605 de son dict fief, terre et seigneurie de Monthamis tenu de Sa Majesté à cause de sa Chastellenye et Viconté de Vire

La quattriesme est ung acte donné dud. Viconte dudict jour et an contenant la présentation et réception dud. adveu, dudict Michel Darclais escuier, sieur de Monthamis.

La cinquiesme est ung contract en forme d'Acord faict et passé pardevant les tabellions du Tourneur le 24e jour d'octobre 1608, dentre ladicte damoiselle Maguadalainne Bellier, veufve de feu Bernabé Darclais, escuier, sieur et patron de Monthamis et ledict Michel Darclais escuier sieur dudict lieu de Monthamis son fis pour avoir ladicte damoiselle récompense des deniers employés par son dict fis, en armes et équipages pour aller au service du Roy en la compagnie d'ordonnance de Monseigneur le Comte de Soissons.

La sixiesme est ung acte en parchemyn donné aux assizes de Vire, le 18e jour de Juing 1611, contenant comme il avoit esté faict lecture de l'adveu rendu par ledict Michel Darclais escuier, sieur de Monthamis à la chambre des Contes de Roüen, des fiefs, terre et sieurie de Monthamis ce 14e jour de mars audict an 1608, suivant l'acte des foy et hommage par luy faictz au Roy en sa dicte Chambre le 10e jour de décembre gbjc dix sept en suitte de la verriffication dudict adveu.

La septe est une ordonnance de MM. les Commissaires députez pour la liquidation des droicts des francs-fiefs et nouveaux acquêtz de Normandye le 24e jour de mars 1626, contenant comme ledit Michel Darclays escuier, sieur de Monthamis avoit esté deschargé de la somme de 15 livres de laquelle le fief du Bosc-poisson avoit esté tauxé pour le nom dudit Guillaume

DES BUISSONS auparavant propriétaire d'icelluy comme estant led. DARCLAIS personne noble et la dicte taxe de 15 livres modérée à centz solz pour la jouyssance que ledict DES BUISSONS avoit eue dudict fief depuis la vente qu'il en avoit faicte audict sieur de Monthamis.

LA HUICTIESME est lacquis de laditte somme de centz solz payée par ledit Michel DARCLAIS escuier, ès-mains du recepveur des droitz, le 13ᵉ jour de Juing gbjᶜ vingt six.

LA NEUFVIESME est le contract de trectté de mariage d'entre ledit Michel DARCLAIS escuier, sieur et patron de Monthamis, fis et hérittier dud. Barnabé DARCLAIS escuïer et de la ditte damoiselle Maguadalaine BELLIER, ses père et mère d'une part et damoiselle Françoise PIGACHE, fille aisnée de François PIGACHE escuier, sieur et patron de Lambreville et autres terres passé devant lesd. tabellions royaulx de Torigny, le 22 nov. 1626.

LA DIXᶜ est ung exploit de la saissye dudict fief du Bosc-poisson pour le droict de franc-fief et nouveau acquetz, le 22ᵉ iour de sept. 1636.

ET LA ONZIESME et dernière est une main-levée Acordée par Messieurs les Commissaires députez pour la liquidation des droitz desditz franc-fiefz le 17ᵉ jour de febvrier 1637, audict Michel DARCLAIS, escuier, sieur de Montamis, dudit fief, terre et seigneurie du Bosc-poisson comme estant personne noble, par lesditz commissaires establis à la...... dudict fief deschargé.

ET POUR JUSTIFFIER comme ledit Michel DARCLAIS, escuier, sieur de Monthamis a tousiours servy le Roy depuis l'aage de 20 ans jusqu'à présent en touttes les ocassions quy se sont présentées jusqu'à présent.

S'AIDE des pièces qui sont en Jugement à scavoir :

D'UNE ATESTATION du sieur de Franqueville LONGAULNEY lieutenant de la Compagnie de gens d'armes de Monseigneur le Comte de Soissons du

24e jour de mars 1606, contenant comme Michel Darclays escuier, sieur de Monthamis estoit employé en lad. Compagnie pour y faire le service de gendarme au voyage de.....

D'une atestation des commissaires et controlleurs ordinaires des guerres et du trésorier et payeur de Lagendarmerie de France le 25e jour d'apvril aud. an 1606, contenant comme led. Michel Darclais escuier, sieur de Monthamis estoit emploiyé aux Rooles de la monstre et passé pour homme d'armes en la dite Compagnie de Monseigneur le Comte de Soissons.

De cinq auttres atestations desdictz commissaires controlleurs des guerres et du trésorier de la gendarmerye de France du 14e jour de l'an 1618, de septembre gbjc douze, 16e d'apvril gbjc quatorze, 25 d'octobre gbjc saize et 10e jour de may gbjc dix neuf, contenant comme led. Michel Darclaiz escuier, sieur de Monthamis avoit esté employé aux roolles et avoit passé aux monstres pour homme d'armes de lad. compagnye de Monseigneur le Comte de Soissons.

Des coppyes et un cayer de deux lettres missives escrittes par Monseigneur le Comte de Soissons audict sieur de Franqueville, lieutenant de la Compagnie des gens darmes dudict Comte le 3e jour de Juing gbjc 22, Acequ'il .... (*effacé*) .... faire partir sa compagnie en la .... (*effacé*) ...... service du Roy.

D'une lettre missive escritte par ledict sieur de Franqueville audict sieur de Monthamis homme d'armes en sa ditte compagnye, le 2e jour de juillet audit an gbjc 22, affin qu'il eust à se rendre dans la dicte compagnye le jeudy en suivant septe dudict mois.

D'une auttre atestation de feu sieur Comte de Torigny, lieutenant général pour le Roy en Normandye, et maistre de camp de la Guavallerye légère de l'armée de Monseigneur le Connestable de Lesdiguières, donnée au camp, ... le 15ᵉ jour de Juillet gbjᶜ 25, contenant comme Michel DARCLAIS escuier, sieur de Monthamis avoit servy le Roy soubz sa charge depuis le mois d'octobre précédent et comme il lui avoit donné congé et passeport pour se retirer en sa maison.

DUNE ORDONNANCE dudict seigneur Connestable DE LESDIGUIÈRES donnée à Chaumont le 25ᵉ jour de septembre audit an gbjᶜ 25, adressante au Commissaire général de l'extraordinaire des guerres ou son commis pour payer audict Michel DARCLAYS escuier, sieur de Monthamis chevaux-léger à la compagnye dudict sieur Comte de Torigny, la somme de huict vingt livres pour le service qu'il avoit faict et rendu en lad. compagnie et armée de Sa Majesté, commandée par ledit Connestable de Lesdiguières.

DAUTTRE ORDONNANCE dudict Seigneur Connestable Desdiguières donnée à Crosseren (?) le 9ᵉ jour de novembre audict an gbjᶜ vingt cinq, par laquelle est mandé au trésorier général de la Cavallerye légère au département d'au de là les montz de payer au Seigneur Comte DE TORIGNY la somme de deux mille livres pour les soldes et appoinctementz de plussieurs cavalliers du nombre desquelz estoit ledit Michel DARCLAYS escuier sieur de Monthamis.

DE DEUX PASSEPORTZ en Italye donnés par le Duc de Savoye audict Michel DARCLAYS .... aud. sieur revenant en ......(*illisible*)...... .....(*effacé*)....... an gbjᶜ vingt cinq.

DE DEUX ATESTATIONS dudict Saigneur de Matignon lieutenant général du Roy en ceste province de Normandye, des 4ᵉ jour de septembre et 9ᵉ octobre 1635, la première contenant comme ledict saigneur avoit retenu ledict Michel DARCLAYS, escuier, Sʳ de Monthamis estant du nombre de sa compagnye de gens d'armes pour luy rendre le service deub à Sa Majesté et l'auttre comme il avoit dispensé le dit Sʳ de Monthamis de faire le voyage en personne au moyen que avoit baillé ses armes et chevaux au sieur de Lapeyrelles gentilhomme pour servir à sa place.

De deux atestations l'une .... (*effacé*) ....
.... l'armée du Roy commandée par le Comte de Soissons et l'auttre du sieur baron de la Luthumière, capitaine lieutenant de la compagnye des gens-d'armes dudict seigneur de Mathignon donné à Charon-sur-Meuze, les 16e et 22e de Janvier gbjc 36, contenant comme le sieur de la Peyrelle servait pour ledict sieur de Monthamis avoit passé aux monstres et reveues.

Dauttre atestation du dict sieur baron de la Luthumière donnée à luy le 20e jour d'apvril audit an gbjc trente six contenant comme ledit sieur de la Pérelle avoit tousiours servy pour et en lieu et place dudict sieur de Monthamys.

D'une auttre a testation dudict seigneur de Mathignon donnée à Auchy-la-Ville, le 22e d'octobre gbjc trente six, contenant comme ledit sieur de Monthamis s'estoit présenté à luy au rendez-vous de la noblesse et estoit employé dans la Cavallerye pour Sa Majesté.

De deux coppyes en une mesme feuille de papier ; de deux lettres du Roy par luy escrittes de Versailles ; l'une audit saigneur de Mathignon et l'aultre à la Noblesse de ceste province de Normandye du 28e jour de novembre audit an gbjc trente six, par laquelle Sa Majesté ayant une entière satisfaction de leurs services, avoit ..... (*déchiré*) ...... retour de la ....
.... (*déchiré*) ....
....

De deux auttres pièces escrittes en une mesme feuille de pappier ; la première est la coppye d'autres lettres de Sa Majesté escripttes de Versailles audit Seigneur de Mathignon le 28e jour de novembre 1636 et l'autre est une attestation dudict seigneur de Mathignon donnée au camp du siège du Chasteau de Mantes le 8e jour de décembre gbjc trente six, contenant comme ledit Michel Darclays escuier, sieur de Monthamis avoit servy actuellement et continuellement Sa Majesté près dudit Saigneur en l'armée de Monsaigneur le duc de Longueville.

D'UNE SENTENCE donnée par le lieutenant du bailly de Caen en dabte du 27e jour de may gbjc trente sept, par laquelle veu les atestations des services rendus à Sa Majesté par led. Michel DARCLAYS escuier sieur et patron de Monthamis et du Bosc-poisson, il avoit esté deschargé des taxes enquoy il avoit esté cotissey pour raison de sondict fief pour le baon et l'arrière-baon.

D'UNG EXTRAICT du controlle mis au greffe dudit bailliage de Caën de l'Infanterye fournye par les nobles subjectz au baon et arrière-baon dudict bailliage dud. Caën pour servir le Roy en l'année gbjc trente neuf auquel Barnabé D'AULNEY dit la GRANDEUR est desnommé et enrollé pour servir Sa Majesté au lieu et place dud. Michel DARCLAYS escuier, sieur de Monthamis et ensuitte comme tous les soldatz desnomméz auditz roolles avoient esté baillez et mis ès mains de Fabien DE GRISOUX, gentilhomme de la Chambre du Roy et de Jean-Jacques LE VICONTE, sieur de Beauregard, capitaine nommé pour la conduite de la dictte Infanterye audict sieur de la Meuer (?) à Compiègne.

ET DE DEUX ATESTATIONS, l'une dudit sieur DE GRISOUX du 1er jour de septembre audict an gbjc trente neuf, contenant comme ledit D'AULNAY envoyé par led. Michel DARCLAYS escuier, sieur de Monthamis avoit passé ledit jour à la reveue qui avoit esté faicte en arrivant à l'armée de Monseigneur le Mareschal de Cha.... (*effacé*) et l'aultre dudict LE VICONTE cappitaine, donnée au camp de Verdun, le 12e d'octobre aud. an, comme ledict D'AULNEY avait bien et deuement servy dans l'Infanterye à ladicte armée en l'acquit dudit sieur de Monthamis.

ITEM représente le dict sieur DE MONTHAMIS l'exploit de la Saissye de son dict fief de Monthamis et auttres en despendans faict Instance dudict sieur Paléologue le 14e iour de Jenvier dernier pour led. droict desdictz francs-fiefz avec establissement du commis (?) à la régie d'iceux.

ITEM s'aide ledit sieur de Monthamis de six pièces qui sont pour suitte par .... et bailly de Caën ou sous lieutenant au siège de Torigny à l'encontre de Jacques DARCLAYS escuier, s[r] de Monboscq estant sorty de l'aisney de ladicte famille, pour représenter et luy mettre entre ses mains les lettres et escriptures justificatives de la généalogye et Callité noble.

AUPARAVANT les partages faictz d'entre Jehan et Nicollas DARCLAYS escuier, frères yessu dud. Jehan DARCLAYS escuier troisiesme du nom, par lesquelz partages led. fief de Monboscq estoit tombé audit Jehan fis aisné et ledit fief de Monthamis Escheu audict Nicollas DARCLAIS fis puisney, lequel NICOLLAS avoit quitté lad. maisson de Monboscq et estoit alé demeurer en celle de Monthamis. Et ledit Jehan comme aisney demeura saissy de leurs dictes pièces concernantes leurs dictes Callités et filiation pour par les sieurs de Monthamis s'en ayder pardevant nosdictz seigneurs les commissaires, aux fins de la main-levée de la dicte saissye sur lesquelles poursuittes le dict Jacques DARCLAYS sieur de Monboscq a représenté les pièces dont ledict sieur de Monthamis a prins les coppyes deuement collationnées et aprouvées par le juge dudict Thorigny et le substitut de Monsieur le Procureur général et son greffier dont IL S'EST aydé au commencement du présent inventaire pour justiffication de sa dicte généalogie et Callité noble .... partager n'ayant pu obtenir que ledict sieur de Monboscq luy mette les originaux en ses mains comme il appert par lesdictes pièces qui sont la .... de Michel GUILLARD et DUGEANT à Torigny, du 11e jour duditz mois de Janvier dernyer contenant l'assignation par luy faicte, Instance dudit sieur de Monthamis audict sieur de Monboscq, aux fins de représenter et se saissyr des dittes pièces et cinq actes et sentences sur ce en suyvies pardevant ledit Juge de Torigny.

Les douze, saize et vingt et ung, vint-trois, vint-six[e] jour dudict mois de Janvier dernyer.

FAICT ET BAILLÉ le saize[e] jour de febvrier mil-six-centz-quarante-cinq./.

Barclais.

[illegible] gueulle [illegible] quartier [illegible] sable d'arge[nt] [illegible] une bande d'azur [illegible] molettes d'argent [illegible] deux en chef et une en pointe

GVY CHAMIL[LI]ART Conseiller du Roy en ses Conseils, Maistre des Requestes ordinaire de son Hostel, [illegible] de Iustice, Police & Finances, Commissaire député par sa Majesté pour l'execution de ses ordres dans la Province de Normandie Generalité de Caen, pour la recherche des usurpateurs du Titre de Noblesse en ladite Generalité, CERTIFIONS à qu'il appartiendra, Que Jean Barclais [illegible] fils de Nicolas, demeurant en la paroisse de Montmort [illegible] Election d[illegible] a produit pardevant Nous les Titres iustificatifs de sa Noblesse, Par lesquels il a bien & deüement prouvé estre Noble des le temps de Montfault. En foy de quoy NOVS luy avons délivré le present signé de Nous, A Bayeux, le [illegible] de Mars mil six cens soixante & vingt.

Chamillart

Darclais

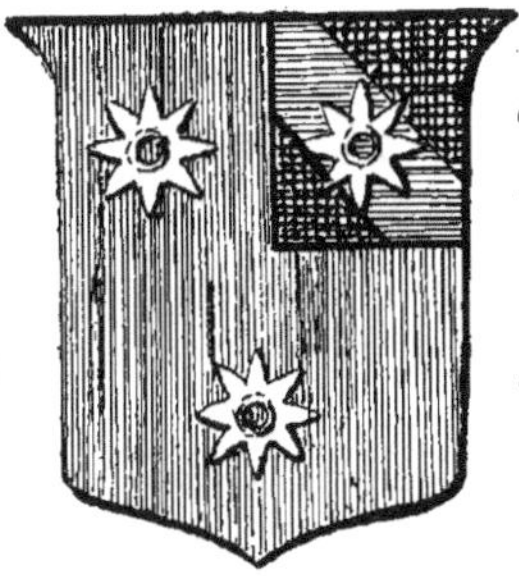

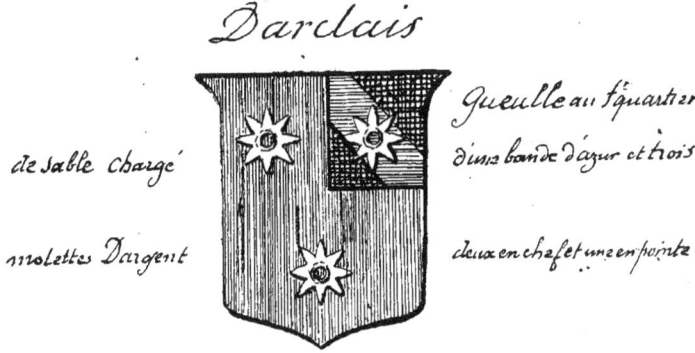

Certificat délivré par Chamillart

(5 Mars 1671)

Guy CHAMILLART, *Conseiller du Roy en ses Conseils, Maistre* des requestes ordinaire de son Hostel, Intendant de justice police et finances, Commissaire départy par Sa Majesté pour l'exécution de ses ordres dans la province de Normandie Généralité de Caen et pour la recherche des Usurpateurs du titre de noblesse de ladite généralité.

CERTIFIONS à qu'il appartiendra que Jean DARCLAIS escuier fils

Michel, fils Barnabé, fils de Nicolas demeurant en la paroisse de Montamis sergenterie du Tourneur élection de Vire a produict pardevant Nous les titres justificatifs de sa noblesse parlesquels il a bien et deuëment prouvé estre noble dès le temps de Montfault. En foy de quoy Nous lui avons délivré le présent signé de Nous, à Bayeux le cinquiesme jour de Mars mil six cens soixante et ung.

Lettres de Garde noble données par le Roy Louis 14e
à dame Marie le Coustellier.

(31 Mars 1685)

LOUIS, PAR LA GRACE DE DIEU RÔY DE FRANCE ET DE NAVARRE, à nos amés et féaux les gens de nos Comptes à Rouën, présidents, trésoriers généraux de France au bureau de nos finances, au BAILLY ou son lieutenant et autres nos officyers et justiciers qu'il appartiendra, Salut. Voulant pourvoir à la garde noble, gouvernement et administration des personnes et des biens des enfans mineurs de feu Sr Jean DARCLAIS DE MONTAMYS et de damoiselle Marie LE COUSTEILLER leur mère ; bien informé qu'elle nous appartient par les droictz et prérogatives de nostre païs et Duché de Normandie.

Nous avons estimé ne pouvoir faire un meilleur choix que de ladite dame LE COUSTEILLER leur mère. Bien informé quelle a toute la suffisance, probité, prudence et bonne conduicte qui peut être désirée pour dignement s'acquiter de tout ce qui concerne lad. charge et commission et que d'ailleurs l'affection maternelle qu'elle doit avoir pour le bien et lavantage de ses enfans, la portera toujours plus que tout autre à la conservation de leurs intérests et bonne éducation.

POUR CES CAUSES et autres à ce nous mouvans, luy avons de nostre grâce spéciale, plaine puissance et autorité royalle, accordé, donné et octroyé, par ces présentes signées de nostre main accordons, donnons et octroyons à la ditte dame Le Cousteiller la garde noble des enfants mineurs dudict deffunct et d'elle, à nous appartenant par les droictz de nostre couronne et Duché de Normandie. Pour icelle administrer, régir et gouverner en la personne et biens desdits enfans pendant leur minorité, suivant les uz et coustumes dudit pays, à la charge de les nourrir et entretenir, élever, faire instruire dans les exercices convenables à leur naissance et condition jusques à l'aage de majorité, poursuivre, soustenir et deffendre leurs droictz et actions, acquitter leurs debtes, entretenir leurs terres et maisons et domaines et héritages en bon et suffisant estat, satisfaire aux charges et redevances diceux, pourvoir aux offices deppendantz de leurs terres et fiefz, vaccation advenantz par résignation ou autrement, rendre compte auxdits mineurs lors de la descharge de ladite garde noble ainsy qu'il en a coustume. Nous réservant néant moins la nomination, présentation et autres provisions des cures et bénéfices estant de patronages des terres fiefz despendans de lad. garde noble et générallement faire tout ce qui est du deub dycelle et que feroient noz officiers s'ils en avoient noz ordres et le commandement, sans que pour cela ladite dame Le Coustellier soit tenue de nous payer aucune finance de laquelle à quelque somme qu'elle se puisse monter nous luy en avons fait et faisons don et remise par ces présentes.

SI VOUS MANDONS que du contenu de ces présentes vous fassiez jouir et user lad. dame Le Coustellier plainement et paisiblement cessant et faisant cesser tous troubles et empeschements contraires et rapportant par celui de nos receveurs et comptables qu'il appartiendra coppie des présentes deuement collationnée avec certiffication de lad. dame Le Cousteillier de la jouissance de nostre présente grâce, Nous voulons qu'ils en soient tenus quittes et deschargez partout où besoing sera par vous gens de nos comptes auxquels mandons ainsy ce faire sans difficulté.

Mandons en outre au premier nostre huissier ou sergent sur ce requis de faire pour l'exécution des présentes tous actes de justice nécessaires sans pour ce demander autre congé ou permission.

Car tel est nostre plaisir nonobstant clameur de haro, Charte normande, prise à partie et touttes lettres à ce contraires. Donné à Versailles le trente uniesme iour de Mars, l'an de grâce mil six cens quatre vingt cinq et de nostre règne le quarante deuxiesme.

Par le Roy
Colbert

Aveu rendu par Didier d'Arclais

(16 Juillet 1737)

Du Roy nostre Sire et souverain Seigneur,

Je Didier DARCLAIS chevalier, seigneur de Montamys tiens et avoue tenir nuëment et sans moyen le fief terre et seigneurie de Montamys relevant du Roi par un huit[e] de fief de haubert à cause de sa Chastellenie et Viconté de Vire à moy appartenant à droict successif de Jean Joseph DARCLAIS, chevalier, Seigneur et patron dudit fief terre et seigneurie de Montamys et du Bospoisson, mon père ; duquel mondit fief, le chef est assis à la ditte paroisse de Monthamys sergenterie du Tourneur et s'estend ès paroisses de Brémoy, de Mesnilozouf et ès environs, enquel mondit fief il y a domaine fieffé et non fieffé, cour et usages pleds et gages plèges et juridiction.

Le domaine non fieffé de mon dit fief contenant le nombre de quatre vingts acres de terre ou environ tant labourables que non labourables, le tout en une seule pièce et même entretenant jouxte d'un côté la baronnie du Mesnil-Ozouf et le fief de Brémoy, d'autre côté le fief de Crennes et d'autre bout sur le chemin allant de Vire à Villers-en-bocage ; sur lequel y a manoir, maisons, jardins, prays, bois taillis, bois de haute futaye, droit de Colombier, droit de présenter à la cure et bénéficie de la paroisse de Montamys.

Le domaine fieffé de mondit fief de Montamys contient le nombre de trois cens soixante et dix sept acres et de my vergées, deux quarterons de terre tant labourables que non labourables et plusieurs maisons et vavassories jouxte d'un costé la Baronnie du Mesnil-Auzouf, dautre le fief de Monchauvet, bute d'un bout sur le Chemin de Vire à Villers et d'autre bout sur ledit fief de Monchauvet. POUR RAISON duquel il m'est dû par les hommes et vassaux de mondit fief et terre foy et hommage reliefs XIIIes, aides, sous aides, aides coustumières, aides de mariage, épaves, forfaitures, amendes, aubaynes, choses gaives, rentes en deniers, grains, œufs, oiseaux, la somme de 12 livres, 3 solz, 6 deniers. En froment le nombre de 38 boisseaux 3 mesures et demye ; en avoine le nombre de 210 boisseaux 2 mesures ; en œufs 245 ; en gelines 6 et une demye ; en chappons 43 et demy, avec 6 oÿes et demy livre de poivre ; Droict de Quintaine, prévost receveur. Droit de fourches et de sept (1) ; gateau de mariage, ayde du tiers an, savoir est de 2 deniers tournois, par chacune acre de terre de 3 en 3 ans. Et sont mesditz hommes et tenans subjecs au ban moulte et service de mesdits moulins. Droict de moulte verte et sèche sur les terres de ma dicte sieurie, le tout selon qu'il est porté par les aveux. En Icelle droit de Chasse et pesche cemme les autres nobles du pays et de prendre ainsy que j'aviseray bien touttes sortes d'espèces d'oiseaulx et d'animaux sauvages et tous autres droits et devoirs sieuriaux tel qu'à noble fief appartient selon la coutume de Normandie.

A CAUSE du quel mondit fief de Montamys je dois au Roy mon Souverain Seigneur, foy et hommage, reliefs XIIIes, aides coutumières, Service d'ost comme les autres nobles du pays eu égard à la valeur d'icelluy fief, le tout suivant la coutume de Normandie, protestant augmenter ou diminuer le présent mon aveu, s'il vient à ma connaissance que je doive faire. En foi de quoy je l'ay signé de mon seing manuel et à icelly apposé le cachet de mes armes. Ce seiziesme jour du mois de Juillet mil sept cent trente sept.

(1) Cep, fer de prisonnier.

Catalogue de Chamillart

ELECTION DE BAYEUX

Ancienne noblesse. Sergenterie de Thorigny

JACQUES D'ARCLAIS de la paroisse de Saint-Martin-des-Besaces.

ELECTION DE VIRE

Ancienne noblesse. Sergenterie du Tourneur

JEAN D'ARCLAIS de la paroisse de Montamis

Premier chapitre contenant l'ancienne Noblesse noms et surnoms des anciens gentilshommes de la Généralité de Caen par ordre alphabétique et généalogique avec le blason de leurs Armes et les lieux de leurs demeures.

D'ARCLAIS

porte de gueules à 3 molettes d'argent au fre quartier de sable, tranché d'une barre d'azur chargée d'une desdittes molettes.

JEAN	NICOLLAS
NICOLAS	BARNABÉ
JEAN	MICHEL
JACQUES	JEAN
produisant Sr de Monboscq	produisant Sr de Montamis
paroisse de St-Martin-des-Besasses	paroisse de Montamis
Election de Bayeux	Election de Vire

DÉLIVRÉ sur les catalogues cy-dessus mentionnés par nous Genéalogiste des Ordres du Roy soussigné en vertu........ (*Illisible déchirure*)........ quatre vingt....... et du XIe may mil sept cens vingt huit à Pa...... 25e jour du mois d'avril mil sept cent trente neuf.

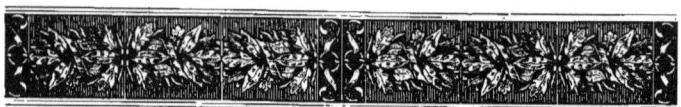

Certificats de Noblesse

(25 Avril 1739).

1463

Extraict du Registre des nobles vériffiés par Raimond MONTFAUC, Commissaire du Roi Louis XIe, établi pour cette vérification le premier Janvier 1463 dans lequel est compris comme Noble :

COLIN D'ARCLAIS, de la paroisse de Saint-Martin-de-la-Bezace, sergenterie de Thorigni et Élection de Bayeux.

Autre Extraict du Registre des nobles veriffiés par M[e] DE MESME DE ROISSI, maistre des requestes et commissaire député par le Roi pour cette vérification faite les années 1598 et 1599, dans lequel sont compris comme nobles :

Jean D'ARCLAIS de ladite paroisse de Saint-Martin-de-la-Bezace, sergenterie de Thorigny et Élection de Bayeux.

Et

Michel D'ARCLAIS, son cousin germain, sieur de Montamis, sergenterie du Tourneur, Election de Vire.

Nous, Louis-Pierre D'HOZIER, juge général d'armes de France, chevalier de l'ordre du Roi, conseiller maistre ordinaire en sa chambre des Comptes à Paris, Généalogiste de la Maison de la Chambre et des Écuries de Sa Majesté et de celles de la Reine.

Certifions que les extraits de l'autre part ont été faits sur une copie desdits registres qui sont dans notre bibliothèque, en foi de quoi nous avons signé le présent certificat à Paris le samedi vingt cinq^{e} jour d'avril de l'an mile sept cent trente neuf.

Certificat de Noblesse

1739

Registre. . . . . dela

Recherche de la noblesse de Normandie faicte par..... MONTFAULT, Commissaire du Roy, suivant sa Commission en dabte du 1er jour de Janvier l'an mil quatre cens soixante et trois.

ÉLECTION DE BAYEUX

Les personnes nobles en lad. Election

Sergenterie de Thorigny

Colin DARCLLÉS de Saint-Martin-de-la-Besace.

Extraict de la Recherche de la noblesse de la généralité de Caen faite par Mrs DE ROISSY, DE REPICHON, DE CROIX-MARE, Commissaires députez par le Roy pour le régalement des tailles èz années 1598 et 1599.

ÉLECTION DE VIRE

du 18 Janvier 1599.

Jean D'ARCLAIS, demeurant à Saint-Martin-de-la-Besace, sergenterie de Thorigny, élection de ....

Michel, son cousin germain, Sr de Montamis, sergenterie du Tourneur, élection de Vire : Jouiront veu leurs titres ./.

DÉLIVRÉ sur copie des Recherches cy dessus mentionnées par nous généalogiste des Ordres du Roy soussigné en vertu......................

quatre vingt...................... et du x1.......... du mois.......

emb.............

CLAIRAM........

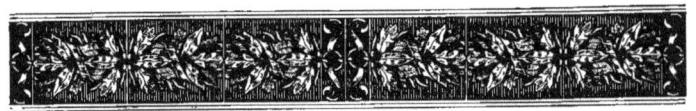

Brevet de garde du Corps dans la 1re compagnie en faveur de Jean Darclais Sr de Montamys

(1er Avril 1741)

A notre très cher et bien amé cousin François-Loüis DE NEUFVILLE duc de Villeroy, Pair de France, chevalier de nos ordes, capitaine de la première et plus ancienne compagnie française des Gardes de notre Corps, Salut. Etant informé de la bonne conduicte de Jean d'ARCLAIS de Montamys et de son expérience dans les armes, fidélité et affection à notre service ; A ces causes nous l'avons cejourdhuy retenu et par ses présentes signées de notre main retenons en la charge de l'un des gardes de notre Corps de la Compagnie que vous commandez au lieu et place du Sr Cousin des Barres, dernier possesseur d'icelle. Pour lui l'avoir et exercer, en jouir et user aux honneurs, autorités, prérogatives, privilèges, franchises, libertés, droictz, fruitz, profits, revenus et émoluments accoustumez et y appartenantz tels et semblables qu'en a joüi et dû joüir le sieur des Barres et ce tant qu'il nous plaira. SI VOUS MANDONS qu'après qu'il vous sera apparu de bonne vie et mœurs, religion catholique, apostolique et romaine dudit sieur de Montamys et que vous aurez pris de luy et reçu le serment en tel cas requis et accoustumé, vous aurez à le faire reconnaistre en la dite qualité de tous ceux et ainsi qu'il appartiendra. MANDONS aussi au trésorier des troupes de notre maison que lesd. gages et droits, ils aient à payer audit sieur de Montamys à l'avenir par chacun an aux termes et en la manière accoustumée suivant nos états : CAR TEL EST NOTRE PLAISIR. Donné à Versailles sous le scel de notre secrétaire le premier avril mil sept cent quarante et un ./.

Naissances de Pierre de Savignac des Roches et de dame Marie-Louise d'Arclais de Montamys

(27 Mai 1742)

Baptême de Pierre de Savignac des Roches [1]

Le 27 mai 1742 a été baptisé PIERRE né dhier fils légitime de Messire Pierre DE SAVIGNAC, escuyer, Seigneur des Roches et de dame Marie PIET ses père et mère.

Le Parrain et la Marraine sont Messire Pierre PIET prestre curé de Ste Ouenne et damoiselle Margueritte DE SAVIGNAC oncle et tante de l'enfant soussignés.

(1) Etat-Civil de Niort.

(28 Décembre 1760)

Baptême de Marie-Louise Darclais de Montamys. (1)

Le vingt huit décembre 1760 a été baptisé par moi Loüis Darclais, curé de Montamys, damoiselle Marie-Louise Darclais, née du légitime mariage de Messire Nicolas-Joseph d'Arclais seigneur et patron de Montamys, major dans le régiment de Chartres-Cavalerie, chevalier de l'ordre militaire de St Loüis et de dame Marie-Jeanne de Chal sa femme. Le Parrain Messire Mathieu Coôke, chevalier de l'ordre militaire de St Louis, mareschal des camps et armées du Roy, représenté en vertu de procuration passée devant Monsieur Quinquet notaire à Paris le 11 décembre 1760 par Messire Henry-François-Bernard d'Aubigny seigneur et patron de Ste Suzanne, chevauléger de la garde du Roy. La marrainne dame Marie Darclais des Moulins, sa tante, en présence de maistre Charles Le Harivel prestre et autres personnes notables soussignées ./.

Sont signés : D. S. Bernard d'Aubigny. M. d'Arclais des Moulins. Ch. Le Harivel prestre. L. d'Arclais curé de Montamy.

Mariée le 14 mai 1777, au chateau de Buat près Maule, avec Pierre de Savignac des Roches.

Agée de 73 ans, Elle mourut le 15 mai 1833, à Niort où elle fut inhumée ainsi que son mari décédé le 28 Avril 1818.

État-Civil de la paroisse de Montamys.

Commission de Capitaine d'une compagnie de chevaux-légers de nouvelle levée pour le chevl^r de Montamys

(1er Janvier 1743.)

Louis, par la grace de Dieu, Roy de France et de Navarre, à notre cher et bien amé le sieur Chevalier de Montamys, salut. Ayant résolu d'augmenter nos troupes de Cavalerie de plusieurs compagnies de chevau-légers et désirant donner le commandement de l'une de ces Compagnies à une personne qui s'en puisse bien acquitter. Nous avons estimé que nous ne pouvions faire pour cette fin un meilleur choix que de vous, pour la confiance que nous prenons en votre valleur, courage, vigilance et bonne conduicte et en votre fidélité et affection à notre service.

A ces Causes et autres à ce nous mouvant, nous vous avons commis, vous avons ordonné et établi, comettons et ordonnons et établissons par ces présentes signées de notre main, Capitaine de l'une desd. Compagnies laquelle vous léverez et mettrés sur pied le plus diligeamment qu'il vous sera possible, du nombre de trente cinq militaires montés et armés à la légère, les officiers non compris, des plus vaillants et aguerris soldats que vous pourez trouver et ladite Compagnie commanderés, conduirés, exploiterés sous notre autorité et sous celle de notre très cher et bien amé cousin le Comte d'Evreu, Colonel général de notre cavalerie légère et du Sr de Clermont-Tonnerre, Maistre de Camp général d'Icelle. La Part et ainsy qu'il vous sera par nous ou nos lieutenants généraux commandé ou ordonné pour notre service et nous vous ferons payer ensemble les officiers des chevau-légers de la dite Compagnie des Etats, appointements et solde qui vous seront et à eux deues suivant les monstres et reveües qui en seront faites par les Commissaires et les Controlleurs des guerres à ce départis tant et si longuement que lad. Compagnie sera sur pied pour notre service. Tenant la main à ce qu'elle vive en si bon ordre et police que nous n'en puissions recevoir dè plaintes. De ce faire vous donnons pouvoir, commission, autorité et mandement spécial. Mandons à tous qu'il appartiendra de vous recevoir, faire reconnaître en ladite charge de Capitaine et qu'à vous en ce faisant soit obéi.

Car tel est notre plaisir. Donné à Versailles, le premier jour de Janvier, l'an de grâce mil sept cens quarante trois et de notre règne le vingt huitiesme ./.

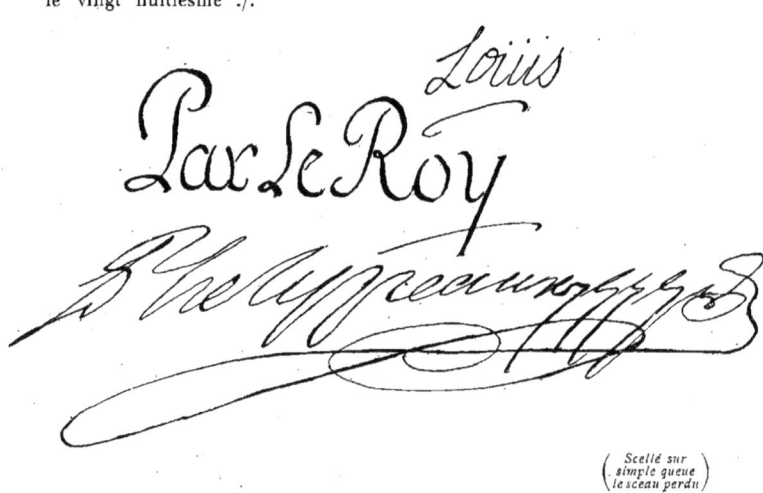

Loüis

Par Le Roy

Phelypeaux

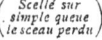

(Scellé sur simple queue le sceau perdu)

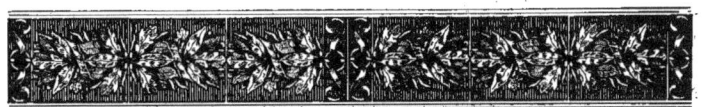

Lettre d'attache mise en marge de la précédente

(1er Janvier 1743)

Louis DE LA TOUR DAUVERGNE, comte d'Evreu, Colonel général de la Cavalerie, vu la présente commission par laquelle sa Majesté pour les causes y contenues a commis et ordonné, établi le sieur Chevalier DE MONTAMYS Capitaine de chevau-légers de nouvelle levée, pour en ladite quallité de Capitaine commander ladite Compagnie, la conduire et exploiter sous l'autorité du Roy et la nôtre.

MANDONS à Monsieur le Marquis DE CLERMONT-TONNERRE, Maréchal de Camp général de la Cavalerie de faire recevoir le Sr Chevalier DE MONTAMYS en laditte charge de Capitaine. ORDONNONS à tous brigadiers et autres commandants de Cavalerie de reconnaître ledit sieur Chevalier DE MONTAMYS en laditte quallité de Capitaine et à tous qu'il appartiendra de lui obéir et entendre ès choses concernant sad. charge.

Donné à Paris, le premier Janvier 1743.

LE COMTE D'ÉVREU.

Par Monseigneur :

GAULTIER.

La lieutenance de la compagnie de chx-légers de nouvelle levée du Chevalier de Montamys pour le Sr d'Arclais [1]

(Janvier 1743)

Aujourdhuy huitiesme du mois de Janvier 1743 le Roi estant à Versailles prenant une entière confiance en la valleur, courage expérience en la guerre, vigilance et bonne conduite du Sr Darclais et sa fidélité et affection à notre Service, Sa Majesté luy a donné et octroyé la charge de lieutenant de la compagnie de Chevaux-légers de nouvelle levée du Chevalier de Montamys pour doresnavant en faire les fonctions et en jouir aux honneurs, autoritéz, prérogatives, droits et appointements qui appartiennent telz et semblables dont jouissent ceux qui sont pourvus de pareilles charges, m'ayant Sa Majesté, pour tesmoignage de sa volonté Commandé de lui en

(1) Archives du Calvados, fonds de Courson : famille Darclais.

expédier le présent brevet quelle a signé de sa main et fait contresigner par moy son Conseiller Secrétaire d'Estat et de ses commandements et finances ./.

Louis

Par le Roy

de Voyer d'Argenson

Lettre de service pour faire reconnaître Nicollas-Joseph d'Arclais en qualité de capitaine

(25 Octobre 1745)

Armand marquis de Béthune mareschal des Camps et armées du Roy et mestre de Camp général de la Cavalerie légère de France.

Veu les lettres patentes du Roy en forme de commission données à Versailles le premier Janvier 1743 signées Louis et plus bas par le Roy Phelippeaux et scellées par lesquelles Sa Majesté a commis et établi Messire le Chevalier de Monthamys capitaine d'une compagnie de Chevaulx-légers de nouvelle levée pour en laditte qualité de capitaine, commander, conduire et exploitter ladite compagnie.

Sous l'autorité du Roy, de Monsieur le Prince de Turenne colonel général de la Cavalerie et la nôtre de la part et ainsi qu'il lui sera ordonné. Nous en vertu du pouvoir à nous donné par Sa Majesté à cause de notre charge de mestre de Camp général de laditte Cavalerie, Ordonnons à tous brigadiers et autre commandans de la Cavalerie de reconnaître mon dit sieur le Chevalier de Montamys en la ditte qualité et à tous ceux qu'il appartiendra de lui obéir et entendre en ce qui concernera sa charge suivant et conformément aux dittes lettres patentes du Roy.

En temoin de quoy nous lui avons donné et signé notre présente attache, fait contresigner par notre secrétaire ordinaire et scellé du cachet de nos armes pour lui valloir et servir ce que besoin sera. Fait à Paris le 25 octobre 1745.

Le Mis De Béthune

PAR MONSEIGNEUR

Blavet

Lettre de Nomination (1)

(28 Septembre 1748)

A Mons. DARCLAIS l'un des Gardes de mon Corps en la Compagnie de Villeroy.

ORDRE DE RÉCEPTION
DE
CHEVALIER DE SAINT LOUIS

Mons. DARCLAIS la satisfaction que j'ay de vos services m'ayant convié à vous associer à l'ordre militaire de Saint Loüis, Je vous écris cette lettre pour vous dire que j'ay commis le Sr de Vilette major du Château de ma ville de Caen et chevalier dudit ordre pour en mon nom vous recevoir et admettre à la dignité de Chevalier de Saint Loüis et mon intention est que vous vous adressiez à luy pour prêter en ses mains le serment que vous êtes tenus faire en ladite qualité de Chevalier dudit Ordre et recevoir de luy l'accolade et la croix que vous devés doresnavant porter sur l'estomac attachée d'un petit ruban couleur de feu : Voulant qu'après cette réception faite, vous teniez rang entre les autres chevaliers dudit ordre et

---

(1) Archives du Calvados, famille D'ARCLAIS, fonds DE COURSON.

jouissiés des honneurs quy y sont attachés. Et la présente n'estant pour autre fin, Je prie Dieu qu'il vous ait Mons. DARCLAIS en sa sainte Garde. Ecrit à Versailles le vingt huit septembre 1748./.

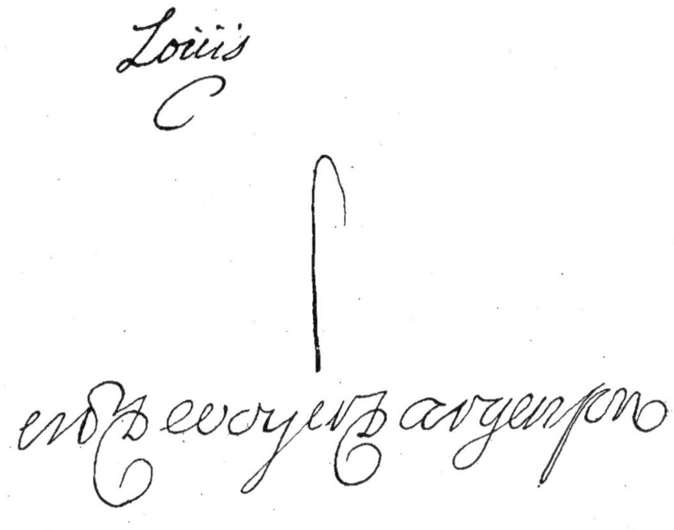

Brevet de nomination
de Didier d'Arclais de Montamys
à la charge de
Gentilhomme ordinaire de Monseigneur le Duc d'Orléans

(11 Mars 1749)

Aujourdhuy onze mars mil sept cent quarante neuf, MONSEIGNEUR Premier Prince du sang, duc d'Orléans, de Valois, de Chartres, de Nemours et de Montpensier étant à Paris désirant récompenser les services du Sieur Didier DARCLAIS s[r] de Montamys et lui marquer la satisfaction du zèle et de l'attachement dont il luy donne des tesmoignages depuis longtemps. SON ALTESSE SÉRÉNISSIME, l'a pris et retenu pour remplir la charge de l'un de ses gentilshommes ordinaires au lieu et place de feu Sieur Louis DE KERAVEL chevalier DE MŒRÉ. Veut et entend qu'il jouisse en laditte qualité de tous les honneurs, autorités, prérogatives, privilèges, Exemptions, franchises, libertés et immunités attachées à laditte Charge et dont a joui ou du jouir ledit Chevalier DE MŒRÉ, ensemble des gages pour les quels il sera employé sur l'estat de la Maison de S. A. S. et ce tant qu'il luy plaira. Mayant, mondit Seigneur pour tesmoignage de sa volonté commandé d'expédier le présent Brevet qu'il a signé de sa main et fait contresigner par moy son conseiller secrétaire de ses commandements maisons domaines et finances./.

Louis dorleans

Omelane

Brevet par lequel Didier d'Arclais de Montamys est nommé premier Maistre d'hôtel de Son Altesse Sérénissime Mgr le Duc d'Orléans premier Prince du Sang (1)

(22 Août 1752)

LOUIS-PHILIPPE D'ORLÉANS Premier Prince du sang, Duc d'Orléans, de Valois, de Chartres, de Nemours et de Montpensier, Comte de Vermandois et de Soissons à tous ceux qui ces lettres verront salut. La charge de notre premier maitre d'hotel dont nous avions pourvu le sieur Claude-Elisée LA BRUYÈRE DE COURT vice-amiral de France étant à présent vacante par son décès, et les motifs d'estime et de confiance qui nous avoient engagé à accorder par nos lettres du 16 mars dernier, la survivance de cette charge à notre cher et bien amé le sieur Didier DARCLAIS DE MONTAMYS gentilhomme ordinaire de feu Monsieur le Duc D'ORLÉANS notre très honoré père étant toujours les mêmes : SCAVOIR FAISONS que pour ces causes et autres bonnes considérations à ce nous mouvant nous avons au dit Sr D'ARCLAIS DE MONTAMY, donné et octroyé, donnons et octroyons par ces présentes signées

---

(1) Antérieurement à cette lettre, le duc d'Orléans en avait donnée une première au Sr Didier D'ARCLAIS DE MONTAMYS lui accordant la survivance de cette même charge tenue alors par le Sr Elizée LA BRUYÈRE DE COURT, Vice-amiral de France, que son état de maladie ne lui permettait plus d'exercer.

La 1re lettre est du 16 mars 1752, la seconde du 22 aoust de la même année, toutes deux portent les mêmes sceaux.

de notre main lad. charge de notre premier maître d'hôtel vacante comme dit est cidessns, Pour l'avoir, tenir et doresnavant l'exercer, en joüir et user par led. Sr d'Arclais de Montamys aux honneurs, autorités, prééminences, rang, pouvoir, fonctions, exemptions, franchises, privilèges, libertés, gages, droits, fruits, profits, revenus et emoluments y appartenants et qui seront réglés par les états que nous arrêterons et ce tant qu'il nous plaira.

Si donnons en mandement à tous les officiers de nôtre bouche et autres de notre Maison qui doivent nous servir sous l'autorité et subordination du Premier maitre d'hôtel qu'ils ayent à le reconnaître et à luy obéir et entendre ès choses concernant laditte charge sans être tenu par ledit Sr d'Arclais de Montamys de faire un nouveau serment entre nos mains à cause des présentes, duquel nous l'avons dispensé attendu celuy qu'il nous a déjà presté à cause de la survivance de ladite charge.

Mandons en outre à nôtre amé et féal trésorier général de notre Maison, domaines et finances que les dits gages et droicts il paye et délivre comptant audit Sr Darclais de Montamys par chacun an aux termes et en la manière accoutumée suivant et conformément à nos états qui luy seront remis à cet effet. Et rapportant par luy copie des présentes bien et dûment collationnée pour une fois seulement avec quittance dud. Sr d'Arclais de Montamy sur ce suffisante. Les dits gages et droits lui seront passés et alloués en la dépense de ses comptes par les sieurs de la Chambre des Comptes du Roy notre très honoré Seigneur, lesquels nous prions ainsi le faire sans difficulté : Car telle est notre intention.

En témoin de quoy nous avons fait mettre notre scel auxd. présentes. Donné à Paris le vingt deuxième jour d'août mil sept cent cinquante deux.

L Phil d'Orleans

Par Monseigneur
omelane

Lettre d'attache adressée au sieur de Montamys (Nicolas-Joseph d'Arclais)[1]

(30 Mars 1756)

ARMAND marquis DE BÉTHUNE,

Mareschal des camps et armées du Roy et mestre de camp général de la cavalerie légère de France, vû le brevet ci attaché sous le sceau de nos armes par lequel Sa Majesté a établi le sieur de Montamys capitaine dans le Régiment de cavallerie de Bellefonds, en la charge de major dudit régiment, laditte vaccante par la mort de Me de Bellefonds.

Pour en faire les fonctions sous l'autorité du Roy, de monsieur le Prince de Turenne, Colonel général de ladite cavalerie, et la nôtre. ORDONNONS à tous ceux qu'il appartiendra de luy obéir et entendre ès choses concernant la ditte charge. Donné à Paris le 30 mars 1756.

Le Mis De Béthune

---

(1) Archives du Calvados, fonds DE COURSON, famille D'ARCLAIS.

PAR MONSEIGNEUR

Réception de Chevalier de St-Louis [1]

(27 Octobre 1758)

Louis Georges ERASMES
Marquis de Contades

Mareschal de France
Gouverneur des villes et Chateau du fort Louis du Rhin
de Beaupreau-en-Vallée en Anjou,
commandant l'armée du Roy sur le Rhin.

En conséquence de l'ordre du Roy du 22 septembre 1758, certiffions avoir reçu Chevalier de l'ordre de Sr Loüis M^re D'Arclais lieutenant au régiment de Chartres-Cavalerie après luy avoir fait prester le serment et observé les formalités ordinaires et accoustumées. En foy de quoi nous avons signé ces présentes et icelles fait contre-signer par notre premier sécretaire, fait au camp de Ham le 27 octobre 1758.

Le Mareschal de CONTADES.

Par monseigneur :
Delayesse.

---

(1) Archives du Calvados, fonds de Courson : Darclais.

Relevé des Services [1]

(1760)

DÉTAIL DES SERVICES

DARCLAIS Jean-Joseph-Michel Sr de Bretteville-l'Orgueilleuse.

Reçu dans les gardes du Corps du Roi :

Compagnie de Villeroy le 18 février 1727.

Rang de capitaine de cavalerie et sous-brigadier le 1er septembre 1751.

Retiré avec la pension de brigadier le 24 septembre 1758.

Campagnes : 1744, 1745, 1747, Flandre.

Décorations : Chevalier de Saint-Louis, le 8 septembre 1748.

Retiré.

Ancien régime.

---

(1) Archives administratives du ministère de la guerre. — Extrait des registres matricules et documents déposés aux archives de la guerre.

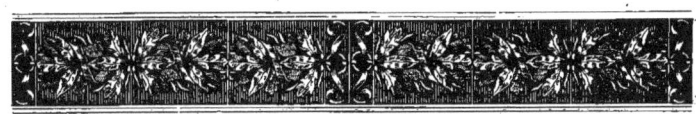

1761 *Pièce très déchirée*

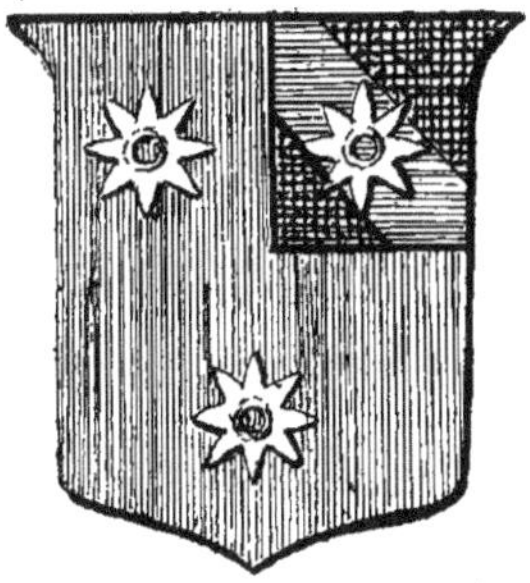

XI

Seig. de Monbosc....

.....monbosc

X

1391. Jean d'Arclais

Martine Le Bourguignon

IX

1432. Nicolas d'Arclais

Marguerilte Jullain

1463

Reconnu noble d'extraction à la recherche de Monfault.

VIII

1473. Jean d'Arclais E.

Gillette Poisson

VII

1491. Jean d'Arclais E.
Margueritte Costard

Branche de Monboscq

—

1539
Jean d'Arclais, Seign.
de Monbosc
Jeanne de Vauvile

BRANCHE DE MONTAMIS

VI

1531. Nicolas d'Arclais Seign.
de Montamis.
Peronne de Banville

1517
Reconnu idem par preuves remontées à Nicolas d'Arclais, par de Pontcarré commissaire

V

1567. Barnabé d'Arclais
Madeleine Bellier

IV

1626. Michel d'Arclais
Fran ... Pigache

1599
Idem M. de Roissy com^re
1635
Idem M. d'Aligre com^re
1671
Idem à la recherche de M. de Chamillart

III

(*déchiré*)....tellier.

Extrait des Titres

PRODUITS PAR MESSIRE DIDIER FRANÇOIS D'ARCLAIS DE MONTAMY, CHEVALIER, PREMIER MAITRE D'HOSTEL DE S. A. S. MONSEIGNEUR LE DUC D'ORLÉANS, PREMIER PRINCE DU SANG, NOMMÉ CHEVALIER DES ORDRES ROYAUX MILITAIRES ET HOSPITALIERS DE NOTRE-DAME DU MONT-CARMEL ET DE SAINT-LAZARE DE JÉRUSALEM POUR LES PREUVES DE SON AGE ET DE SA NOBLESSE.

(19 Janvier 1762)

DEVANT M. le Comte DE SAINT-FLORENTIN administrateur général desd. Ordres pendant la minorité de Monseigneur fils de France, Duc de Berry, grand maître des mêmes ordres, Commissaire député pour la vérification de ces Preuves par sa Commission du 18 may 1757 et par l'article XI du règlement fait sur l'administration des mêmes ordres et signé par le Roy le 15 Juin suivant.

Premier Degré

Didier François d'ARCLAIS de MONTAMY, premier maitre d'hotel de Monseigneur le duc d'ORLÉANS, nommé Chevalier des Ordres de Notre-Dame du Mont Carmel et de Saint-Lazare de Jérusalem.

Mémoire des services de Me d'Arclais de Montamy, portant qu'il suivit S. A. S. Monseigneur le Duc d'Orléans en qualité d'Ayde de Camp.

En 1743 à la Bataille d'Ettingen.

1744 aux sièges de Menin, d'Ypres, de Furnes et de Fribourg.

1746 au siège de la citadelle d'Anvers.

1747 à la bataille de Lawfeldt.

(1) 1753 fut nommé premier maitre d'hotel de Monseigneur le Duc d'Orléans.

1757 suivit S. A. S. en la même qualité d'Ayde de Camp à la bataille de Hastembeek.

PROVISIONS de la Charge de Premier Maitre d'hôtel de Monseigneur le Duc d'Orléans, Premier Prince du Sang, vacante par le décès dudit Sr Claude-Elisée La Bruyère de Court, vice-amiral de France, accordées par S. A. S. le 22 août 1753 à son cher et bien amé le Sr Didier d'Arclais de Montamys, gentilhomme ordinaire de feu Mgr le Duc Dorléans auquel Elle avoit donné des lettres de survivance le 16 mars précédent pour en joüir aux honneurs, autorités prééminences, rang, pouvoir, fonctions, exemptions, franchises, privilèges, libertés, gages, droits et profits y appartenant. Dattées de Paris, signés L. Phil. d'Orléans, sur le Reply :

(1) Il y a là une erreur évidente facile à vérifier, si on se reporte au brevet dont le texte est donné plus haut.

Par Monseigneur Omelane et scellées sur double qüeüe de sceau en cire rouge de ce Prince, enregistrées au registre de l'audience par le Conseiller audiencier et garde des Roolles de feüe S. A. S. et de monseigneur le Duc Dorléans le 6 septembre de la même année. Signé Cesvin.

VENTE faite devant les Notaires au Chastelet de Paris le 30 Janvier 1759 à très haut. très puissant et très excellent Prince Louis-Philippe d'Orléans Duc Dorléans, Premier Prince du sang etc... par Messire Didier Darclays Chevalier Seigneur et Patron de Montamys et autres lieux, Premier Maître d'hostel de S. A. S. du fief noble, terre et Seigneurie de Montamys, élection de Vire, généralité de Caen, avec ses dépendances, droits, redevances y attachées et autres fiefs y réunis appartenant audit Sr de Montamys en qualité de fils aisné de Jean-Joseph Darclais ecuier, Seigneur et Patron dud. Montamys, comme l'ayant choisi en sa ditte qualité par préciput dans la succession dud. Sr son père, devant le lieutenant général au bailliage de lad. ville de Vire le 22 Décembre 1734, moyennant la somme de 100000 livres, grosse signée Armet et Doyen.

FOY et HOMMAGE faicts au Roy au bureau de sa cour des Comptes, aydes et finances de Normandie le 11 aoust 1736 par son cher et bien amé Didier d'Arclais chevalier, Sgr et Patron de Montamys représenté par procureur fondé de lui pour raison du fief, terre et Seigneurie de Montamys à luy appartenant à droit successif de feu Sr son père et relevant de Sa Majesté par un huitième de fief de Haubert à cause de Sa Vicomté de Vire. Signé Bearn ; avec l'aveu dud. fief de Montamys rendu le 16 Juillet 1737 en la même cour par led. Didier d'Arclais signé de lui, et Eustache ; la commission donnée par laditte cour pour informer du contenu aud. aveu, du même jour ; signé *idem* ; L'arrest de la même cour du 29 Juillet 1737, portant dispense de lad. Information attendu celle qui a été faite sur l'aveu du même fief rendu par Jean-Joseph d'Arclais père dudit Didier d'Arclais signé du Hamel et Marie et l'arrest de lad. Cour du 9 aoust 1738 portant dernière mainlevée dudit fief en faveur dud. d'Arclais. Signé Jourdain.

EXTRAIT des Registres des Baptesmes de la Paroisse de Saint-Pierre de Caën portant que Didier François fils de Jean Joseph D'ARCLAIS Ec[r] Seigneur et Patron de Montamys et de damoiselle Marie Françoise GUILLARD, né le 7 Décembre 1702, y fut baptizé le 10 du même mois. Délivré le 13 octobre 1757 par le curé de lad. Eglise. Signé Vicaire et légalisé.

Deuxième Degré

PÈRE ET MÈRE

JEAN-JOSEPH D'ARCLAIS escuyer, Seigneur et Patron de Montamys
dame MARIE-FRANÇOISE GUILLARD DE LA MADELAINE sa femme.

FOY ET HOMMAGE faits au Roy au Bureau de sa chambre des comptes de Normandie le 15 Juin 1701, par son cher et amé Jean-Joseph D'ARCLAIS de Montamys ecuyer Seigneur et Patron dud. Montamys pour raison du fief, terre et Seigneurie de Montamys à luy appartenant de la succession de feu Mre Jean D'ARCLAIS ecuier Seigneur et patron du même lieu et relevant de Sa Majesté pour un huitième de fief de haubert à cause de sa Vicomté de Vire, signé MARTIN ; auxquels sont joints l'Aveu des mêmes fiefs, terre et seigneurie rendu en la même Chambre par led. D'ARCLAIS le 12 septembre 1702 signé J. J. D'ARCLAIS et Alexandre ; la commission donnée le même jour par lad. Chambre pour informer du contenu aud. aveu, signé idem ; l'Arrest de lad. Cour du 29 mars 1703, qui sur l'exposé fait en la ditte Chambre par led. D'ARCLAIS qu'ayant servi à l'arrière ban l'année précédente et qu'étant encore du nombre des Gentils hommes détachés et commandés pour servir sur la côte de la Hougue, il n'a pu faire la ditte Information lui accorde un délay pour la faire ; signé MARTIN et l'arrest de lad. chambre du 21 fév. 1707 portant dernière mainlevée dud. fief de Montamys en faveur du même Jean-Joseph D'ARCLAIS, signé LE BLANC et SAINTE-MARIE.

TRAITÉ de mariage passé sous seings privés le 24 novembre 1701 et reconnu le 17 Janvier suivant devant Guillaume JOLIVET et Antoine BASIRE notaires gardes-nottes Royaux à Caën, de noble homme Jean-Joseph DARCLAIS escuier Seigneur et patron de Montamy fils de feu Jean DARCLAIS escuyer Seigneur dudit lieu et de feue noble Dame Marie LE COUSTELLIER avec damoiselle Marie-Françoise GUILLARD, seule fille et présomptive héritière de Me Didier GUILLARD Sr de la Madelaine, Avocat au parlement de Rouën et de damoiselle Françoise de Maloisel, assistée desd. sieur et dame ses père et mère. Grosse signée des notaires.

Troisième Degré

AYEULX

JEHAN D'ARCLAIS escuyer, Sgr et Patron de Montamys, de Beaupoisson, de Saint-Cellerin et de Lesnault.

De MARIE LE COUSTELLIER DE BEAUMONT sa femme.

CERTIFICAT de M. CHAMILLART Intendant de la Généralité de Caen Commissaire départy par le Roy pour la recherche des Usurpateurs du titre de noblesse dans ladite généralité, donné à Bayeux le 20 mars 1671, portant que Jehan d'Arclais, écuyer, demeurant en la paroisse de Montamy Sergenterie du Tourneur, élection de Vire, fils de Michel, fils de Barnabé, fils de Nicolas a prouvé par titres produits devant lui être noble dès le temps de Montfault. Ce certificat signé Chamillart.

EXTRAIT du catalogue des nobles de la généralité de Caën dressé par M. Chamillart Intendant et commissaire départi pour cet effet en lad. généralité par lettres du 30 avril 1666, dans lequel est compris dans l'ordre de l'ancienne noblesse de l'élection de Vire Jehan d'Arclais de la paroisse de Montamis dans la sergenterie du Tourneur. Ce catalogue paraphé dudit commissaire M. S. S. du cabinet de l'ordre du St Esprit.

TRAITÉ de mariage passé sous seings privés le 12 décembre 1669 et reconnu le 10 févr. 1670 devant Guillaume de la Porte et Jean Baugon tabellions Royaux à Caën de Jean d'Arclais escuyer Sgr et Patron de Montamys, de Beaupoisson, de St Cellerin et de Lesnault, fils de feu Michel d'Arclais Ecr Sgr et Patron dud. Montamys et de damoiselle Françoise Pigache avec damoiselle Marie Le Coustelier fille de feu Jean-Jacques Le Coustelier ecr Sgr de Beaumont et de damoiselle Anne de Cairon, lesd. Sr et damoiselle futurs époux assistés desd. dames leurs mères : Grosse signée desd. notaires.

FOY ET HOMMAGE rendus au Roy en sa chambre des comptes de Normandie le 8 fév. 1667 par son cher et bien amé Jean d'Arclais Sr de Montamis pour raison du fief, terre et seigneurie de Montamis à lui appartenant à droit successif de feu Michel d'Arclais son père et relevant de sa Majesté par un huitième de fief de haubert à cause de sa Vicomté de Vire, signée Cougnard ; avec l'aveu du même fief de Montamis rendu le 11 suivant en la même Chambre par led. Jean d'Arclais ecuyer, Sgr et Patron dudit lieu et de Boscpoisson, signé de lui et N. Baillard ; l'Arrest de ladite Chambre du lendemain, portant dispence d'Information sur le contenu dudict aveu, attendu celle qui avoit été faite sur l'aveu rendu le 14 mars 1608 pour le même fief par ledit feu Sr Michel d'Arclais. Signé Le Coq.

Quatrième Degré

BISAYEULX

Michel d'ARCLAIS escuyer Sgr et Patron de Montamis, de Beaupoisson et de Lesnault.

Dame Françoise PIGACHE de LAMBERVILLE sa femme.

ORDONNANCE rendue à Avranches le 2 septembre 1641 par Charles Le Roy Sr de la Potherie, Intendant de la Généralité de Caën et commissaire député par lettres de Sa Majesté du 5 février précédent, à l'exécution de la déclaration du Roy et arrêts de son Conseil des mois de février et mars 1640 au sujet du recouvrement du droit de Francfief, sur les titres produits devant lui par Jacques d'Arclais esc. Sgr de Montbosc et de Besasses dans le Vicomté de Bayeulx et par Michel d'Arclais esc. Sgr de Montamis, propriétaire du fief de Montamis, de Beaupoisson et de Lesnault dans les Vicomtés de Vire et de Bayeux; en suite de l'assignation à eux donnée par Jean Baptiste Paléologo commis au recouvrement du droit susdit et à l'effet d'obtenir main levée de la saisie de leursd. fiefs, faite à la requeste du même commis par lequel après l'examen desd. titres qui remontent leur filiation avec de bonnes alliances et des services militaires à Jean d'Arclais leur 5e et 6e ayeul esc Sgr de Montbosc lequel rendit hommage à M. l'évêque de Bayeux d'un quart de fief de Chevalier le 28 mars 1391 et fut fait Pannetier du Roy Charles VI par lettres du 18 Juin 1402. Le commissaire susdit leur donne acte de la représentation d'iceux ; les renvoie de lad. assignation et leur donne main levée de ladite saisie. Cette ordonnance signée de la Potherie, plus bas par mond. Sr Desle et signifiée le 29 fév. 1642 au commis du dit sieur Paléologo. Signé J. Coffié.

CERTIFICAT de Mgr de Matignon, Chevalier des Ordres du Roy, capitaine de cent hommes de ses ordonnances et lieutenant Général pour sa Majesté en Normandye et de l'armée levée en lad. province portant que

Michel D'ARCLAIS esc. sieur de Montamys de la paroisse dudit lieu Vicomté de Vire s'est présenté au rendez-vous de la noblesse et est employé dans la cavalerie de la dite Armée, avec armes, chevaux et bagages pour servir Sa Majesté avec lui : Datté d'Auchy-la-Ville le 22 octobre 1636, signé MATIGNON et plus bas par mond. Seigneur LE REVERS et scellé en placard de ses armes.

CONTRACT de mariage passé au manoir sieural de Lamberville le 22 novembre 1626 devant Philippe HEMERY tabellion royal de la sergenterie de Thorigny et maistre Nicolas DE LA GONINNYÈRE, escuyer, avocat aud. lieu pris pour adjoint de Michel D'ARCLAIS escuyer Sgr et patron de Montamis et de Bon-Poisson fils et seul héritier de feu Barnabé D'ARCLAIS ecuyer, seigneur et Patron dudit lieu de Montamis et de damoiselle Magdelaine Bellier sa femme ; avec damoiselle Françoise PIGACHE fille ainée de Jean PIGACHE Sgr et Patron de Lambreville, Montrabot, Chantellou, le Besier, haut et bas Degry, et de feüe d[lle] Isabeau MICHEL ; assistés scavoir led. futur époux de Jean D'ARCLAIS Sr de Monbosc (son cousin germain) et lad. damoiselle dud. Sgr son père, d'Anthoine PIGACHE escuyer, sieur d'Ouville et de Charles PIGACHE es. Sr de Gonneville ses frères, Grosse, signée : HEMERY et DE LA GONNINYÈRE.

NOUS LOUIS PHELYPEAUX, Comte de Saint-Florentin, Marquis de la Vrillière et de Chasteauneuf-sur-Loire, Baron d'Evry-le-Chastel, etc..., Conseiller du Roy, en tous ses conseils ministre et secrétaire d'Etat et des finances de Sa Majesté, Commandeur et chancelier des Ordres du Roy, Chancelier de la Reyne, honoraire des Académies des belles lettres et des sciences, Administrateur général des Ordres Royaux militaires et hospitaliers de Notre-Dame du Mont-Carmel et de St-Lazare de Jérusalem pendant la Minorité de Monseigneur fils de France, Duc de Berry et commissaire député pour entendre les Preuves des Chevaliers nommés auxd. ordres, tant par notre commission du 18 may 1757 que par l'article XI du Règlement fait sur l'administration des mêmes ordres, signé par le Roy le Juin suivant.

CERTIFIONS à sa Majesté et à Monseigneur fils de France, Duc de Berry, grand-maître desd. Ordres que nous avons vu et examiné au rapport du Sr DE BEAUJON avocat général, Conseiller honoraire de la cour des Aydes de Guyenne, généalogiste des Ordres de Sa Majesté commis par lettres patentes de Monseigneur le Duc de Berry du 29 may 1758 à l'examen des titres et preuves de Noblesse tant des Chevaliers cy-devant admis et reçus de minorité que de ceux qui seront reçus à l'avenir dans lesd. Ordres, les titres produits par Messire DIDIER-FRANÇOIS D'ARCLAIS DE MONTAMY, chevalier, premier maistre d'hostel de S. A. S. Monseigneur le Duc D'ORLÉANS Premier Prince du sang, nommé Chevalier desd. Ordres et avons vérifié qu'il a satisfait aux articles I et III du susdit règlement du 15 Juin 1757 et en conséquence l'avons jugé digne d'être reçu chevalier des mêmes ordres. En foy de quoy nous avons signé ces présentes avec led. Sieur DE BEAUJON et y avons fait apposer les cachets de nos armes. A Paris le dix neuvième jour du mois de Janvier mil sept cent soixante deux./.

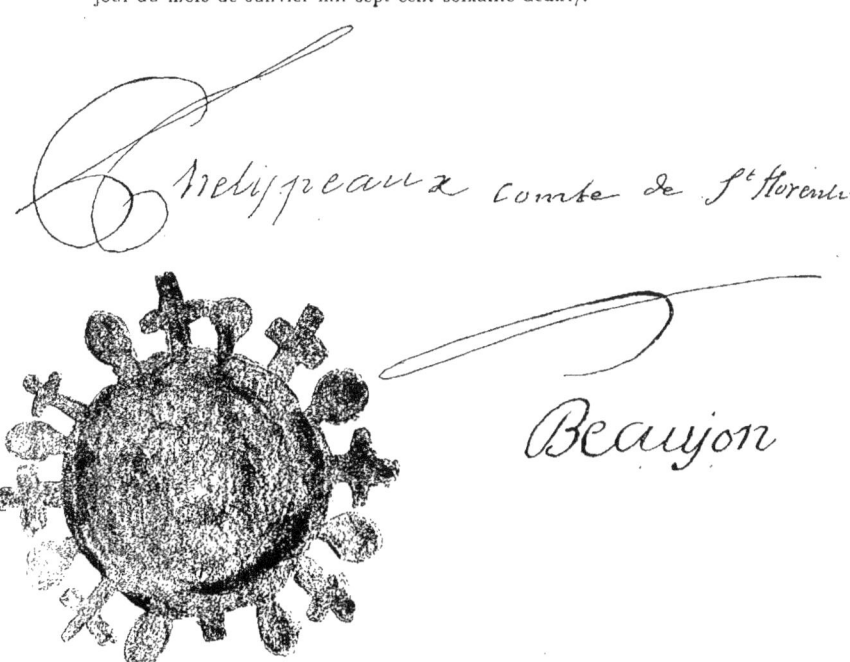

Phelypeaux comte de St Florentin

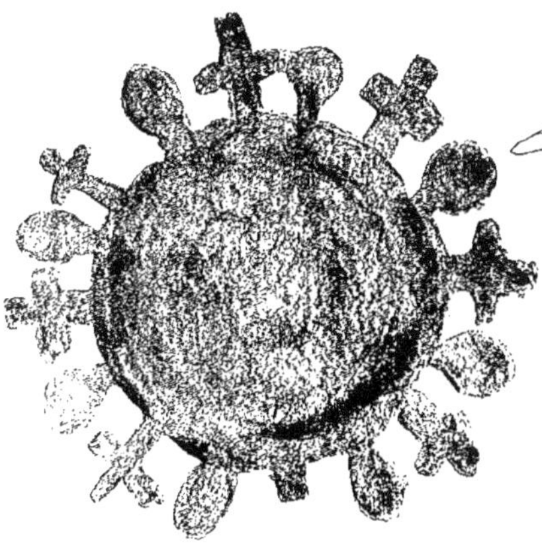

Beaujon

Lettres de réception de l'Ordre pour Messire de Montamis

(5 Février 1762)

LOUIS AUGUSTE fils de France Duc de Berry, grand maistre général tant au spirituel qu'au temporel des ordres royaux militaires et hospitaliers de Notre-Dame du Mont Carmel et de Saint-Lazarre de Jérusalem et Nazareth tant de çà que de là les mers, à tous ceux qui ces présentes verront Salut. Scavoir faisons qu'ayant agréé l'humble prière qui nous a été faite par Didier DARCLAIS de Montamie premier maitre dhostel de notre cher et amé cousin le Duc d'Orléans, Premier Prince du sang à ce que il nous plaise le recevoir Chevalier de nos ditz ordres et ayant été particulièrement informé des bonnes mœurs, conversation et religion catholique, apostolique et romaine, naissance légitime, noblesse et fidélité au service du Roy notre très cher et honoré Seigneur et ayeul tant par l'information qui en a été faitte que par les autres preuves qui ont été mises és mains des sieurs commissaires par nous à ce députtez et dont rapport nous a été fait par notre frère chevalier commandeur, prévost et maître des cérémonies pour l'absence de notre frère de Voyer de PAULMY d'Argenson, chancellier de nos ditz ordres.

A CES CAUSES et autres considérations à ce nous mouvant et l'avis du sieur Comte de SAINT-FLORENTIN ministre et secrétaire d'Estat, Commandeur des Ordres du Roy notre très honoré seigneur et ayeul, Chancellier de la Reyne notre très honorée dame et ayeulle, commis par brevet de Sa Majesté pour gouverner, régir et administrer nos dits ordres jusqu'à ce que nous soyons en âge d'en prendre par nous-même le gouvernement et administration, nous avons ledit sieur Didier DARCLAIS de Montamie fait et créé, faisons et créons Chevalier des ordres Royaux militaires et hospitaliers de notre dame du mont Carmel.......................................

.... *(déchirure)* ....

....

..... par luy des honneurs, dignités, prééminences, franchises, libertés, dont........souverains pontifs......Empereurs, Roys Chrestiens.......

...... parmy les chevaliers desdits ordres à compter de ce jour ainsi qu'il a été inséré dans les registres desdits Ordres avec permission de posséder des commanderies et pensions sur toutes sortes de bénéfices.............

.... porter la croix et le cordon des ditz Ordres à condition d'en observer les statuts sans y contrevenir directement ny indirectement et de se rendre auprès de nous touttes et quantes fois, il en sera requis pour le service du Roy notre Souverain Seigneur et pour le bien et utilité des ditz Ordres.

SI DONNONS en mandement à tous les commandeurs, chevaliers et officiers des dits ordres et à tous autres qu'il appartiendra de recevoir ledit sieur D'ARCLAIS de Montamie chevalier de nos ditz ordres, le recevons en cette qualité dans toutes les assemblées publiques et capitulaires des ditz ordres et de le laisser et faire joüir de tous les privilèges dont jouissent les chevaliers d'iceulx.

CAR TELLE EST NOTRE INTENTION,

En foy de quoy nous avons fait signer ces présentes par ledit sieur Comte de Saint-Florentin, viser par notre dit frère prévost et maistre des Cérémonies, icelles fait contresigner par notre frère Chevalier Commandeur secrétaire général des dits ordres et scellé du sceau d'iceux.

Donné à Versailles le sixième jour de fevrier l'an de grâce 1762.

Pour Monseigneur le Duc de Berry :

DORAT.

PHELIPPEAUX COMTE DE SAINT-FLORENTIN.

Par Monseigneur :

DORAT.

Visa :

DE BREGET.

Lettre du Duc de Choiseul à Monsieur de Montamps ancien major du régiment de Chartres-Cavalerie

(1762)

Sur le compte, Monsieur, que j'ay rendu au Roy de vos services et de l'impossibilité où vous étes de les continuer par vos infirmités et par les suites des blessures que vous avez reçues, Sa Majesté a bien voulu vous accorder une augmentation de cinq cens livres à la pension de pareille somme dont vous jouissez sur le trésor royal pour vous faire une retraite de mille livres par an. Ce traitement étant beaucoup plus considérable que celuy qu'elle fait ordinairement aux officiers de votre grade, vous devez le regarder comme une marque de la satisfaction qu'elle a de la façon dont vous vous êtes toujours comporté, je vous en donne avis et suis, Monsieur, votre très humble et très obéissant serviteur.

Le Duc De Choiseul

Relevé des Services [1]

(1762)

3e *bureau* :

Montamy, Nicolas-Joseph d'Arclais, né en mars 1711 est de Thorigny en Normandie.

Extrait des Registres matricules et documents déposés aux archives de la guerre.

DÉTAIL DES SERVICES

Garde du Corps, compagnie de Villeroy	le 1er février 1727
Capitaine commandant d'une Cie de cavallerie de nouvelle levée	1er janvier 1743
Placé au régiment de Chépy (régiment de Bellefonds et Chartres).	6 mars 1743
Major	21 mai 1748
Retiré avec pension	20 juin 1761

Campagnes : 1742 Bavière ; 1743 et 1744 Rhin ; 1745, 1746, 1747 et 1748 Flandre ; 1757, 1758, 1759, 1760 et 1761, Allemagne.

Chevalier de St-Loüis.

Ancien régime.

---

(1) Archives administratives du ministère de la guerre.

CONTROLE

Cavalerie-Chartres-Dragons [folio 192 verso]. Capitaines 1731-1763.
1er Janvier 1743 nelle levée.

Montamy (Nicolas Joseph d'Arclais), né le mars 1711 (1) ; est de Thorigny en Normandie.

Garde du corps du Roy du 1er fév. 1727 dans la Cie de Villeroy major du 21 may 1748. — Retiré en 1761, 20 Juin.

Cavalerie Villeroy [folio 126 recto] 9 fév. 1742.

Bretteville, Jean-Joseph Michel d'Arclais fils aîné de Michel d'Arclais et de dame Marie-Françoise de Cairon. — Aide major, cornette 1708. — Lieutenant en 1715, en pied 1729 de la mestre de camp du 1er novembre 1739. — Aide-major du 30 Janvier 1741. — Homme de condition, a été blessé d'un boulet de canon à la bataille de Malplaquet. — Retiré en 1746.

Cavallerie - Bellefonds [folio 151 verso].
Lieutenant 1730-1763.

Darclais (Charles-François) est né le 28 novembre 1709, est de Bretteville-l'orgueilleuse en Normandie, 2e fils de Michel et de dame Marie Françoise de Cairon. — Lieutenant dans le bataillon de milice de Bayeux le 15 avril 1734. — Retiré en 1762.

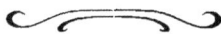

(1) *Il y a là une erreur, Nicolas Joseph d'Arclais est né suivant l'extrait du registré de baptesmes de l'Eglise de St-Laurent de Thorigny le 8 avril 1710, au diocèze de Bayeux.*

Ordre de paiement [1]

(1er Août 1763)

AU Sr DE MONTAMY
500 LIVRES

Garde de mon trésor Royal Mre Joseph MICAULT D'HARVELAY, payez comptant au Sr DE MONTAMY, cydt major du régiment de Cavalerie de Chartres la somme de cinq cens livres pour l'année echüe ce jourd'huy de la pension que je lui ai accordée en considération de ses services.

Fait à Compiègne le 1er août 1763.

Louis

comptant au trésor royal
Bon
Louis

le Duc de Choiseul

(1) Archives administratives du ministère de la guerre.

Acte de Baptesme
de Loüës-Philippe d'Arclais de Montamys

(6 May 1764)

Extrait des registres des baptesmes de la paroisse de Montamys, généralité de Caen, élection de Vire, Diocèse de Bayeux.

Ce Dimanche sixième jour de may mil sept cents soixante quatre, Loüis-Philippe D'ARCLAIS né d'aujourdhuy du légitime mariage de Messire Nicolas-Joseph D'ARCLAIS, chevalier, seigneur et patron de Montamy, Chevalier de l'Ordre royal et militaire de Saint-Loüis, cydevant major au régiment de Chartres-Cavalerie et de noble dame Marie Jeanne DE CHAL son épouse a été baptisé par moi Adrien LAIR prêtre ss.gné, le parrein Son Altesse Sérénissime Monseigneur le Duc D'ORLÉANS, premier prince du sang, représenté par Messire Loüis D'ARCLAIS curé dudit lieu de Montamys et oncle de l'enfant que son Altesse a constitué son procureur à cet effet par acte passé devant les notaires au Chatelet de Paris le vingt-troisième jour de mars de cette présente année ; la Mareine Son Altesse Sérénissime Madame la Princesse DE MONACO représentée par damoiselle Marie-Louise D'ARCLAIS sœur de l'enfant en vertu de la procuration à elle passée à cet effet par Son Altesse devant les notaires au Châtelet de Paris le 28 mars dernier qui ont signé avec nous, ce jour présent et ont signé : Nicolas-Joseph D'ARCLAIS DE MONTAMY, Louis D'ARCLAIS curé du lieu, Marie-Louise D'ARCLAIS, LAIR prestre.

Nous soussigné curé de Montamy certifions le présent extrait véritablement tiré mot-à-mot du registre sans y avoir rien ajouté ni diminué. En foy de quoy j'ai délivré le présent pour valoir et servir à ce que de raison. A Montamys ce 2 mars 1780.

Signé : MARTINE, curé de Montamys.

Suivent les procurations données par leurs Altesses Sérénissimes, très haut, très puissant et très excellent Prince Monseigneur Louis-Philippe D'ORLÉANS, Duc d'Orléans, de Chartres, Valois, Nemours et Montpensier, Comte de Vermandois et de Soissons, premier Prince du Sang, demeurant à Paris au palais royal, paroisse Saint-Eustache, etc., etc., etc.

Et haute et puissante dame Madame la Princesse DE MONACO, etc.

Bulle adressée à Louis-François Darclais de Montamys prestre curé de Condé-sr-Noireau et ensuite de Montamys

(Décembre 1768)

L'an 1768 au mois de décembre Louis-François DARCLAIS de Montamys prestre, curé de Condé-sur-Noireau et ensuite dudit lieu de Montamys recevoit de Sa Sainteté le Pape CLÉMENT XIII, une bulle lui allouant une pension sur « les fruits » du monastère de St-Vincent de l'ordre de St-Benoist à Besançon.

Cette bulle en parchemin, munie d'un sceau de cire dont on voit encore la trace, a été coupée en deux suivant sa longueur et le sceau enlevé. Le commandant D'AUDETEAU a envoyé en 1908 au Vatican, par l'intermédiaire de Mgr PICCIOLI, le fragment qui lui restait de ce parchemin en demandant qu'on voulut bien en restituer l'ensemble ou en donner l'explication. Cette demande fut agréée et les notes suivantes lui furent adressées par la Chancellerie du Vatican :

1° Un résumé aussi exact que possible de l'ensemble de la Bulle dont manque la moitié.

2° Une note sur les attributions des bénéfices, concédées dans la bulle à divers.

On y voit qu'avec le consentement du Roy trois personnages, bénéficiaient de la liberalité : les Sieurs DE LA SELVE et DE MONTAMYS pour 1500 livres chacun et le sieur SIOCHAN DE KERODENCE pour 600 livres.

RÉSUMÉ DE LA BULLE
FAIT PAR LES ARCHIVES DU VATICAN

CLÉMENT PAPA XIII,

Dilecto filio cognominato de MONTAMY presbitero......... quum hodie Pontifex ipse monasterium Sancti Vincentii ordinis Sancti Benedicti Bisuntin civitatis vel diocesi Dominico Descars presbytero suessionen vel alterius dioce..... ad nominationem Ludovici francorum regis, commendaverit et super fructibus Dicti monasterii pensionem 150 ducatorum auri de camera, 1500 libras turonenses constituentium..... NN et alteram pensionem 60 ducat.... libras pares constituentium Carolo SOCHAN DE KERODENCE Clerico trecoren dioce. assignaverit ; supra dicto cognominato DE MONTAMYS pensionem aliorum 150 ducatorum auri similium super eodem monasterio per dictum Dominicum DESCARS eiusque successores sibi annis singulis, persolvendam assignat ; ac exequatores desuper deputat Bisuntin ac aurelianem et Suessionnen episcopos. Datum Rome apud S^{tm} Mariam Maïorem anno Incarnationis Dominice.... décembris pontificatus nostri anno undecimo.

Libri obitum *Décembre 1768*

BISUNTIN — Monasterium Sanctii Vincenti ordinis Sancti Benedicti Bisuntin. Civitatis vel Diocesis commendari solitum taxat ad flor. 52 per obitum cognominati de Pouffroy d'Uzellec ultimi commendarii Suessionen. Vicario in spiritualibus generali a Rege christianissimo vigore indulti apostolici nominato ; cum reservatione unius duc. 150 : 1500 libr. turoneuses, constituen.... ad cognominati de la Selve, alterius duc. 150 etiam 1500 libras similes ad cognominati de Montamys respective presbyterorum, nec non reliquœ pensionum annuarum aliorum 60 duc. : 600 libras pares respective constituensium ad Caroli SIOCHAN DE KERODENCE. Clérici respective favorem super dicti monasterii fructibus ex consensu dicti Regis. (D'après les livres de la Daterie 1908).

Lettres Patentes portant érection en Comté des fiefs, terres et seigneurie de Montamys

(Juillet 1769)

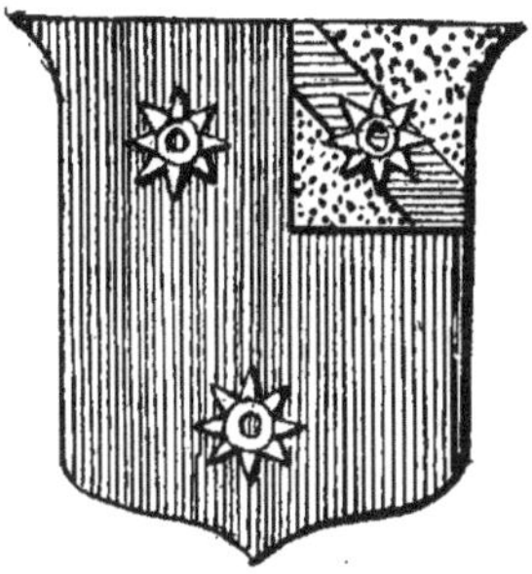

De gueules à un franc quartier à senestre d'or chargé d'une bande d'azur et 3 molettes d'argent posées 2 et 1. La seconde du chef brochante sur laditte bande.

LOUIS PAR LA GRACE DE DIEU Roi de France et de Navarre à tous présents et à venir Salut. Notre très cher et bien amé Nicolas-Joseph D'ARCLAIS, chevalier de l'ordre Royal et militaire de Saint-Loüis, ancien major du régiment de Chartres-Cavalerie nous a fait exposer qu'il est propriétaire à titre successif du fief, terres et seigneuries de Montamys, sis Election de Vire, généralité de Caën, relevant de nous à cause de notre Chatellenie et Viconté de Vire consistant en domaines fieffés et non fieffés, droit de Patronage, court et usage, pleds et gages plèges, juridiction et autres droits honorifiques et féodaux tels que au terme de la coutume il appartient à terre noble et ayant un revenu suffisant et propre pour soustenir le titre de Comté, il désirerait qu'elle en fut décorée s'il Nous plaisait de lui accorder nos lettres sur ce nécessaires. A ces causes voulant marquer à l'exposant la satisfaction que nous avons de ses services considérant qu'il est issu de l'ancienne famille noble d'Arclais originaire du baillage de Caën au pays et Duché de Normandie, portant pour armoiries ; Gueules à un franc quartier à Senestre d'or, chargé d'une bande d'azur et trois mollettes d'argent posées deux et une, la seconde du chef brochant sur ladite bande : que ses ancêtres ont toujours servi l'Etat dans l'épée aux guerres, baons et arrière-baons et occupé des emplois distingués, que du nombre de neuf ayeuls qu'il peut compter en ligne directe, Jehan d'Arclais fils de N. d'Arclais sire de Monbosc, l'un d'eux, vivant en 1391 auroit été retenu par Charles VIe pour son pannetier en 1402. Et Charles VIIe lui auroit permis étant à Tours en 1427 de retourner audit pays avec sa famille et de demeurer sur son héritage en l'obéissance des Anglois, d'y faire ses affaires sans s'entremettre du fait des guerres ; d'autant qu'à leur arrivée en Normandie, il avoit abandonné ses biens pour suivre son Prince qu'il servit de longues années.

Que Nicolas d'Arclais son fils fut en 1463 reconnu pour ancien noble ainsi que ses descendants l'ont été dans tous les temps et n'ont cessé de servir dans le corps de la noblesse.

Que l'exposant et ses frères ont suivi leur exemple.

Didier-François d'Arclais l'ainé, suivit en 1743 notre très cher et bien amé cousin le Duc d'Orléans, premier Prince du Sang en qualité de son Ayde de camp à la bataille d'Ettinguen, en 1744 aux sièges de Menin, d'Ypres et de Furnes et de Fribourg. En 1746 au siège de la citadelle d'Anvers ; en 1748 à la bataille de Lawfeldt ; en 1757 à celle d'Altembeck. Dès 1753 nostre dit Cousin l'avoit retenu pour son premier maistre dhostel et notre très-cher et très-amé petit-fils le Duc de Berry actuellement Dauphin de France, l'avoit reçu en 1742, peu d'années avant sa mort, chevalier des ordres de Notre-Dame du Mont-Carmel et de Saint-Lazare de Jérusalem.

Jean son autre frère servant dans notre maison fut tué à la bataille d'Ettinguen.

L'exposant de son coté entré en 1727 au service de notre Maison, se trouva en 1733 au siège de Philisbourg ; il leva en 1743 une compagnie de chevaulx-légers qui fut incorporée dans le régiment de Chépy, surnommé depuis de Bellefonds et de Chartres.

Ayant été créé Chevalier de l'ordre Royal et militaire de St-Loüis en 1746, il fut nommé en 1748 major dudit régiment et se trouva à la bataille de Lawfeldt où il fut dangereusement blessé, à celles de Rocou, d'Altembeck et de Crevel et enfin à celle de Lubzelberg en qualité de major de la brigade Dauphin, avec Orléans et Chartres.

Ses fatigues ne lui ayant permis de continuer l'exercice de sa Majorité que jusqu'en 1761, Nous lui avons accordé sa retraite et voulant lui donner de nouvelles marques de notre satisfaction tant de ses services que de ceux de sa Consanguinité qui en transmettent le souvenir à la postérité, Nous de notre grace spéciale, pleine puissance et autorité Royale, AVONS CRÉÉ, érigé, élevé et par ces présentes signées de notre main, créons, érigeons, élevons et décorons, les dits fiefs, terres et seigneuries de Montamys, leurs circonstances et dépendances en titre, dignité et prééminence de COMTÉ sous le nom D'ARCLAIS DE MONTAMYS et ses enfants, postérité et descendans mâles nés et à naître en légitime mariage, seigneurs et propriétaires desdites terre Seigneurie et Comté et relever le tout de Nous à cause de notre Duché de Normandie. VOULONS et nous plaist qu'il puisse se dire et qualifier Comte en tous actes et en toutes circonstances tant en jugement que dehors et qu'il jouisse des mêmes honneurs, armes et blasons cidessus énoncés, droits, prérogatives, autorités, prééminences, en fait de guerres, assemblées d'Etat et de noblesse et autres avantages et privilèges dont jouissent ou doivent jouir les autres Comtes de notre Royaume, païs et Duché de Normandie, encore qu'ils ne soient ici particulièrement exprimés ; Que tous vassaux et arrière-vassaux et autres tenans noblement et en roture des biens mouvans et relevant dudit Comté le reconnoissent pour Comte, qu'ils fassent leur foy et hommage et fournissent leurs aveux et dénombrement et déclarations le cas y échéant sous lesdits noms, titre et qualité de Comte d'Arclais de Montamys et que les officyers exerçant la justice en icellui, intitulent à l'avenir leurs sentences sous le même nom, sans toutefois aucun changement ni mutation de ressort, augmentation de justice, connoissance des cas royaux qui appartiennent à nos baillis et Seneschaux et sans que pour raison de la présente Erection le dit sieur Comte d'Arclais de Montamys et ses enfans et descendans soient tenus envers nous et leurs tenanciers envers eux à autres et plus grands droits et devoirs qu'à ceux dont ils sont tenus, ni qu'à défaut d'hoirs mâles nés en légitime mariage, nous puissions ni les Rois nos successeurs prétendre lesdits fiefs, terre et Seigneurie et Comté être réunis à notre Domaine en vertu des Edits et Ordonnances de mil cinq cent soixante cinq et mil cinq cent soixante six et autres auxquels nous avons pour ce regard dérogé et dérogeons par ces présentes, mais seulement retourneront lesdittes terres en leur premier état.

Si donnons en mandement à nos amez et féaux Conseillez, les gens tenans nos cours de parlement et des Comtes Aydes et finances de Normandie à Rouën, présidents trésoriers de France et généraux de nos finances à Caën et autres nos officiers et justiciers qu'il appartiendra que ces présentes ils ayent à faire enregistrer et du contenu en icelle jouïr et user ledit sieur Comte d'Arclais de Montamys ses enfans postérité et descendans pleinement, perpétuellement et paisiblement, cessant et faisant cesser tous troubles et empeschemens nonobstant tous Edits, déclarations, ordonnances, arrests, règlements et lettres à ce contraires auxquels nous avons dérogés et dérogeons par les présentes pour ce regard seulement et sans tirer à conséquence. Car Tel est notre plaisir et afin que ce soit chose ferme et stable à jamais et à toujours nous avons fait mettre notre scel à ces dittes présentes sauf en autre chose notre droit et l'aultrui en tout.

Donné à Versailles au mois de Juillet l'an 1769 et de notre règne le 54e./.

Louis

Par le Roy

Demaupeou

pour érection de la terre de Montamys en Comté pour le nommé d'Arclais de Montamy en faveur de Nicolas-Joseph d'Arclais

Bertin

Ces lettres pagnées des ar- de parlement de rinement, ainsi que tentes et arrêts s'y rap- sement de foires sur la de l'avenue de Trompe- Halle depuis cette époque.

sont accom- rêts de la cour Rouen pour enté- d'autres lettres pa- portant pour établis- terre de Montamys près souris au lieu dit de la

LETTRES PATENTES,

Accordées par Sa Majesté en faveur de M. D'ARCLAIS DE MONTAMY,

Portant érection de ses Fief, Terre & Seigneurie DE MONTAMY en COMTÉ, sous la D'ARCLAIS DE MONTAMY, & ce en considération des Services que lui & ses Ancetres ont rendus.

Du mois de Juillet mil sept cent soixante-neuf.

LOUIS [illegible] Roi de France [illegible] à tous présens & à venir, [illegible] ... notre cher & bien amé NICOLAS-JOSEPH D'ARCLAIS, Chevalier de l'Ordre Militaire de S. Louis, ancien Major du Régiment de Chartres, Cavalerie, Nous a fait exposer qu'il est propriétaire à titre successif du fief, terre, & Seigneurie de Montamy, sise Election de Vire, généralité de Caen, relevant de nous à cause de notre Chatellenie & Vicomté de Vire, consistant en domaines fieffés & non fieffés, droit de patronage, cour & usage, plaids & gages-pleges, jurisdiction, & autres droits honorifiques & féodaux, tels qu'aux termes de la coutume il apartient à terre noble, & ayant un revenu suffisant & propre pour soutenir le titre de Comté, il désireroit qu'elle en fût décorée, s'il nous plaisoit lui accorder nos Lettres sur ce nécessaires. A CES CAUSES, voulant marquer à l'exposant la satisfaction que nous avons de ses services, considérant qu'il est issu de l'ancienne famille [illegible] d'Arclais, originaire du Bailliage de [illegible] Pays & Duché de Normandie; portant pour armoiries, gueules, à un franc quartier à senestre d'or, chargé d'une bande d'azur & trois molettes d'argent, posées deux & une, la seconde du chef brochant sur ladite bande; que ses ancêtres ont toujours servi l'État, dans l'épée aux guerres, bans & arrieres-bans, & occupé des emplois distingués; que du nombre de ses ayeuls qu'il peut compter en ligne directe, Jean d'Arclais fils de N. d'Arclais, sire de Montbosq, l'un d'eux vivant en 1391, auroit été retenu par Charles VI pour son Pannetier, en 1412; & Charles VII lui auroit permis étant à Tours en 1427, de retourner avec sa famille audit pays, & de demeurer sur son héritage en l'obéissance des Anglais, d'y faire ses affaires sans s'entremettre du fait de guerre; d'autant qu'à leur arrivée en Normandie, il avoit abandonné ses biens, pour suivre son Prince, qu'il servit longues années. Que Nicolas d'Arclais son fils, fut en 1463 reconnu pour ancien noble, ainsi que ses descendans l'ont été dans tous les tems, & n'ont cessé de servir dans le corps de la noblesse. L'exposant & freres ont suivi leur exemple. [illegible] François d'Arclais, l'aîné, suivit en 1743 notre très-cher & très-amé cousin le Duc d'Orléans, premier Prince de notre sang, en qualité de son Aide-de-Camp, à la Bataille d'Ettingue; en 1744 aux sieges de Menin, d'Ypres, de Furnes & de Fribourg; en 1746, [illegible] [illegible] Lawfeldt; en 1757 à celle d'Astembeck. Dès 1751 notredit Cousin l'avoit retenu pour son premier Maître-d'Hotel, & notre très-cher & très-amé petit-fils le Duc de Berry, actuellement Dauphin, l'avoit reçu en 1761 peu d'années avant sa mort, Chevalier des ordres de Notre-Dame de Mont-Carmel & de saint Lazare de Jérusalem. Jean son autre frere, servant dans notre Maison, fut tué à la bataille d'Ettingue. L'exposant de son côté, entré en 1727, au service dans notre Maison, se trouva en 1733 au siege de Philisbourg; il leva en 1741, une Compagnie de chevaux-légers qui fut incorporée dans le Régiment de Chepy, [illegible] de Bellefont & de Chartres. Ayant été créé Chevalier de l'ordre Militaire de saint Louis, en 1746, il fut nommé en 1748 Major dudit Régiment de Bellefont & se trouva à la bataille de Lawfeldt, où il fut dangereusement blessé, à celle de Rocoux, d'Astembeck & de Crevelt, & enfin à celle de Luttelberg en qualité de Major de la brigade Dauphin, avec Orléans & Chartres [illegible] de sa majorité que jusqu'en 1761, nous lui avons accordé sa retraite, & voulons lui donner de nouvelles marques de notre satisfaction, tant de ses services, que de ceux de sa consanguinité qui en transmettent le souvenir à sa postérité: Nous de notre grace spéciale, pleine puissance & autorité royale, avons créé, érigé, élevé & décoré, & par ces présentes signées de notre main, créons, érigeons, élevons & décorons lesdits fiefs, terre & seigneurie de Montamy, leurs circonstances & dépendances en titre & dignité & prééminence de Comté, sous le nom d'Arclais de Montamy, pour être à l'avenir tenues & possédées audit titre & dignité de Comté, par ledit sieur d'Arclais de Montamy & ses enfans, postérité & descendans mâles, nés & à naître en légitime mariage, Seigneur & propriétaire desdites terre, seigneurie & Comté, & relever le tout de nous à cause de notre Duché de Normandie; Voulons & nous plaît qu'il puisse se dire & qualifier Comte en tous actes & en toutes occasions, tant en jugement, que dehors; & qu'il jouisse des mêmes honneurs, armes & blasons, [illegible] droits, prérogatives, [illegible] prééminences, en fait de guerres, assemblées d'États & de noblesse & autres avantages & privilèges, dont jouissent ou doivent jouir les autres Comtes de notre Royaume, Pays & Duché de Normandie, encore qu'ils ne soient ici particuliérement exprimés; que tous [illegible] & autres vassaux & autres, tenans noblement [illegible] desdits terre de Montamy & relevans dudit Comté, le reconnoissent pour Comte, qu'ils fassent leurs foi & hommage & fournissent leurs aveux, dénombremens & déclarations, le cas y échéant, sous lesdits nom, titre & qualité de Comte d'Arclais de Montamy; & que les Officiers exerçant la justice en ladite terre intitulent à l'avenir leurs sentences sous le même nom, sans toutefois aucun changement ni mutation de ressort, augmentation de justice, connoissance des cas royaux qui appartiennent à nos Baillis & Sénéchaux, & sans que pour raison de la présente érection, ledit sieur Comte d'Arclais de Montamy & ses enfans & descendans soient tenus envers nous & leurs tenanciers envers eux à autres & plus grands droits & devoirs qu'à ceux dont ils sont tenus, ni qu'à défaut d'hoirs mâles nés en légitime mariage, nous puissions, ni les Rois nos successeurs prétendre lesdits fiefs, terres & seigneurie & Comté être réunies à notre domaine, en vertu des Édits & Ordonnances de mil cinq cent soixante-cinq & mil cinq cent soixante-six, & [illegible] auxquels nous avons, pour ce regard seulement, [illegible] & dérogeons par ces présentes; mais seulement retourneront lesdites terres & seigneuries en leur premier état. SI DONNONS EN MANDEMENT à nos amés & féaux Conseillers, les gens tenans nos Cours de Parlement & des Comtes, Aydes & Finances de Normandie à Rouen, Présidens, Trésoriers de France & Généraux de nos Finances à Caen, & autres, nos Officiers & Justiciers qu'il appartiendra, que ces présentes ils ayent à faire registrer, & du contenu en icelles jouir & user ledit sieur Comte d'Arclais de Montamy, ses enfans, postérité & descendans pleinement, paisiblement & perpétuellement, cessant & faisant cesser tous troubles & empêchemens, nonobstant tous Edits, Déclarations, Ordonnances, Arrêts, Reglemens & Lettres à ce contraires, auxquels nous avons dérogé & dérogeons par cesdites présentes, pour ce regard seulement, & sans tirer à conséquence. Car tel est notre plaisir; & afin que ce soit chose ferme & stable à toujours, nous avons fait mettre notre scel à cesdites présentes, sauf en autre chose notre droit, & l'autrui en tout. Donné à Versailles au mois de Juillet, l'an de grace 1769, & de notre régne le cinquante-quatriéme. Signé LOUIS. Par le Roi. Bertin. Visa DE MAUPEOU, pour érection de la terre de Montamy en Comté, sous le nom d'Arclais de Montamy; en faveur de Nicolas-Joseph d'Arclais Scellé en queue & à côté [illegible]

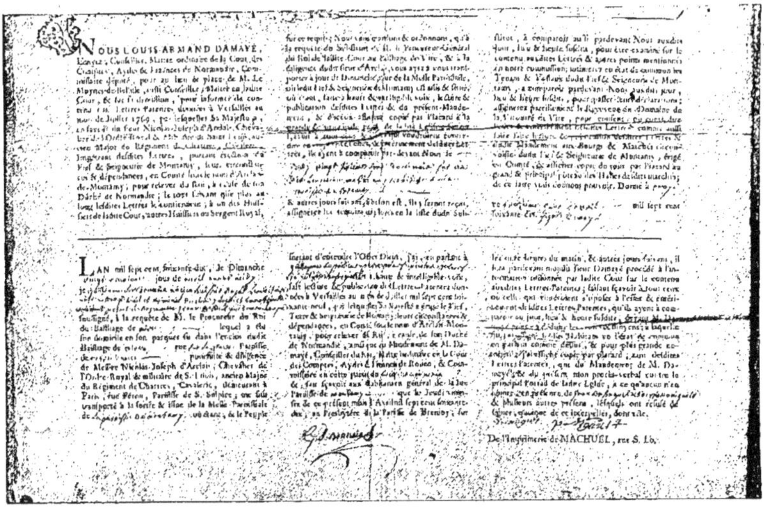

NOUS LOUIS-ARMAND DAMAYE,

L'AN mil sept cent soixante-dix, le Dimanche

De l'Imprimerie de MACHUEL, rue S. Lô.

Acte de Baptesme
de Marie-Joseph d'Arclais de Montamys

(9 Octobre 1769)

Le lundy neuf[e] jour d'octobre audit an mil sept cens soixante neuf ont été par moi curé de Notre-Dame de Brémoy soussigné, du consentement et en présence de Monsieur le curé de Montamys, suppléées dans la dite église de Montamys, les cérémonies du baptême à un garçon né le 16 septembre dernier sur les trois heures du matin et ondoyé le même jour dans ladite église de Montamys par le sieur Curé dudit lieu, en conséquence de permission du Seigneur evesque de Bayeux, auquel enfant fils de Messire Nicolas-Joseph Comte d'Arclais de Montamy, ancien major au régiment de Cavalerie de Chartres, Chevalier de l'Ordre Royal et Militaire de Saint-Loüis. seigneur et patron de ladite paroisse de Montamys, du Bua, de Beaupoisson et autres lieux, et de noble dame Marie-Jeanne de Chal son épouse, demeurant actuellement dans la paroisse de Montamys, on a imposé les noms de Marie-Joseph. Le parein, très haut, très puissant et très excellent Prince Monseigneur Louis-Philippe-Joseph d'Orléans, Duc de Chartres, Prince du Sang, représenté par Messire Jean-Loüis d'Arclais, chevalier et seigneur de Monbosc et des Besaces, patron honoraire desdittes paroisses, cousin dudit enfant. La mareine, très haute, très puissante et très excellente Princesse Madame Loüise-Marie-Adélaïde de Bourbon, Duchesse de Chartres, représentée par noble dame Marie-Pétrouille de Néel épouse dudit seigneur de Monbosc, autorisés l'un et l'autre par procuration de leurs Altesses

Sérénissimes, passée devant les notaires au Chatelet de Paris le trois du présent mois, signé et scellé en forme, laquelle est demeurée aux mains dudit seigneur Comte d'Arclais de Montamys, ladite cérémonie faite en présence du père et de la mère dudit enfant et de Messire Gabriel Marc du Fresne, et de Messire Guillaume-François-Loüis Le Pelletier de Molandé écuyer, ancien capitaine au régiment de Flandres, chevalier de l'Ordre Royal et Militaire de Saint-Louis, et plusieurs autres qui ont signé : Néel, de Monbosc, le Comte de Montamy, Marc du Fresne, Le Pelletier de Molandé, l'abbé de Montamys, Thomas du Chemin vicaire, Le Grand curé de Brémoy.

Marie-Joseph d'Arclais, dit le chevalier de Montamy, né le 9 octobre 1769, de Nicolas-Joseph Comte d'Arclais de Montamys, et de noble dame Marie-Jeanne de Chal, fut chevalier de Malte de minorité, entré à l'école militaire, il fut à sa sortie affecté à l'Infanterie, puis au corps de cavalerie de Chartres-Dragons dont son père avait été major. Il émigra en 1792 pour éviter l'arrestation et ses conséquences ; il rejoignit l'armée des Princes. Rentré en France, amnistié, mais ruiné, il végéta jusqu'au retour de ses Rois, sans d'ailleurs obtenir la récompense de ses services et de son dévouement, ni l'indemnité des pertes subies. Ce fut là, il faut bien le reconnaître, le sort réservé à beaucoup.

Il mourut le 9 juillet 1816, un an avant son frère aîné Louis-Philippe, Comte d'Arclais de Montamys, accablé lui-même par une infortune de même nature.

PREUVES

DE LA NOBLESSE DE

Messire Nicolas-Joseph d'ARCLAIS
Cte d'ARCLAIS de Montamys

Chevalier de St-Loüis, ancien major du régiment de Chartres cavalerie, fils de Jean-Joseph d'Arclais, escuyer, seigneur de Montamys, et de noble dame Marie-Françoise Guillard, sa femme.

(17 Mars 1771)

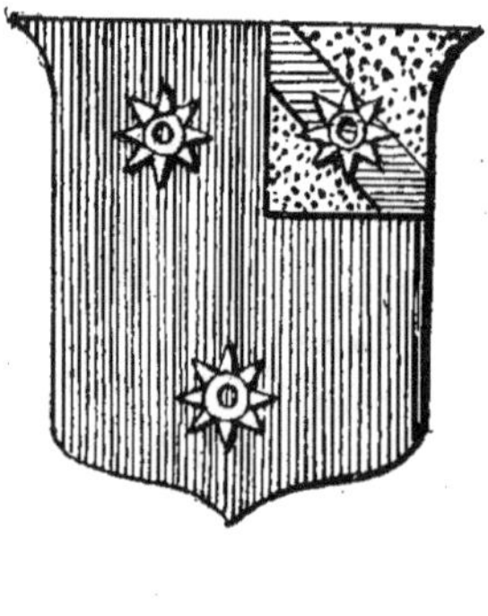

De gueules à 3 molettes d'argent posées 2 et 1, au franc quartier à Senestre d'or tranché d'une bande d'azur chargée de la 2e molette brochant sur la bande.

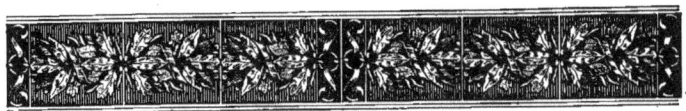

PREMIER DEGRÉ

10e AYEUL. *Jehan d'ARCLOIS ; Pérette de MONBOSC*

1360

La filiation de cette maison est établie depuis Jehan d'Arclais écuyer, seigneur de Monbosc du chef de Pérette de Monbosc son épouse ; Lequel rendit aveu d'un quart de fief de Chevalier en 1391.

Il fut nommé Pannetier du Roy Charles VIe au mois de mars 1402 et fut père de :

DEUXIÈME DEGRÉ

9e AYEUL. *Jehan d'ARCLAIS ; Martine Le BOURGUIGNON, sa femme.*

1410

Jehan d'Arclais, escuyer, seigneur de Monbosc qui dès l'an 1402 prouva qu'il étoit d'extraction noble et qu'il avoit ainsi que ses prédécesseurs servy le Roy dans ses guerres ; il fut employé en 1405 en qualité d'écuyer à la défense du pays de Cotentin. Il était en 1510 Gouverneur de la forteresse de Beuzeville au même pays et obtint en 1427 des lettres du Roy Charles VII par lesquelles ce Prince, en considération des services multipliés qu'il lui avoit rendus et pour le récompenser de la perte de ses biens dont les Angloix s'étoient emparés, le prit sous sa sauvegarde avec toute sa famille et lui permit de ne plus prendre part à la guerre.

Il eut entre autres enfans :

TROISIÈME DEGRÉ

8e AYEUL. *Nicolas d'ARCLAIS et Marguerite JULLIAN sa femme.*

1446

Nicollas d'Arclais escuyer, seigneur de Monbosc en 1446 lequel servoit en 1465 dans la compagnie du Bailly du Cotentin. Comparant en 1470 en équipage de guerre à la monstre des nobles destinés à la deffense de la Normandie et laissa de Margueritte Jullian son épouse.

QUATRIÈME DEGRÉ

7e AYEUL. *Jehan d'ARCLAIS ; Gillette POISSON sa femme*

1473

Jehan d'Arclais escuyer, Seigneur de Monbosc qui servoit avec son père dès l'an 1470 et épousa en 1473 Gilette Poisson de Crennes de laquelle il eut :

CINQUIÈME DEGRÉ

6e AYEUL. *Jehan d'ARCLAIS et Marguerite COSTART sa femme.*

1481

Jehan d'Arclais, escuyer, Seigneur de Monbosc marié en 1481 à Margueritte Costart de Cambes et qui mourut avant le 2 Janvier 1541, de cette alliance naquirent entre autres enfans, Jehan qui suit et Nicollas auteur de la branche des Seigneurs de Montamys dont la postérité sera rapportée après celle de son frère ainé.

SIXIÈME DEGRÉ

5e AYEUL. *Jehan DARCLAIS ; Jehanne de VAUVILLE sa femme.*

1539

Jehan d'Arclais escuier Seigneur de Monbosc épousa en 1539 Jehanne de Vauville, fille de Jehan Seigneur d'Orval et mourut avant l'an 1579, père de :

SEPTIÈME DEGRÉ

4e AYEUL. *Nicolas d'ARCLAIS ; Florimonde de Ste-MARIE sa femme*

1569

Nicollas d'Arclais seigneur de Monbosc marié en 1560 à damoiselle Florimonde de Ste-Marie dont il eut :

HUITIÈME DEGRÉ

TRYSAYEUL. *Jehan d'ARCLAIS ; Catherine de VERNEY sa femme.*

1608

Jehan d'Arclais, escuyer, seigneur de Monbosc etc.... qui rendit aveu d'un fief de chevalier en 1592 ; servit en qualité d'homme d'armes au siège d'Amiens formé par le Roy Henry IV en 1597 et estoit en 1615 dans le régiment d'Infanterie de Mgr de Matignon ; de son mariage avec Catherine de Verney de la Rivière, naquirent Jacques qui suit et Jean d'Arclais employé en 1628 dans l'armée de Monsieur le Duc de Montmorenci en Languedoc et dont on ignore la destinée.

NEUVIÈME DEGRÉ

BISAYEUL. *Jacques d'ARCLAIS ; Jacqueline de la BROISE sa femme.*

1643

Jacques d'Arclais, escuyer, seigneur de Monbosc, etc..., servit le Roy Loüis XIII, tant contre les protestants que contre les Espagnols et espousa en 1643, Jacqueline de la Broisse, dont il eut entre autres enfans :

DIXIÈME DEGRÉ

AYEUL. *Claude d'ARCLAIS ; Marie LE VAILLANT sa femme.*

1680

Claude d'Arclais escuyer, Seigneur de Monbosc qui servit dans l'arrière ban de Normandie en 1696 et laissa de Marie Le Vaillant qu'il avoit épousée dès l'an 1680.

ONZIÈME DEGRÉ

PÈRE et MÈRE : *Henry d'ARCLAIS ; Marie-Louise LAMBERT sa femme.*

1722

Henry d'Arclais, escuyer, seigneur de Monbosc etc... marié en 1722 à Marie-Louise Lambert et qui mourut en 1745. De cette alliance naquirent :

DOUZIÈME DEGRÉ

Jean-Louis d'ARCLAIS ; demoiselle Néel du BUC

1756

Jean-Louis d'Arclais, chevalier, seigneur de Monbosc etc... qui épousa en 1756 damoiselle Néel du Buc et Mlle d'Arclais de Monbosc mariée en 1753 à Jacques Philippe de Croisilles.

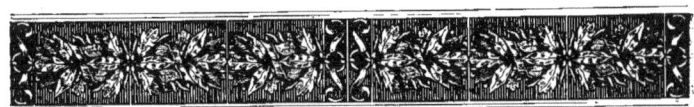

Seigneurs de Montamys

SIXIÈME DEGRÉ

5e AYEUL. *Nicollas d'ARCLAIS, Péronne de BANVILLE sa femme*

1531

Nicolas d'Arclais, écuyer, Seigneur de Montamys, 2e fils de Jehan seigneur de Monbosc et de Marguerite Costart, rendit hommage au Roy de la terre de Montamys en 1531 et 1575 et laissa de Péronne de Banville son épouse :

SEPTIÈME DEGRÉ

4e AYEUL. *Barnabé d'ARCLAIS ; Madeleine BELLIER sa femme.*

1580

Barnabé d'Arclais, escuyer, Seigneur de Montamys, lequel suivit le Roy Henry IV dans ses guerres contre la ligue, jusqu'à sa mort arrivée en l'an 1598. De son mariage avec Magdeleine Bellier naquit :

HUITIÈME DEGRÉ

3e AYEUL. *Michel d'ARCLAIS ; Françoise PIGACHE sa femme.*

1600

Michel d'Arclais escuyer, seigneur de Montamis etc.... Lequel commença de porter les armes au siège d'Amiens en 1597 ; passa dans la

Compagnie des gensdarmes de M. le Comte de Soissons en 1616 et comparut en 1636 au rendez-vous général de la noblesse en Normandie.

Il avait pris alliance avec Françoise Pigache fille de Jehan du nom seigneur de Lambreville. Dont il eut :

NEUVIÈME DEGRÉ

BISAYEUL. *Jean d'ARCLAIS ; Marie Le COUSTELLIER de BEAUMONT sa femme.*

1669

Jean d'Arclais, escuyer, seigneur de Montamys etc... qui fit hommage au Roy de cette terre de Montamys en 1667, Il épousa en 1669 Marie Le Coustellier de Beaumont dont il eut entre autres enfans :

DIXIÈME DEGRÉ

AYEUL. *Jean-Joseph d'ARCLAIS ; Marie Françoise GUILLARD sa femme.*

1708

Jean d'Arclais, escuyer, seigneur de Montamys etc... qui comparut à l'arrière ban en 1702 et étoit en 1703 du nombre des gentilshommes commandés pour servir sur les côtes de la Hogue.

De son mariage avec Marie-Françoise Guillard de la Madelaine sont nés entre autres enfans :

ONZIÈME DEGRÉ

1° Didier-François d'Arclais seigneur de Montamys, premier maître d'Hotel de Son Altesse Sérénissime Mgr le Duc d'Orléans ; reçu chevalier de l'Ordre de Saint-Lazare en 1762 ; il mourut en 1765 après avoir servi dans les deux dernières guerres en qualité d'Ayde de camp de ce Prince.

Produisant : Nicollas-Joseph d'Arclais, *comte* d'Arclais de Montamys.

2° Nicollas-Joseph d'Arclais Seigneur de Montamys, etc... Chevalier de l'Ordre de St-Loüis, ancien major du régiment de Chartres-Cavalerie, lequel a obtenu en 1769, l'érection en Comté, de la terre de Montamys sous la dénomination d'Arclays de Montamas.

Il y a des enfants de son mariage fait en 1759 avec Mademoiselle de Chal.

DOUXIÈME DEGRÉ

Ces enfants sont :

Louis-Philippe d'Arclais, né le 6 mai 1764 + S. P. en 1817.

Marie-Joseph d'Arclais, né le 9 octobre 1769 + S. P. en 1816.

Marie-Louise d'Arclais, née le 18 octobre 1760 qui épouse Pierre de Savignac des Roches en 1777. +° le 15 mai 1833 P.

Madeleine d'Arclais, née le 28 Juin 1762 qui épouse Jean Auguste Le Pelletier de Molandé en 1791. +° le 19 août 1814 P.

Comme on le voit par ce tableau les deux filles seules ont eu postérité.

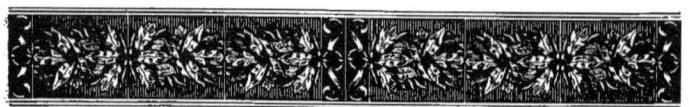

Relevé des Services [1]

DÉTAIL DES SERVICES

de DARCLAIS *Charles-François, né le 27 Décembre 1709,*
à Bretteville-l'Orgueilleuse, en Normandie,

(1770)

Lieutenant au bataillon des milices de Sebbeville de la généralité de Caën	le	15 avril	1734.
Passé au régiment de Sebbeville	le	25 août	1734.
Réformé	en		1736.
Lieutenant au régiment de Chepy (cavalerie), (Régiment de Bellefonds et Chartres)	le	8 janvier	1743.
Retiré avec pension	le	2 mars	1762.

Campagnes :

1743 et 1744,	Rhin.
1745, 1746, 1747, 1748,	Flandre.
1757, 1758, 1759, 1760, 1761,	Allemagne.

Ancien régime.

---

(1) Archives administratives du ministère de la guerre. — Extrait des registres matricules et documents y déposés.

Commission donnée à Nicolas-Joseph Comte de Montamys pour recevoir le Sieur de Trinquerre chevalier de St-Louis

(16 Novembre 1771)

Mons. le Comte DE MONTAMYS, La satisfaction que j'ay des services du Sr de Trinquerre, major en 2e du Battaillon....... ....
....
m'ayant convié à l'associer à l'Ordre militaire de St-Louis. Je vous ay choisi et commis pour en mon nom le recevoir et admettre à la dignité de Chevalier dudit Ordre et je vous écris cette lettre pour vous dire que mon intention est que conformément à l'instruction ci-jointe, vous ayez à procéder à sa réception. Et la présente n'estant pour autre fin, Je prie Dieu qu'il vous ait Mons. DE MONTAMY en sa sainte garde. Ecrit à Fontainebleau le 16 novembre 1771.

Louis

de Boynes

Honneurs de la Cour [1]

(1772)

Nicolas-Joseph Comte d'Arclais de Montamys a été admis, ainsi que sa femme, noble dame Marie-Jeanne de Chal aux honneurs de la Cour.

Cette distinction, qui fut aussi accordée à leur fils, Louis-Philippe, était la consécration de leur situation sociale et de leur dévouement à leurs Princes.

Les lettres suivantes ont été écrites à propos de ces diverses présentations.

LETTRES DU DUC DE FLEURY [1]

à Versailles ce 31 Janvier 1772.

Le Roy trouve bon, Monsieur, que Madame la Comtesse de Montamy ait l'honneur de lui être présentée. Je vous prie de vouloir bien me mander le temps où vous désirez que sa présentation soit faite, afin que je puisse prendre le jour de sa Majesté, J'ai l'honneur d'être avec un très parfait attachement Monsieur, votre très humble et très obéissant serviteur.

Signé : Le duc de Fleury.

à Versailles, le 11 fév. 1772.

Je viens, Monsieur, en conséquence des Ordres du Roy d'écrire à M. de Beaujon pour qu'il m'envoie votre généalogie ; dès qu'il me l'aura

---

(1) Les deux premières lettres s'adressent à Nicolas-Joseph et à sa femme Marie-Jeanne de Chal.

Les deux suivantes concernent leur fils Louis-Philippe d'Arclais alors âgé de 19 ans.

adressée, j'aurai l'honneur de la remettre à Sa Majesté et de vous faire part de ses intentions. J'ay l'honneur d'être avec un très sincère attachement, Monsieur, votre très humble et très obéissant serviteur.

LETTRES DU DUC DE COIGNY

De Lhotel de Coigny. A Madame la Comtesse DE MONTAMY, *en son hotel, près Saint-Sulpice, rüe Féron, n° 16, à Paris le 16 avril 1783.*

Je prends avec grand plaisir, les ordres du Roy, sur le désir qu'à M. le Comte D'ARCLAIS de pouvoir monter dans ses carosses, dès que Sa Majesté l'aura agréé jaurez *(sic)* l'honneur de lui faire pars *(sic)* du jour où je pourrez *(sic)* luy procurer des chevaux pour faire son début. J'ay l'honneur d'être avec respects, Madame, votre très humble et très obéissant serviteur.

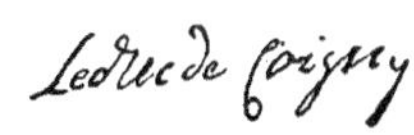

A M. le Comte DE MONTAMYS, *24 avril 1783.*

Le Duc DE COIGNY a l'honneur de prévenir Monsieur le Comte D'ARCLAIS que le Roy chasse le chevreuil lundy prochain et qu'il luy donnera des chevaux avec grand plaisir pour faire son début à cette chasse.

à Paris, le 24 avril au soir, 1783.

LETTRES DU COMTE DE TIMBRUNE

GOUVERNEUR DE L'ECOLE MILITAIRE [1]

(3 Mai 1780)

A Madame la Comtesse DE MONTAMY,
à Versailles le 3 mai 1780.

Monsieur votre fils, Madame, se trouvant compris au nombre des aspirants qui à la suite du dernier examen ont été admis garde de la marine, j'autorise le commandant de la compagnie de Rochefort à le comprendre au nombre de ceux qu'il a ordre de faire passer à Brest et je préviens celui de ce département que Mr votre fils doit être destiné avec M. DU CHAFFAULT qui le désire, je suis très aise de me trouver à même de seconder vos vues et je suis avec respect, Madame, votre très humble et très obéissant serviteur.

Signé : *Illisible.*

A Madame la Comtesse DE MONTAMY.

(2 Juin 1780)

Je n'ay pas encore reçu, Madame, les lettres de sous-lieutenant de Mr votre fils, mais je compte aller à Versailles demain et je les demanderai à Mr de St-Pont. S'il arrivait qu'elles ne fussent pas expédiées, je recommanderais qu'elles le soient le plus tôt possible et j'aurai l'honneur de vous les faire passer dès qu'elles m'auront été adressées. Au surplus, Madame, vous pouvez être assurée que le retard de l'expédition de ces lettres ne peut porter aucun préjudice à Mr votre fils, et qu'elles seront sûrement dattées du jour où il a eu ses 16 ans révolus. Je vous fait mon compliment bien sincère sur sa promotion future au grade de garde-marine et j'espère avoir à vous féliciter bientôt de son passage à celui d'enseigne.

Signé : TIMBRUNE.

---

(1) Dans ces deux lettres il est question de Louis-Philippe D'ARCLAIS fils aîné de Nicolas-Joseph Comte D'ARCLAIS DE MONTAMY et de Marie-Jeanne DE CHAL sa femme.

LETTRES DE MONSIEUR DE TIMBRUNE [1]

(9 Juin 1780)

Je reçois dans l'instant Madame, l'ordre de Sous-lieutenant d'Infanterie expédié à Mr votre fils et j'ai l'honneur de vous l'adresser ci-joint comme je m'y suis engagé.

J'ai l'honneur d'être avec des sentiments respectueux, Madame, votre très humble et très obéissant serviteur.

TIMBRUNE.

A Madame la Csse DE MONTAMY en son hotel, rüe Féron, no 16.

(23 Février 1785)

J'ai l'honneur, Madame la Comtesse, de vous remettre ci-joint le brevet qui accorde à Mr votre fils une soulieutenance de remplacement dans le régiment de Chartres-Dragons. Cette pièce qui ne peut être entre meilleures mains que les vôtres, vous mettra en état de répondre aux questions qui vous sont faites. J'ai l'honneur d'être avec des sentiments respectueux, Madame, votre très humble et obéissant serviteur.

TIMBRUNE.

Veuillez bien, Madame la Comtesse, que Monsieur DE MONTAMY trouve ici mille sincères compliments de ma part.

A Madame la Comtesse DE MONTAMY.

---

(1) Le fils dont il est question dans ces lettres est Marie-Joseph 2e fils de Nicolas-Joseph Comte D'ARCLAIS DE MONTAMYS et de Marie-Jeanne DE CHAL, frère puiné de Louis-Philippe.

Acte de mariage de Pierre de Savignac des Roches avec damoiselle Marie-Louise d'Arclais de Montamys [1]

(*14 Mai 1777*)

L'an mil sept cent soixante dix sept le 14 mai, après la publication d'un ban annoncé pour première et dernière publication du futur mariage entre messire Pierre DE SAVIGNAC, escuyer, Seigneur de la Seigneurie des Roches et du Vieux-Fourneau, ancien mousquetaire de la garde du Roi, fils majeur de Pierre DE SAVIGNAC, écuyer, Seigneur des Roches et de déffuncte damoiselle Marie PIET haute et puissante dame, ses père et mère, de la paroisse de Saint-André de la ville de Niort au diocèze de Poictiers et damoiselle Marie-Louise D'ARCLAIS DE MONTAMYS fille mineure de haut et puissant seigneur Nicolas-Joseph D'ARCLAIS chevalier de l'Ordre Royal et militaire de Saint Loüis et de Marie-Jeanne DE CHAL de la paroisse de Saint-Sulpice de Paris, de droit et de fait au prône de la messe paroissiale tant dans cette église que dans celle de Saint-Sulpice de Paris et celle de Saint-André de Niort, savoir celle-ci le dimanche 27 avril dernier, en la paroisse de Saint-Sulpice, l'onze du présent mois et enfin en celle de Saint-André de la ville de Niort sans qu'il se soit trouvé aucune opposition ni empeschement quelconque ainsi qu'il ma paru par certificat du sieur Jean-Joseph-Fridis DE TERSAC curé de Saint-Sulpice, signé DE TERSAC curé de Saint-Sulpice et par lettre du Seigneur evesque de Poictiers.

---

(1) Extrait des registres de la paroisse de Saint-Nicolas de Maule.

Monseigneur l'Evêque de Chartres, ayant dispensé des deux autres bans comme il parait par l'acte de dispense du cinq présent, signé de la Rüe vicaire général, insinué et controllé au greffe des insinuations ecclésiastiques, le même jour signé Sibour avec paraphe.

M. Le Corgne vicaire général de Monseigneur l'Archevêque de Paris ayant aussi dispensé des deux autres bans comme il paraît par l'acte de dispense du 2 du présent mois, signé : Le Corgne vicaire général, et contresigné Drovard avec paraphe et insinué au greffe des insinuations ecclésiastiques le même jour, signé Chaume avec paraphe.

Le Sieur Rabereul vicaire général du Seigneur Evesque de Poictiers ayant en fin dispensé des deux autres bans le 22 du mois dernier, ainsi signé : Rabereul, et insinué au greffe des insinuations ecclésiastiques le même jour et signé avec paraphe.

Je soussigné Marie-Louis-François d'Arclais de Montamy ancien curé de Condé-sur-Noireau et Montamis en présence et du consentement du sieur curé de Maule Garville St-Nicolas qui en vertu d'un premier pouvoir qui lui a été donné de procéder à la célébration du susdit futur mariage par le susdit sieur de Tersac propre curé desdites parties, signé de Tersac. Lequel pouvoir est resté en mains dud. sieur curé de Saint-Nicolas de Maule, ai dans la chapelle du Buat sous l'invocation de saint Joseph en ladite paroisse de Maule vu la permission de Monseigneur l'évêque de Chartres, à cet effet, procédé aux fiançailles après publication d'un ban suivant la dispense de M. le vicaire général et ai reçu en laditte chapelle le mutuel consentement de mariage des susdittes parties et leur ai donné la bénédiction nuptiale avec les cérémonies prescrites par la sainte Eglise, en présence et du consentement du Seigneur Nicolas-Joseph d'Arclais de Montamys père de l'épouse et Gabriel Piet du Plessis, ancien avocat en parlement, oncle maternel de l'épouse, demeurant à Paris, paroisse Saint-Séverin, de Messire Philibert de la Roche-Poncié abbé commandataire, vicaire général d'Aire, cousin germain de l'épouse, de Messire Jean-Claude-Eléonor de Trinquère et autres soussignés avec nous, de ce requis suivant l'ordonnance nous ont attesté ce que dessus, etc...

L'époux et l'épouse, ont signé :

SAVIGNAC DES ROCHES, DARCLAIS DE MONTAMYS, le Comte DARCLAIS DE MONTAMYS, PIET DU PLESSIS, l'abbé DE LA ROCHE-PONCIÉ, le baron DE TRINQUÈRE, GÉROULT, LE COUTEULX, DE CHAL, DARCLAIS, DARCLAIS DE MONTAMYS fils, baronne DE TRINQUÈRE, l'abbé DE MONTAMYS, MAURICE curé de Saint-Nicollas de Maule.

Archives administratives du ministère de la guerre.
Ancien régime

RÉGIMENT DE CONTY (*Cavalerie*)

M. le Prince de Conty demande six cents livres de pension (1) pour la retraite du Sr de Bretteville (2) capitaine aide-major de son régiment de cavalerie.

Cet officier fils d'un père qui a été à la teste du mesme régiment sert depuis plus de quarente (*sic*) ans, a eu plusieurs blessures et s'est toujours acquitté de ses employs avec distinction.

Signé : L. P. de Bourbon.

RELEVÉ DES SERVICES (3)

Extrait des registres matricules et documents déposés au ministère de la guerre.

Admis dans les chevau-légers de la garde ordinaire du Roy le 6 Juillet 1782.

Licencié avec la compagnie le 30 septembre 1787.

[Darclais de Monboscq].

(1) La pension d'un ayde-major qui a rang de capitaine est de 500 livres.

(2) Le sieur de Bretteville est Jean-Joseph-Michel d'Arclais, s[r] de Bretteville-l'Orgueilleuse fils ainé de Michel du nom et de dame de Cairon, Marie-Françoise.

(3) Darclais de Monboscq né le 22 aout 1766 demeurant au chateau de Monboscq, près Thorigny en Basse-Normandie.

Relevé des Services

BRETTETILLE D'ARCLAIS

Extrait des registres matricules et documents déposés aux archives du ministère de la guerre.

DÉTAIL DES SERVICES

Cornette au régiment de Villeroy cavalerie (régiment devenu Conti.)		21 septembre	1707
Lieutenant réformé		9 décembre	1714
Passé au régiment de Chepy (cavalerie),	le	18 mars	1720
Rentré au régiment de Villeroy	le	20 février	1722
Mis en pied	le	3 avril	1729
Lieutenant de la Cie mestre de camp	le	1er novembre	1739
Aide major	le	30 janvier	1741
Rang de capitaine	le	9 février	1742
Retiré avec pension	le	30 décembre	1746

Campagnes : 1707, 1708, 1709, 1710, 1711 et 1712, Flandres. — 1713, Rhin. — 1719, Espagne. — 1733, Lorraine. — 1734 et 1735, Rhin. — 1741, Westphalie. — 1742, Bohême. – 1743, Alsace. — 1744. Italie. — 1745, bas Rhin. — 1746, Flandres.

Blessures : a reçu plusieurs blessures dont un coup de boulet à la bataille de Malplaquet.

Décorations : Chevalier de St-Louis.

ANCIEN RÉGIME.

Certificat d'ancienne extraction

(22 Avril 1780)

Nous certifions et attestons à tous ceux qu'il appartiendra que Me Louis-Philippe d'Arclais, pensionnaire à l'Ecole Royale militaire, âgé de seize ans, fils de Messire Nicolas-Joseph d'Arclais, comte de Montamys, chevalier de l'ordre Royal et militaire de St-Louis, ancien major du régiment de Chartres-cavallerie et de Madame Marie-Jeanne de Chal son épouse, est gentilhomme de nom et d'armes et issu d'ancienne extraction noble au pays de Normandie, où ses ancêtres ont toujours occupé un rang distingué dans la haute noblesse, en foy de quoy nous avons signé ces présentes et scellé du sceau de nos armes. Donné à Paris le vingt deuxième jour du mois davril mil sept cents quatre vingts.

Honoré, Prince de Monaco.

du Bosc, Marq. de Radepont,
Capitaine aux Gardes Françaises.

Anne Louis Mis de Mathan,
Mareschal des camps et armées du Roy.

Le Comte de Tesson.

Vu par nous Gouverneur de la province de Normandie./.
Le Duc de Harcourt.

Nomination de garde du pavillon à Brest

(1er Juin 1782)

DE PAR LE ROY,

Sur la présentation faite à Sa Majesté par Monsr le Duc DE PENTHIÈVRE Amiral de France du Comte D'ARCLAIS DE MONTAMY — garde de la marine de la compagnie de Rochefort — pour servir dans celle des gardes du Pavillon amiral au détachement de Brest.

Elle l'a agréé et mande au capitaine et autres officiers de la ditte compagnie des gardes du pavillon amiral d'y recevoir ledit Comte D'ARCLAIS DE MONTAMY et à l'Intendant de la marine de l'employer en la dite qualité.

Fait à Versailles le 1er Juin 1782.

Louis

Timbre sec.

Castries

Enregistré au contrôle de la marine à Brest le 19 Juin 1782. MOLIMAUD.

Nomination d'Enseigne de Vaisseau

(30 Mai 1782)

L'IRIS

LOUIS-PHILIPPE DE RIGAUD
Marquis DE VAUDREUIL
Chef d'Escadre des Armées Navales
Commandeur de l'ordre royal et militaire de Saint-Loüis.
Commandant l'une des Escadres du Roy en 1782.

En conséquence de la demande de Monsieur DE TRAVERSAY, lieutenant de vaisseau, commandant la frégate l'*Iris*, Monsieur DE MONTAMYS garde de la marine armé sur ladite frégate, remplira les fonctions d'Enseigne de Vaisseau à compter du 1er Juin et y jouira de toutes les prérogatives attachées à ce grade.

A bord du Triomphant *le 30 mai 1782.*

Pour copie conforme :

LE CHEVALIER DE L'EGUILLE.

Déclaration du Généalogiste des Ordres du Roy [1]

(19 Septembre 1782)

Nous Généalogiste et historiographe des Ordres du Roy, certifions à Monseigneur le Duc d'AIGUILLON, pair de France, ministre d'Etat, chancelier, Commandeur des Ordres de Sa Majesté, Lieutenant de la Compagnie des chevaux-légers de sa garde, que Gabriel-Jean-Louis D'ARCLAIS DE MONBOSQ, né le vingt deuxième jour du mois d'août de l'année mil sept cent soixante six et ondoyé le même jour, lequel a reçu le 16 septembre suivant le supplément des cérémonies du baptême dans l'église paroissiale de St Pierre d'Orbois au diocèze de Bayeux est fils de Jean-Louis D'ARCLAIS, chevalier, Seigneur et patron honoraire de Monboscq et des Besaces et de Dame Marie-Pétronille NÉEL-DU-BUC ; petit-fils d'Henry D'ARCLAIS escuyer, Seigneur de Monboscq ; arrière petit-fils de Claude D'ARCLAIS escuyer, Seigneur de Monboscq, dont le père Jean D'ARCLAIS escuyer aussi seigneur de Monboscq fut compris au nombre des anciens Nobles de la Province de Normandie par Mre CHAMILLART, Intendant de la généralité de Caen lors de la Recherche de la noblesse faite en 1666 et années suivantes ; qu'il remonte les preuves de sa noblesse à Jean D'ARCLAIS escuyer son XIe ayeul qui donna le 28 mars 1391, l'aveu d'un quart de fief de Chevalier qu'il possédait en la paroisse de St Martin de la Besace, et qu'ainsi le présentéa la qualité requise pour être reçu chevau-léger de la Garde ordinaire de Sa Majesté. EN FOI de quoi nous avons signé le présent certificat. A Paris ce dix-neuvième jour du mois de septembre de l'an mil sept cent quatre vingt deux./.

Signé :, CHÉRIN.

---

(1) Archives du ministère de la guerre.

Lettres patentes du Roy données à Versailles au mois d'Août 1783

LOUIS PAR LA GRACE DE DIEU, ROI DE FRANCE ET DE NAVARRE ; à tous présent et à venir Salut. Nos chers et bien amés Nicolas-Joseph Comte D'ARCLAIS DE MONTAMYS, chevalier de notre ordre Royal et Militaire de Saint Louis et Marie-Jeanne DE CHAL son épouse NOUS ont fait exposer : qu'ils sont propriétaires des terres d'Arclais, de Montamys et de Montchauvet, qui composent trois paroisses et sont situées dans le ressort du bailliage de Vire en basse-Normandie : qu'il a été établi à Montchauvet un marché tous les jeudis de chaque semaine et trois foires par an, fixées, l'une au jour de St Mathurin, une autre le 8 septembre jour et fête de Notre-Dame et la troisième le 21 dudit mois de septembre, jour de St Mathieu, conformément à des lettres patentes du mois d'août 1616 portant en même temps érection de la terre de Montchauvet en Baronnie en faveur de Jean D'ANFERNET sieur de Monchauvet : que ces foires et marché étaient alors situés et fixés très avantageusement pour le public ; mais que les circonstances étant aujourd'hui changées, il en retirerait bien plus d'utilité s'il NOUS plaisait de les transférer à Montamys et de fixer le marché au lundi au lieu du jeudi de chaque semaine, la foire du jour de St Mathurin au lendemain de Quasimodo, celle du 8 septembre au 12 novembre et celle du 21 septembre au 22 du même mois de septembre ; Que la terre de Montamys est par sa dignité et par sa situation susceptible de l'espèce de consistence que lui donneroit la translation des foires et marché dont il s'agit ; qu'elle a été érigée en Comté sous le nom d'*Arclais de Montamys*, par lettres patentes du mois de Juillet 1769 ; qu'elle est située sur la grande route de Caen à Vire ; qu'il y a une poste établie ; que c'est un lieu de passage pour les troupes, et qu'enfin elle est éloignée de plus de trois lieues de tout établissement de foires et marché à l'exception du Beny qui n'en est éloigné que de deux lieues, mais dont le marché se tient le jeudi ; que de plus les exposants se proposent d'y faire construire une Halle et établir une place suffisante et en un mot d'y réunir toutes les commodités publiques, s'il Nous plait de leur accorder la translation qu'ils demandent. A CES CAUSES et autres à ce Nous mouvant de l'avis de notre Conseil et de notre grâce spéciale pleine puissance et autorité Royale, voulant traiter favorablement les exposans, Nous avons institué, établi et transféré et par ces présentes signées de notre main, instituons, établissons et transférons à Montamys les foires et marché institués à Monchauvet par lettres-patentes du mois d'août 1616 ; pour être dorénavant les dites Foires et Marché au dit lieu de Montamys : Savoir, le marché, le lundi de chaque semaine au lieu du jeudi ; et à l'égard desdites Foires la première le lendemain de la Quasimodo, la seconde le 22 septembre et la troisième le 12 novembre de chaque année. VOULONS au surplus que la présente translation ne puisse ni augmenter, ni altérer les exemptions, privilèges, franchises et autres droits qui peuvent être d'ailleurs attachés auxdites Foires et Marché, conformément auxdites lettres du mois d'Août 1616 ; et que les exposans soient tenus de se conformer exactement pour la perception des droits dans lesdites Foires et Marché à la déclaration du 12 mars 1752 et au tarif du 13 du même mois y annexé. SI DONNONS en mandement à nos amez et féaux-conseillers les gens tenant nos cours de parlement, Comptes, Aydes et finances de Normandie à Rouen ; Présidents, trésoriers de France et généraux de nos finances à Caen et à tous autres nos officiers et justiciers qu'il appartiendra, que ces présentes ils aient à faire registrer et du contenu en icelles jouir et user les exposans, leurs hoirs, successeurs et ayant cause, pleinement, paisiblement et perpétuellement, cessant et faisant cesser tous troubles et empeschemens et nonobstant clameur de haro, charte normande et lettres à ce contraires. CAR TEL EST NOTRE PLAISIR : Et à fin que ce soit chose ferme et stable à toujours NOUS avons fait mettre notre scel à ces dites présentes. DONNÉ à Versailles au mois d'août l'an de grâce 1783 et de notre règne le dixième.

Toutes ces lettres patentes ont été affichées et publiées comme il convenait et était prescrit, avant leur mise à exécution.

Par le Roi
Gravier de Vergennes

Brevet de Cadet-gentilhomme en faueur de Marie-Joseph d'Arclais (frère puisné de Louis-Philippe)

(13 Octobre 1783)

Monsieur le Marquis DE TIMBRUNE ayant donné à Marie-Joseph D'ARCLAIS DE MONTAMI, né le seize septembre 1768 une place de Cadet-gentilhomme dans la compagnie des Cadets-gentilshommes établïe en mon Ecole Roïale militaire. Je vous écris cette lettre pour vous dire que vous ayiez à le recevoir et faire reconnaître en cette qualité de tous ceux et ainsi qu'il appartiendra et la présente n'étant pour autre fin, je prie Dieu, qu'il vous ait, Mr le Mis DE TIMBRUNE en sa sainte garde. Ecrit à Fontainebleau le treize octobre 1783 /.

Louis

A Monsieur le Marquis DE TIMBRUNE, Inspecteur général de nos écoles militaires.

le Mis de Segur

Proposition en faveur de Marie-Joseph d'Arclais (1)

Remplacement.
Chartres-Dragons.

(26 Décembre 1784)

La promotion du Sr DESBROSSES à une sous-lieutenance en pied en faisant vaquer une de remplacement, Monseigneur le Duc DE CHARTRES propose pour le remplacer le Sr Marie-Joseph D'ARCLAIS DE MONTAMYS, né le 16 septembre 1769 à Montamys, diocèze de Bayeux suivant extrait baptistaire ci-joint.

Il est élève de l'Ecole Royale militaire.

Signé : L. P. J. d'ORLÉANS.

Il n'y a plus ni cadets-gentilshommes ni sous lieutenants à la suite de ce régiment.

(1) Archives administratives du Ministère de la guerre.

Extrait des Registres

de Baptêmes de Saint-Laurent de Thorigny contenant ce qui en suit :

Le 8 d'apvril 1710 a esté par moy prestre LE FEBVRE vicaire soussigné, baptisé un fils sorty du légitime mariage de Jean-Joseph D'ARCLAIS escuyer, Seigneur de Montami et dame Marie-Françoise GUILLARD de cette paroisse, lequel a été nommé Nicolas-Joseph par Louis DARCLAIS escuyer, seigneur de Beaupoisson et de Lesnault qui a nommé pour Didier-François DARCLAIS escuyer, son frère, assisté de damoiselle Marie-Anne DARCLAIS sa sœur, parrain et marraine, lesquels ont soubsigné.

Le présent délivré sur l'original par moi prestre curé de St-Laurent de Thorigny etc... Janvier 1787.

Signé : PIERRE JOUET.

Extrait des Registres

des Mariages de la paroisse de Saint-Benoist de Paris.

L'année 1759 le 21 février, après la publication d'un ban faite en cette paroisse et en celle de St-Eustache et ensuitte de St-Médard et la dispence des deux autres bans accordée par Monseigneur l'Archevêque de Paris signé REGNAULT, contresigné DE LA TOUCHE et insinué le même jour signé GERVAIS, vu la permission de M. le curé de Saint-Médard, vu pareillement la dispence de domicile accordée par Mgr l'Archevêque, ont été mariés et fiancés en même temps sellon la dispence dessusdite, Messire Nicolas-Joseph D'ARCLAIS, chevalier, seigneur et patron de Montamys, chevalier de l'ordre royal et militaire de St-Loüis, Capitaine au régiment de cavalerie de Chartres, major dud. régiment, filz majeur des deffuns Me Jean-Joseph D'ARCLAIS seigneur et patron dudit Montamys et de dame Marie-Françoise GUILLARD, demeurant au Palais-Royal, paroisse St-Eustache, et damoiselle Marie-Jeanne DE CHAL, fille mineure des deffuns Messire Philibert DE CHAL conseiller maistre ordinaire en la chambre des comptes de Paris et damoiselle Elisabeth-Antoinette MOUSSAYE, demeurant de fait au couvent de la Présentation, paroisse Saint-Médard et de droit en cette paroisse, etc......

Extrait du Registre

des Décès de la paroisse de Montamys.

Le mercredy 12 may 1790, par nous curé de Jurques soussigné a été inhumé dans le cimetière de la paroisse de Montamys, le corps de Messire Nicolas-Joseph, comte D'ARCLAIS DE MONTAMY seigneur et patron de laditte paroisse, ancien major du régiment de Chartres-cavalerie, chevalier de l'ordre royal et militaire de St-Loüis pensionnaire de Sa Majesté, décédé du dix de ce mois âgé d'environ quatre-vingts ans, muni des sacrements de l'église et en présence de MM. les curés d'Arclais et de Montamy témoins qui ont signé avec nous au présent ; signé MARTINE, curé de Montamy, Denis SOYERE, curé de Jurques.

Certificat de Services [1]

(1792)

Nous, Lieutenant-Colonel du régiment des Dragons de Chartres, certifions que M. le Chevalier DE MONTAMI, sous lieutenant audit régiment a fait la campagne dans la compagnie de Chartres et Penthièvre en qualité de maistre, dans l'armée et brigade des Princes et qu'il s'y est conduit avec honneur et distinction en foi de quoi le présent certificat lui a été délivré pour lui servir de passeport et de permission de s'absenter jusqu'à ce qu'il soit rappelé.

Fait à Veiller près du quartier général d'Arlon le 13 octobre 1792.

Signé : LAGOUDIE (*avec paraphe*).

Approuvé par nous mareschal de camp commandant l'escadron de Chartres.

Signé : Le Mis DE VERTEILLAC (*avec paraphe*).

(1) Archives administratives du ministère de la guerre.

Lettres de Chevalier de l'Ordre royal et militaire de Saint-Loüis, en faveur du Comte Louis-Philippe d'Arclais de Montamy, reçu à Edimbourg le 20 fév. 1796. Confirmé par Sa Majesté le 10 déc. 1814.

(10 Décembre 1814)

LOUIS PAR LA GRACE DE DIEU, ROI DE FRANCE ET DE NAVARRE, chef souverain, grand maître et fondateur de l'ordre militaire de St-Loüis, à tous ceux qui ces présentes verront Salut. Etant bien aise de donner au Sr DARCLAIS, Comte de Montamy, ancien officier de la marine, des marques de distinction en considération des services qu'il nous a rendus, avons cru que nous ne pouvions faire d'une manière plus honorable qu'en l'admettant au nombre des Chevaliers de l'ordre militaire de St-Loüis institué par l'édit du mois d'avril 1693. Etant bien informé des services cy-dessus et qu'il professe la religion catholique, apostolique et romaine. A CES CAUSES nous l'avons fait, constitué, ordonné et établi, faisons, constituons, ordonnons et établissons par ces présentes signées de notre main ledit Sr DARCLAIS Comte de Montamy Chevalier dudit ordre de Saint-Loüis, pour par lui, jouir dudit titre de Chevalier aux honneurs et prérogatives qui y sont attachées avec la faculté de tenir rang parmi les autres chevaliers dudit Ordre et de porter sur l'estomac une croix d'or émaillée suspendue à un petit ruban couleur de feu sur laquelle il y aura l'image de Saint-Loüis, à condition d'observer les statuts dudit Ordre sans y contrevenir directement ny indirectement et de se rendre à notre cour toutes et quantes fois nous le lui ordonnerons pour notre service et pour le bien et utilité dudit Ordre.

SI DONNONS EN MANDEMENT à tous grands Croix, Commandeurs et Chevaliers dudit Ordre militaire de Saint-Louis, de faire reconnaître le dit sieur D'ARCLAIS, Comte de Montamys, Chevalier dudit Ordre et tous ceux et ainsi qu'il appartiendra après toutefois qu'il aura prêté le serment requis et accoutumé. EN TÉMOIN DE QUOI nous avons signé de notre main cesdites présentes que nous avons fait contresigner par notre ministre Secrétaire d'Etat ayant le département de la Marine.

Donné à Paris le dixième jour de décembre l'an de grâce mil huit cent quatorze.

LOUIS.

PAR LE ROI, Chef souverain, Grand maître et fondateur de l'Ordre militaire de Saint-Louis.

Signé : Le Comte BEUGNOT.

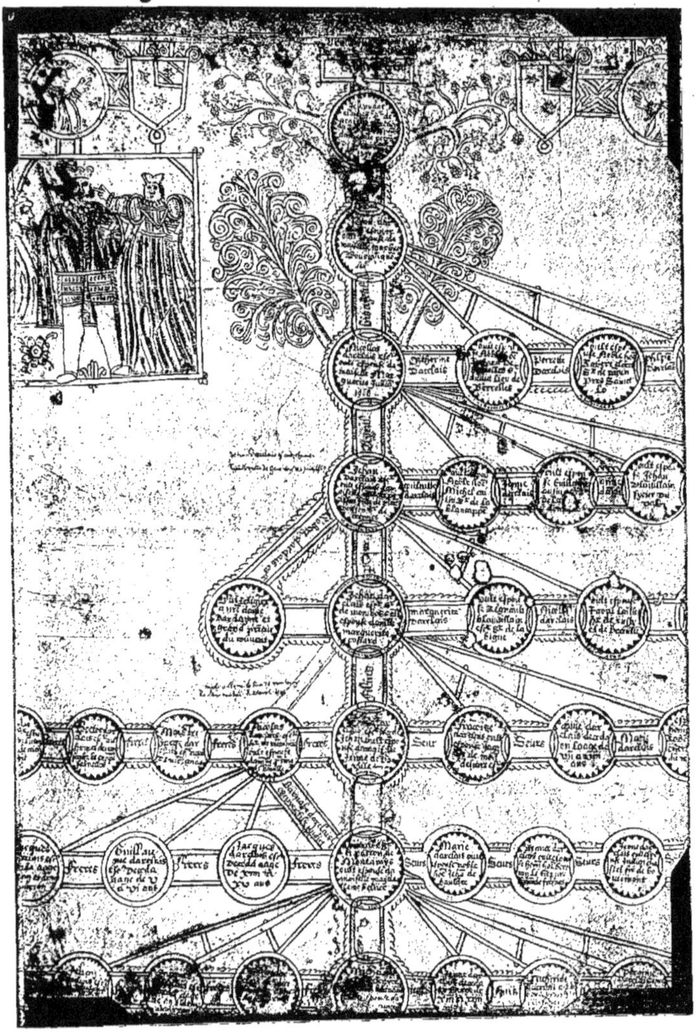

Note relative à la Maison d'Orléans

La famille d'ORLÉANS issue du Roy Louis XIIIe et de sa femme la Reyne Anne d'Autriche est celle à laquelle la Maison d'Arclais a été attachée par les liens des services et du dévouement.

La filiation cy-jointe permet de fixer les noms des Princes qui honorèrent les Darclais de leur amitié.

On voit par ce tableau que Didier Darclais Seigneur de Montamys fut d'abord « gentilhomme ordinaire » et ayde de camp, de Loüis, Duc d'Orléans, veuf à cette époque de la Princesse Augusta-Marie-Jeanne de Bade, qu'il avait épousée en 1724 et qui était morte en 1726 en lui laissant un fils.

Louis fils du Régent vécut 49 ans, il mourut en 1752.

Il passe presqu'inaperçu dans cette lignée des d'Orléans, en donnant pourtant l'exemple de toutes les vertus, de sorte que les qualités qui devraient servir à le distinguer et le faire remarquer, ne tendent qu'à l'effacer de l'histoire.

Son fils Louis-Philippe 1725-1785 fit « du Gentilhomme ordinaire » de son père, son premier maître d'hotel, d'abord en survivance, ensuite à titre définitif. En même temps il l'employait en toutes ses campagnes comme Ayde de Camp.

Cette charge de premier maitre d'hotel était des plus importantes du Palais-Royal et toujours remplie par les plus grands seigueurs et les personnages les plus considérables.

En 1750 le titulaire était un Amiral de France, le Sr Elysée LA BRUYÈRE DE COURT.

Sa vieillesse et ses infirmités ne lui permettant plus de s'acquitter de ses fonctions de manière complète et même suffisante, pour l'aider et aussi pour assurer la survivance de la dite charge par quelqu'un qui fut bien au courant de ses obligations le duc D'ORLÉANS pensa qu'il ne pouvait mieux faire que de donner à Didier D'ARCLAIS, des lettres de survivance datées et scellées du 16 mars 1752.

Le S[r] DE LA BRUYÈRE DE LA COURT, mourut peu après et le 22 d'aoust de la même année 1752, le Duc confirmait de nouveau et à titre définitif ; cette charge audit Didier DARCLAIS par de nouvelles lettres datées, scellées et signées suivant qu'il était nécessaire.

Dans ces dernières lettres, il est fait mention des premières et aussi de la qualité de « ... Gentilhomme ordinaire de feu, Monsieur le Duc D'ORLÉANS, mon très-honoré père... »

Plusieurs enfants de la Maison D'ARCLAIS et par suite de celle DE SAVIGNAC DES ROCHES furent nommés par des Princes et Princesses de la Maison D'ORLÉANS.

Ce sont :

1° Louis-Philippe D'ARCLAIS, filleul de S. A. S. Louis-Philippe D'ORLÉANS, et de S. A. S. Madame Princesse DE MONACO, le 6 Mai 1764.

2° Marie-Joseph D'ARCLAIS, filleul de S. A. S. le Duc DE CHARTRES, et de S. A. S. Madame la Duchesse DE CHARTRES, le 16 Septembre 1769.

3° Louis-Philippe-Joseph DE SAVIGNAC DES ROCHES, filleul de S. A. S. le Duc DE CHARTRES, et de S. A. S Madame la Duchesse DE CHARTRES, Louise-Marie-Adélaïde DE BOURBON-PENTHIÈVRE, sa femme, l'an 1779.

4° Louis-Philippe DE SAVIGNAC DES ROCHES, filleul des mêmes, l'an 1780.

Un certain nombre de membres de la Maison D'ARCLAIS servit le Roy dans les troupes de la Maison D'ORLÉANS, ce sont :

1° DIDIER qui fut ayde de camp de deux Princes de cette Maison, le père et le fils, ainsi qu'il vient d'être expliqué, plus haut.

2° NICOLAS-JOSEPH, frère DIDIER, qui fut major dans le régiment de Chartres-Cavalerie ;

3° MARIE-JOSEPH, fils Nicolas, lieutenant au même Régiment ;

4° JEAN-JOSEPH, fils de MICHEL, Sr de Bretteville-l'Orgueilleuse (1759), brigadier des Gardes du Corps du Roi, aide-major au même Régiment ;

5° CHARLES-FRANÇOIS, frère du précédent, lieutenant au même Régiment ;

6° JEAN-FRANÇOIS, tué au combat du Mein, le 27 Juin 1713, et autres.

Tous ces Officiers, Chevaliers de Saint-Loüis, ont fait de nombreuses campagnes, ainsi que ceux qui ont servi dans les Gardes du Corps du Roy. Plusieurs ont été blessés grièvement ou tués dans les batailles aûxquelles ils avaient pris part.

Filiation de la 4e Maison d'Orléans

	LOUIS XIIIe	ANNE D'AUTRICHE.
LOUIS XIV.	1640-1701, Philippe D'ORLÉANS,	esp. 1° Élisabeth D'ANGLETERRE, 1671. 2° Charlotte DE BAVIÈRE.
1674-1723.	PHILIPPE II *(le Régent)*,	esp. Françoise-Marie DE BOURBON, *dite* Mademoiselle DE BLOIS.
1703-1752.	Loüis D'ORLÉANS,	esp. Augusta-Marie-Jeanne DE BADE, 1724-26.
1725-1785.	Louis-Philippe D'ORLÉANS,	esp. Henriette DE BOURBON-CONTI.
1747-1793.	Louis-Philippe-Joseph D'ORLÉANS,	esp. Louise-Adélaïde DE BOURBON-PENTHIÈVRE.
1773-1850.	LOUIS-PHILIPPE, Roi des Français,	ép. Marie-Amélie DE BOURBON-SICILE.
1810-1842.	Ferdinand-Philippe D'ORLÉANS,	ép. Hélène DE MECKLEMBOURG-SCHWERIN
1838-1894.	Louis-Philippe-Albert Cte DE PARIS,	ép. Isabelle DE MONTPENSIER 1864.
1869.	PHILIPPE, de France, duc d'Orléans,	ép. Marie-Dorothée archiduchesse D'AUTRICHE 1896.

Monaco - Matignon

La Princesse de Monaco dont il vient d'être question, était la descendante de HONORÉ II GRIMALDI, qui en 1641 avait placé sa Principauté de Monaco sous le Protectorat de la France.

En 1715, c'est-à-dire près d'un siècle plus tard, la dernière GRIMALDI fille et héritière à défaut de mâle D'ANTOINE Ier Prince de Monaco, porta la Principauté par mariage à la Maison DES MATIGNON, seigneurs Comtes de Thorigny, dont étoit l'Illustre Maréchal DE MATIGNON, qui avait eu le gouvernement de la Normandie l'an 1559.

Le lieu de Montamys n'est pas éloigné de Thorigny, Monboscq est encore plus rapproché, il en était résulté des relations entre les deux Maisons, constatées par les certificats de service relatés cy-dessus et par autres pièces dont l'aveu du 4 octobre 1775 rendu au très haut, très puissant Seigneur Honoré-Camil-Léonord GRIMALDY, Prince de Monaco, etc. etc... par Nicolas-Joseph D'ARCLAIS Comte d'Arclais de Montamys.

Dans les dossiers concernant la Maison D'AUDETEAU nous trouvons un GOYON DE MATIGNON Louis-Jean-Baptiste fils de Charles-Auguste maréchal de France, comte de Gacé, né en 1682 et gouverneur de la Rochelle, en 1750. Il avait pour ayde de camp Jean-Louis BONAMY DE BELLEFONTAINE haut et puissant seigneur de la Rivoire, et comme secrétaire de ses commandements : son frère Jean-Baptiste.

S. A. S. le Prince DE MONACO, auquel des renseignements avaient été demandés par le C[t] D'AUDETEAU, au sujet des divers personnages de sa famille dont il est question dans ce dossier, a bien voulu charger Me LABAUD, Conservateur de ses Archives de répondre à cette demande.

Nous extrayons de sa lettre du 22 décembre 1910, les lignes suivantes qui déterminent de façon précise quel était le S[r] DE Matignon qui a signé les certificats des Services de Michel DARCLAYS, l'an 1645-1646, ainsi que la personnalité de la Princesse DE MONACO vivante en 1764, de même celle de HONORÉ III auquel aveu était rendu en 1775 par Nicolas-Joseph D'ARCLAIS Comte d'Arclais de Montamys. Enfin celle du Gouverneur de la Rochelle en 1750 dont Jean-Louis BONAMY DE BELLEFONTAINE était ayde de camp.

« ......Le S[r] DE MATIGNON, comte de Thorigny, Lieutenant général « du Roi en Normandie en 1635 et 1636, est Charles GOYON DE MATIGNON « (1564-1648) fils du Maréchal JACQUES. Il avait lui-même reçu le 8 mars « 1622 un brevet de retênue de Maréchal de France.

« Les armes de GOYON-MATIGNON sont : d'argent au lion de gueules « couronné d'or.

« La Princesse de Monaco en 1764 est Marie-Catherine DE BRIGNOLES-« SALES qui avait épousé le 15 Juin 1757 HONORÉ III Prince de Monaco.

« L'alliance GRIMALDI-MATIGNON eut lieu en 1715, par le mariage de « Louise-Hyppolyte, fille ainée et héritière d'ANTOINE Ier Prince de Monaco, « avec Jacques-François-Léonor DE MATIGNON, comte de Thorigny qui dût « prendre le nom de GRIMALDI.

« Le Prince HONORÉ III était issu de cette union.

« Je ne sais si vous savez que toutes les archives existantes des « MATIGNON Comtes de Thorigny sont aujourd'hui au Palais de Monaco. Il « y a même un petit dossier relatif à Monboscq mouvant de Thorigny.

« LE MATIGNON-GACÉ gouverneur de la Rochelle en 1750, est Loüis-« Jean-Baptiste GOYON DE MATIGNON, comte de Gacé fils de Charles-Auguste « Maréchal de France, né en 1682 gouverneur de la Rochelle en 1710. »

PALAIS DE MONACO

CABINET DU CONSERVATEUR DES ARCHIVES

Monaco, le 28 Décembre 1910.

MONSIEUR,

La liasse MONBOSCQ, contenue dans le carton 8, de la série L de nos archives, a trait uniquement à une affaire de garde noble, soulevée par HONORÉ III, prince de Monaco et comte de Thorigny, au décès de Jean-Louis D'ARCLAIS, seigneur de Montbosc et des Besaces, vers le 4 Juin 1779. Jean-Louis D'ARCLAIS avait pour femme Marie-Pétronille DE NÉEL et pour fils Gabriel-Jean-Louis.

Le Prince DE MONACO présenta une requête à la nouvelle haute Justice de son Comté, pour être envoyé en jouissance du fief de Monboscq, à titre de garde seigneuriale, jusqu'à ce que l'héritier du sieur D'ARCLAIS ait acquis l'âge prescrit par la coutume de Normandie pour le lui remettre (il n'avait alors que 13 ans).

A cette époque, Montbosc composé de deux corps de ferme d'un moulin et de plusieurs rentes seigneuriales, pouvait valoir de 6 à 7000 livres de revenu.

La dame DE MONTBOSCQ répondit à l'instance du Prince DE MONACO, son suzerain, en assemblant les parents de son fils; Elle se fit élire tutrice principale et partagea le fief en lots à douaire : Monboscq formait un lot et les rotures deux lots ; les derniers furent laissés au mineur tandis que le fief noble de Montboscq devenait le douaire de la veuve. De la sorte, la demande de garde noble devait être sans effet.

Il n'en fut pas jugé de même par le bailli de Thorigny qui, par sentence du 10 Juin 1782, renforcée le 27 février 1783, autorisa le Prince DE MONACO à entrer en possession du fief de Montboscq.

La dame D'ARCLAIS fit appel de ces jugements devant la grand' chambre du Parlement de Normandie qui rendait le 28 Mai 1786, un arrêt confirmatif des précédents en faveur des droits du Suzerain. Les parties vinrent à composition dans le courant de la même année.

Les frais de garde noble et arrérages dûs au Prince se montaient alors à 10.855^{fr} 12 s. 8^{d} dont, par grâce spéciale, la dame DE MONBOSCQ ne paya que 7.731 livres 14 s.

Il n'existe concernant MONBOCSQ et ses Seigneurs aucun autre titre plus ancien dans les archives du Palais, etc...

Signé : Pour l'Archiviste,

L'attaché, CLAVERY.

Dans les archives de la Maison D'ARCLAIS DE MONTAMYS se trouve une lettre de bénéfice d'âge en faveur de Gabriel-Jean-Louis D'ARCLAIS, le mineur, dont il est question dans les pièces rappellées par la lettre précédente, qui a pour but et objet de rendre au dit mineur la libre disposition et jouissance de son bien, en mettant un terme à la garde noble dont il avait été frappé. Ces lettres patentes sont datées du 1er mai 1784. Gabriel-Jean-Louis avait alors « près de 18 ans ».

D'après une généalogie dressée par LA CHESNAIE DES BOIS, il était né à Caen l'an 1766 et fut baptisé le 23 Août de cette année en l'église Saint-Estienne. Il fut chevau-léger de la garde ordinaire du Roi, et mourut sans postérité.

Les TOMBES des SEIGNEURS de MONTAMYS qui, ont été, suivant la coutume et même d'après les actes d'inhumation que nous connaissons, enterrés dans l'Eglise ou dans le cimetière qui l'environne, ont disparu.

Nous n'avons pas même retrouvé l'endroit où fut placé la sépulture de Nicolas-Joseph, décédé le 12 may 1790.

Il est probable que les pierres tombales furent détruites : celles de l'intérieur de l'Eglise, lors des divers remaniements et des reconstructions dont celle-ci a été l'objet, celles du cimetière, en particulier celle dudit Nicolas-Joseph, Comte d'Arclais de Montamys, pendant les troubles révolutionnaires et l'occupation du château par les gendarmes, ainsi qu'il a été expliqué plus haut.

Les deux seules pierres tombales existant actuellement sont du siècle dernier : des années 1817 et 1857.

Elles recouvrent les corps de Louis-Philippe, Comte d'Arclais de Montamys, fils de Nicolas-Joseph, et de Achille-Louis de Savignac de Montamy son légataire universel. Elles sont réunies dans une même grille avec la tombe de la 2e femme de ce dernier, damoiselle Serin de la Cordinière dont il n'eut pas d'enfant.

Peut-être la sépulture de Nicolas-Joseph est-elle sous celle de son fils Louis-Philippe ?. .

Nous l'ignorons et aucun indice ne permet d'être fixé sur ce point.

DES FREGATES

PRIEZ POUR LUI

GÉNÉALOGIE

DE LA

Maison D'ARCLAIS DE MONTAMYS

Jehan D'ARCLAIS I

Jehan II D'ARCLAIS, seigneur dudict lieu, gouverneur de Granville, pannetier du Roy Charles, ép. Perette de Monboscq l'an 1350.

Jehan III D'ARCLAIS, esc., seigneur de Monboscq oult, épouze damoiselle Martine Le Bourguignon. 1380.

Nicollas I DARCLAIS, seigneur de Monboscq. oult épouse Margueritte Jullian. 1408.

Catherine épouse N. H. Richard de Bérolles. 21 janvier 1431.

Pérette ép. N. H. Robert Clérel. s^r de St Rampan, près Saint-Lo le 3 juillet 1425.

Philippine oult, ép N. H. Estienne Le Roux, sieur de Parfourru. 1er avril 1434.

Jehan IV D'ARCLAIS, Sr de Grouchy et de Monbosc oult épouse : 1° Guillemette DE GOURNAY le 23 Juing 1469. 2° Damoiselle Gilette POISSON fille du s^r baron de Crennes, le 14 nov. 1473.

Guillemette oult ép. N H. Michel Autin, s^r de la Blancappière. 2 avril 1473.

Jenne oult, ép. Guillaume Autin, s^r de la Bourdonnière.

Anne oult ép. Jehan Blanvillain, Sr du Val.

Marie oult, ép...

Chardine, Jehan de Bonlieu, S^r dudit......... stentin S^t Lo.

Robert, g^d prieur du monastère d'Ardeynes.

Jehan V DARCLAIS, esc. oult épouse damoiselle Marguerite COSTARD, le 29 décembre 1491.

Marguerite oult, ép. Regnault Blanvillain, Sr de la Bigne.

Nicolle ép. Raoul Laillet, s^r de Cussy et de Bréville. 24 septembre 1500.

JEHAN VI, fils aîné de JEHAN V, continue la ligne DE MONBOSCQ, il a épousé demoiselle de Vauville d'Orval.

NICOLAS II, fils puisné, clame à droit lignager la terre de Montamys. Il devient ainsi l'auteur de la dite Branche.

Loïs, esc. estudiant en droit cyvil à l'Université de Caën.

Hector Darclais, esc. au service du Roy sous le capitaine de Salenelle.

Maistre Jacques d'Arclais, esc., curé de Montamys.

NICOLAS II d'Arclais, esc., Sr de Montamys, oult épouse damoiselle Péronne DE BANVILLE. 15 février 1531.

Françoise oult, ép. Jacques de Mondehare esc. le 24 sept 1519.

Anne décéda à l'aage de VII à VIII ans.

Marie ép. n. h. Robert Le Chevrier, s^r du Mesnil.

Jacques + aagé de ...

Guillaume + aagé de V à VI ans ...

Jacques + aagé de XIIII à XV ans ...

BARNABÉ, seigneur et patron de Montamys oult, épouse damoiselle Magde- ...

Marie oult, ép. N. h. Jehan de ...

Regnée oult, ép. N. h. Robert Le ...

Jenne oult, ép. N. h. Julien ...

Christine oult, ép N. h. Rogier Le ...

Jehan.	Jacques + aagé un an et demi viron.	Estienne + aagé d'un an ou viron.	MICHEL, seigneur de Montamis épouse damoiselle Françoise PIGACHE. 22 Novembre 1626.	Jenne aagée de XII à XIII ans décéda.		Caterinne esp. N. h. Bon Le Métais, sr de la Londe, 8 Aoust 1602.	Peronne oult, ép. Morant, sieur d'Espinay.		Regnée religieuse au couvent de mor.....
Jacques et Anthoine, morts enfants.	Jehan esc. fils, Michel, sieur et patron de Monthamys, de St-Cellerin et du Boscpoisson.	Charles aagé de 15 ans + étudiant à Caen, inhumé dans la chap. des Cordeliers.	JEHAN VI, seigneur de Montamis, épouse noble dame Marie LE COUSTELLIER DE BEAUMONT, le 2 décembre 1669.	Elisabeth esp. Jacques de la Court, esc sr de Grainville et de Torigny le 5 Juin 1650.	Isabeau +e à 12 ans	Jacqueline abbesse de St Michel du Bosc.	Magdelaine oult, épouse Guille du Guay, sr de Fresneville. 22 Janvier 1669.	Françoise, relig. de St-Michel du Bosc	Anne oult ép. Lanfran de Percy le 2 oct 1675.
Louis, prestre, curé de Cheux, 1729.	Michel, sr de Bretteville-l'Orgueilleuse ép. Marie-Françoise de Cairon de Saint Vigor. P	Jean-François, ép. Marie-Anne Charlotte de Sarcilly d'Ernes 28 fév. 1713.	JEHAN-JOSEPH, seigneur et patron de Montamys, ép. damoiselle Marie-Françoise GUILLARD, le 21 décembre 1701 il étoit né le 26 juillet 1673, + le 22 janvier 1729.	Anne fille ainée dudit.		Françoise segonde fille dud. religieuse aux Ursulines de Vire.	Angélique 3e fille décédée le 30 fév. 1698 aagée de 20 ans.		
Nicolas-Joseph, cheval' de Montamys, cheval' de Saint-Louis, comte d'Arclais de Montamys, major au rég. de Chartres, ép Marie - Jeanne de Chal, 21 fév. 1759.	Louis - François, prêtre, curé de Condé 1751 et de Montamis. + le 18 mai 1779 a reconstruit l'église de Montamis en partie, a reçu en déc. 1768 une bulle du Pape Clément XIII lui attribuant un bénéfice.	Jean-François 2e fils, garde du corps du Roy Louis XV, tué au combat du Mein augé de 34 ans, 14 ans de services, le 27 juin 1743.	DIDIER François, gentilhomme ordinaire de Mgr le Duc d'Orléans, son 1er maistre d'hostel, chevalier de Saint-Lazare et de Saint-Louis, aide de camp du dit Prince + S. P. au palais royal à Paris en mars 1765, inhumé à St-Eustache.	Marie - Anne ép. Levesque, avocat au bailliage de Mortain.		Marie - Elisabeth relligieuse à l abbaye de Caen.	Marie, épouse... Ponche, sr des Moulins escuier major de caval., chevalier de St Loüis, ayde de camp du mareschal de Coigny.		Magdelaine ép de Marguerie, sr d'Ifs et de Bretteville sur Laize chevalier, 1er oct. 1746.
	Marie - Joseph, esc., filleul du duc de Chartres et de la Duchesse, chevalier de Malthe de minorité Lieut' de Dragons-Chartres. S. P., né oct. 1769. + à Paris en 1816.	Didier fils aîné de Nicolas-Joseph, né à Vassy le 16 déc. 1759. + jeune s. alliance.	LOUIS-PHILIPPE, segond fils de Nicolas-Joseph, officier de marine, filleul du Duc d'Orléans et de la Princesse de Monaco n'ayant pas eu d'enfants prit pour héritier son neveu Achille de Savignac, fils de Pierre du nom et de sa sœur Aimée-Marie-Louise. Il mourut le vendredi 11 Juillet 1817. SP. Né le 6 Novembre 1764.	Marie-Louise fille aînée de Nicolas Joseph, née le 18 déc. 1760, épouse le 14 mars 1777 Ne He Pierre de Savignac des Roches, mousquetaire noir du Roi, chevalier de Saint-Loüis, cap. de cavalerie. Lieutenant des Mareschaux de France. +e le 15 mai 1833 postérité.		Magdeleine - Marie - Françoise 2e fille de Nicolas-Joseph, née le 28 juin 1762, épouse le 22 janvier 1791 Ne He Jean-Auguste le Pelletier de Molandé offic. de marine. +e 19 août 1814. postérité.			

ORDRE DE PROGÉNITURE :

Didier, 16 Décembre 1759. — *Marie-Louise*, 18 Décembre 1760. — *Magdeleine-Marie*, 28 Juin 1762. *Louis-Philippe*, 6 Mars 1764. — *Marie-Joseph*, 9 Octobre 1769.

Alliances & Descendances

DE LA

Maison D'ARCLAYS

Les pièces suivantes se rapportent à des familles qui ont pris alliance avec la Maison d'Arclays depuis l'an 1350 que Jehan d'Arclays épousa noble damoiselle Perette de Monboscq, fille du seigneur dudit lieu.

Ce mariage apporta dans la Maison d'Arclays ladite seigneurie, dont hérita la branche aînée.

Elle continua de posséder cette terre jusqu'à la fin du xviiie siècle.

C'est aussi par un mariage que le domaine de Montamys (qui appartenait de toute ancienneté, à la maison des Poisson, seigneurs et barons de Crennes), vint à la Maison d'Arclays, et fut depuis lors, l'apanage de la branche cadette de cette famille.

Pour les alliances relevées avant l'an 1800, nous avons chaque fois que cela nous a été possible, ajouté à la mention du mariage, les contrats, enseignements, pièces, titres et documents qui établissent la qualité des Maisons alliées, avec les origines d'où elles sortent et les circonstances où la production desdites pièces a été faite.

A partir du xixe siècle nous nous contenterons du tableau généalogique et de consanguinité qui se trouve à la fin de l'ouvrage.

Il établit sommairement, mais avec précision, la filiation des descendants des deux filles de Nicolas-Joseph Comte d'Arclais de Montamys :

1° Marie-Louise dame DE SAVIGNAC DES ROCHES, mariée le 14 may 1777.

2° Marie-Magdeleine-Françoise dame LE PELLETIER DE MOLANDE, mariée le 22 Janvier 1791.

Si leurs frères restèrent et moururent sans postérité. Elles eurent du moins de leur côté une nombreuse descendance, dont beaucoup de rejetons vivent encore.

C'est à la sortie de la Révolution que la Maison DARCLAIS prit fin en la personne de Louis-Philippe D'ARCLAIS, comte D'ARCLAIS DE MONTAMYS, décédé sans postérité le 11 Juillet 1817 au château de Montamys près duquel il a été inhumé ainsi que nous l'avons déjà vu.

Darclays, S^gr de Monboscq

S'ARME
De gueules au franc quartier à Senestre de Sable tranché d'une bande d'azur et 3 molettes d'argent posées 2 et 1. La seconde du chef brochant sur la dite bande.

Vivants l'an 1360. *Election de Bayeux.*

Jehan Darclays ou Darclès ou Darclaez, seigneur de Monboscq, épouse l'an 1360, Perrette de Monboscq, fille du seigneur dudict lieu de Monboscq et de Saint-Martin-des-Besaces, en basse Normandie.

La Seigneurie d'Arclès existait dès avant le règne de Guillaume Le Bastard et Conquérant, Duc l'an 1066, et la Maison d'Arclais, dont la noblesse est si ancienne qu'il n'est mémoire du contraire, tire son nom de cette terre et seigneurie, située entre celles de Monchauvet et Montamys.

Il est question de la terre d'Arclais dans une donation faite par ledit Guillaume à son frère Odon, évêque de Bayeux de la « baronnerie » du Plessis dont était et dépendait ladite seigneurie dudict Arclais.

De ce Jehan et de sa femme Perrette, sont sorties toutes les branches de la Maison d'Arclais qui sont au nombre de quatre, savoir :

L'aisnée qui est de Monboscq,
La puisnée qui est de Montamys,

puis les rameaux de Beaupigny et de Bretteville-l'Orgueilleuse qui furent de courte durée.

On voit par les variantes d'écriture du nom, combien les anciens attachaient peu d'importance à la régularité de cette écriture. Le nom s'écrivait soit en un seul mot soit en deux mots : Darclés, Darclez, d'Arclaez, Darclais, d'Arclais, etc., etc., etc.

Jehan d'Arclais fut nommé pannetier du Roy, Charles VIe, au mois de Mars 1402.

Cependant, il paraît plus probable en raison du laps de temps qui sépare les deux dates (1360 mariage) et 1402 (nomination de pannetier) qu'il s'agit là de deux personnages et non d'un seul, probablement le père et le fils.

Le Bourguignon

S'ARME
D'Azur
à trois
bourguignottes
d'argent
2 et 1.

Vivants l'an 1400. *Election de Bayeux.*

Jehan D'ARCLAIS, fils de Jehan du nom, seigneur de Monboscq, et de Pérette DE MONBOSCQ épousa, vers l'an 1400, damoiselle Martine LE BOURGUIGNON, fille de noble homme LE BOURGUIGNON, d'ancienne extraction.

Jehan D'ARCLAIS fit preuve dès cette même époque de son ancienne noblesse. Il fut en 1440, gouverneur pour le Roy de la forteresse de Beuzeville. L'an 1427, le Roy Charles VII l'avait pris sous sa sauvegarde en raison de ses services et souffrances de guerre, lui et sa famille.

Clerel, S[gr] de Saint-Rampen

S'ARME
D'argent
à la fasce de sable
accompagnée en chef
de 3 merlettes rangées
de mesme et en pointe
de 3 tourteaux d'azur.

Vivants l'an 1425.

Élection de Valognes
maintenu en 1666.

Perette D'ARCLAIS, fille puinée de Jehan D'ARCLAIS seigneur de Monboscq, et de damoiselle LE BOURGUIGNON, épouse noble homme Robert CLÉREL, seigneur de Saint-Rampen, près Saint-Lo, du Breuil, de Tocqueville, etc.....

Traité de mariage d'entre Robin Clérel et Perette d'Arclais. -- 1425.

A tous ceulx qui ces lettres verront, Pierre TAILLEBOIS, garde du scel des Obligations de la Viconté de Bayeux, salut. Comme Jehan DARCLAYS, escuier, seigneur de Monbaoust, demeurant à Saint-Martin de la Besace, en faisant et accomplissant le traicté de mariage de damoiselle Pérette sa fille, avec Robin CLÉREL, escuier, seigneur de Rampen, eust donné afin d'héritages à tenir en ligne de la dite damoiselle cent solz de rente à prendre par sa main et de ses hoirs jusques assiette en fust faicte et oultre dom eust esté donné cinquante escus payables de vingt deux solz six deniers pour pièce, pour employer en rente, en ligne d'icelle damoiselle, desquelles choses, lettres n'eust esté faictes et passées, pourquoi ledit Clérel....... audit Darclays que de ce ils l'ont voullu....... *(déchiré)*............... revenir à quoy ledit Darclays n'ayst.................................... .... *(déchiré)*.................................. Sachent tous que aujourdhuy troisiesme jour de Juillet l'an de grâce mil quatre cens vingt devant Desmares, clerc tabellion, juré commis pour la ville et banlieue de Bayeux, fust présent ledit seigneur de Monboust lequel de sa bonne vollonté et sans aucune contraincte baille iceulx cens solz en assiette ausdictz mariez au nom d'icelle damoiselle à prendre et recevoir par chascun an savoir quatre livres cinq soulz par la main.......... *déchiré*......... *illisible*... .... tient dudict Darclays assis à Sainct-Martin de la Besace que Icelluy *(déchiré)* promist jà pièca en tenir d'icelluy d'Arclays comme plus à plein est contenu et desclaré ès lettres sur ce faictes et quinze soulz par la main de Jouen Gouffray à Sainct-Jehan des Essartz par raison et à cause des héritages qu'il en tient contenus et desclairez plus à plein ès lettres sur ce faittes toutes lesquelles lettres Icelluy Darclays promist rendre et bailler audict Clérel quand sommé en sera pour annexer à ces présentes. Lesquels centz soulz de rente ledict Darclays promist pour luy et pour ses hoirs garantir deslivrer et deffendre contre tous et envers tous de son faict obligations et opositions, empeschement et encombremens quelconques et fournir et faire *(déchiré)* de ch.....ne........... am.....ssement en cas ou les lieux....... tellement quils ne voulussent....... et oultre confessa ledict Darclays...... de laditte somme de cinquante escus pour......... .... encore deubs ausd. mariez la somme de soixante livres, laquelle il promist bailler, payer, rendre et livrer à ses propres coustz périlz et despenz le dimanche ensuivant du jour de la Magdelaine prochain venant à icelluy Darclays ou au porteur de ces lettres sans autre povoir ou procuration avoir à monstrer ; à ce présent ledit Clérel...................................... le sens promist employer....................... et quant à tout ce que dessus est dit, tenir, entretenir, garantir, fournir, payer,.................. ainsy et par sa femme à la manière que............... les dites parties, chascun de soy et en son faict et promesses, obligent l'un vers l'autre tous leurs biens, meubles et héritages présens et advenir a estre pour ce........ ....*(déchiré)* et vendre par le sergent du Roy nostre Sire par voyes d'exécution sans procès ne empeschement de part ne dautre renonchant à tout ce pourquoy ilz on l'un deux pouvoient aller au contraire et par espécial au droit disant nouvelle renonchiation non bailliée.

EN TESMOING de ce ces lettres sont scellées dudict scel saouf aultruy droict. Ce fu faict l'an et jour que dessus dictz, à ce présentz comme .... Le Roux, Guillaume Ramanchard (?)............. scellé d'un sceau de cire verde................., etc..., etc..., etc...

Constitution des cent soulz de rente

(17 Mai 1428)

A tous ceulx qui ces présentes lettres verront Guillaume OSBER, garde du scel des obligations de la Viconté de Carentan, Salut. Scavoir faisons que par devant Colin CAVELANDE, clerc tabellion juré à Sainct-Lô, fut présens Jehan DARCLAES, escuier, seigneur de Monbosc, lequel de sa bonne volonté confessa avoir baillé par eschange afin d'héritages à Robin CLÉREL, escuier, et à damoiselle Pérette DARCLAES sa femme, fille dudict Jehan et à leurs hoirs en ligne d'elle cent solz tournois de rente à prendre et à avoir chascun an aux termes accoustumés c'est assavoir : Seize soulz tournois sur les héritages qui furent à Clément DE HARECOURT, quarante soulz tournois sur les héritages qui furent à Jehan FOSSEY et à Jehan LE BÉGUES et quarante soulz tournois par la main dudict ROBIN, à justicier sur les héritages qu'il en tient ; le tout assis à Saint-Thomas de Sainct-Lo ; lesquels cent solz tournois de rente ledict Jehan DARCLAES avoit prins naguères acquis dudict CLÉREL selon ce qu'il peut plus à plain apparoir par les lettres sur ce faictes dont le droit, raison, liberté, justice, saisine et seigneurie que ledit Jehan y avoit ou povoit avoir calengier et demander. ET FUT CE FAICT pour que lesdictz mariez et icelle femme demeurant authorizée par son dict mary en ont présentement bailli par contre eschange affin d'héritages audit Jehan et à ses hoirs, cent solz tournois de rente à prendre par chascun an au terme saint Michel en septembre. C'est assavoir quatre livres cinq solz tournois sur Pierre et Jehan DE FARCY et à justicier sur les héritages qu'il en tient assis à Saint-Jehan-des-Essartiers et Cahengue lesquelz cent solz tournois de rente ledit seigneur de Monboust donna japiecà aux dictz mariez en mariage faisant d'entre eulx sellon ce qu'il est plus à plain, etc..., etc...

EN TESMOING de ces lettres sont scellées dudict sceau à la rellation dudict Juré Saouf aultry droict ./. Ce fu faict en la présence de Jehan DARCLAES, escuier le jeune et de PERRIN AUVRAY, le lundi dix-sept[e] jour de mai l'an de grâce mil quatre cens vingt-huict ./.

Recherches de Chamillart[1]

(1666)

Clérel, seigneur de Saint-Rampen

François fils Michel et son frère François prestre, fils André, ses frères Charle et Michel fils André fils Nicole.

François CLEREL mineur, demeure dans la paroisse de Saint-Rampan, Religion Catholique.

NICOLE,	épouse	Marthe GAUTHIER,	1535.
ANDRÉ,	—	Esther DE LOUVIGNY,	1592.
ANDRÉ fils André,	—	Marie CLÉRAMBAULT,	1620.
MICHEL,	—	Raouline ERNOUF,	1650.

Charles CLÉREL, demeure en la paroisse de Tocqueville sergenterie du Val-de-Saire, élection de Valognes ; fils HERVÉ qui épouse Marie GALLOT l'an 1623. Ses frères Jacques et Robert demeurent à Sotteville, élection de Valognes. Jacques a épousé damoiselle Guillemette LE FEBVRE, l'an 1632 et en 2es noces Anne JOURDAIN.

Robert a épousé Anne LIEU l'an 1662.

Jacques et Guillaume fils André, fils Michel, fils André,

Jacques et Guillaume, seigneurs de Rampan et de Bruel, demeurent à Saint-Georges de Moncoq, sergenterie et élection de Carentan. R. C.

ANDRÉ,	épouse	Jehanne DU MESNIL-DOT,	1525.
MICHEL,	—	Louise LE ROY,	1546.
ANDRÉ II,	—	Anne DE BEUZEVILLE,	1578.
GUILLAUME,	—	Anne COLAS,	1625.

(1) Recherche de la noblesse publiée par un Membre de la Soc. des Antiquaires de Normandie.

Bérolles

S'ARME :

D'Azur
à 3 espées
d'argent garnies
d'or la pointe
en bas.

Vivants l'an 1430. *Election de Bayeux.*

Catherinne d'Arclais, fille de Jehan Darclaes et de damoiselle Martine Le Bourguignon épousa noble homme Jean de Bérolles sieur du lieu de Bérolles et de la Londe.

Recherches des Eleus de Bayeux [1]

(1523)

De Bérolles, Srs de Bérolles et de La Londe. Avant 1382

Pour ce que Messieurs les Elluz à Bayeux commissaires du Roy nostre Sire, en ceste partye a esté ordonné que les nobles de la Viconté baillent leur généalogie et dérivation de noblesse, à ceste fin s'ayde et produict Guillaume DE BÉROLLES, iceluy Jehan fils Guillaume, iceluy Guillaume fils de Guillaume, icelluy Guillaume fils de deffunct Richard DE BÉROLLES en son vivant escuyer, sieur du fief de la Londe assis ès paroisses d'Ellon et Gueron, lesquels en leur vivant de degré en degré ont servy les deffuntz Roys de France en leurs guerres et ordonnances et assisté au baon et arrièrebaon dudit Sire, le cas offert et advenu lesquelles lettres et escriptures en suivent :

PREMIÈREMENT,

S'ayde et produict le dit Guillaume d'une lettre faicte et passée par Jehan D'ARCLAYS en son vivant tabellion à Bayeux le 15e Juillet 1382 faisant mention comme noble homme Robert DE BÉROLLES sieur de la Londe bailla en fief afin d'héritages à Jean et Raoul de Guibon, les terres et possessions dudict fief par les moyens contenus ès dittes lettres estant approuvées.

Item d'une autre lettre passée devant Jean Noël tabellion le XXJe de décembre 1406, faisant mention comme la damoiselle veufve dudict feu

(1) Bibliothèque du Chapitre.

Robert de Berolles et Jehan Larcher, escuyer, sergeant d'armes du Roy, contenant certain appoinctement entre eux par lequel il apparoist que le dict Larcher délaisse à la dicte damoiselle quarante sols tournois de rente par les moyens contenus ès dittes lettres.

Item d'une autre lettre en 1421, le 4e d'octobre, comme le prieur et relligieux de St-Vigor-le-Grand près Bayeux transporta par escange à Girard de Bérolles dix solz tournois, deux chappons et trente œufs, le tout de rente qu'il avoit droit à avoir et prendre sur son manoir sieurial assis à Longraye parce qu'il en bailla en contrescange six boisseaux de fourment de rente à prendre sur Jean de Fonteuil, sellon et recours ausdittes lettres.

Item d'une autre lettre passée en justice du 4e jour de Juillet 1460, faisant mention comme Geoffroy Le Roux qui avoit faict convenir et adjourner, viconté de Bayeux Richard de Bérolles, escuyer, fils dudict Robert escuyer desnommé pour luy payer vingt solz de rente à cause du don de mariage, fut mis en amende de ladite convocation avec despens dudict escuyer sellon et recours audict acte. Signé : Foubert.

Item s'aide et produict une attaincte passée par devant led. Hamelin, faisant mention comme ledit Richard de Berolles attaignit gains de cause contre les abbey et couvent de Mondaye touchant le faict de l'empeschement qui luy avoit esté voullu donner, comme ses bestes n'eussent à pasturer à cause de sa noblesse et sieurie aux landes de la Haye, sellon et recours ès dittes lettres du dernier septembre 1463.

Item s'aide et produict une autre lettre passée devant Me Jehan Blancet et Jehan Laisné tabellions, le sixiesme de décembre 1492, faisant mention comme Richard de Lesseline vendit à noble homme Guillaume de Berolles escuyer, certains héritages assiz en la paroisse de Trungi par le prix et conditions contenus ès dittes lettres.

Affermant et voulant prouver, si mestier est, comme luy et ses prédécesseurs dessuz nommés ont vesqui noblement et usé du privilège de noblesse, servy le Roy comme les autres nobles du pays en ses guerres baon et arrière baon.

Faict et produict le premier jour de Juillet 1524 et esté faict collation ausdittes escriptures touchant l'extraict des noms et dabtes y contenus faict comme dessus./.

Avant 1300

En suict la généalogie, chartres et escriptures dont s'aide Waast de Bérolles fils de feu Ollivier Messire de Bérolles, iceux Waast et Jacques cousins fréreux, baillées vers messieurs les Elleuz en ensuivant l'ordonnance et adjournement à luy faict en vertu du mandement donné desditz elleuz pour cognoistre qu'ils sont personnes nobles, nez et extraictz d'antienne lignée ainsi que après est desclaré.

PREMIÈREMENT,

Dict que ledict Guillaume de Berolles, escuyer, fut marié à damoiselle Nicolle Savary et dudit mariage issit Loüis de Bérolles escuyer, en son vivant noble, suivant les guerres et usant du privilège de noblesse et dudict Loüis, marié à damoiselle Catherine, fille du sieur du Clos, issit en loyal mariage Ollivier et Manfrey dictz de Bérolles, escuyers, lequel Ollivier fut marié à Jenne, fille de noble homme Robert Marie, en son vivant sieur de St-Martin-le-Viel et d'icelluy Ollivier et damoiselle Jenne Marie issit Girard de Bérolles, Me Jacques, Pierre et Ollivier dictz de Berrolles et dudict Matheu n'issist aucuns hoers ; lesquels Girard, Pierre, Ollivier fut marié assavoir ledit Girard, à damoiselle de Manneville, fille de feu Jehan de Manneville sieur de Lanteuil et ledit Ollivier à damoiselle Marie fille de Jehan Gaallon escuyer, sieur de Berrolles et en sont issus à loyal mariage assavoir dudict Girard icelluy Waast et d'icelluy Me Ollivier ledict Jacques et Guillaume ditz de Berrolles, eux s'aidant à ceste fin, iceux Jacques et Waast de lettres et escriptures qui ensuivent, pour monstrer qui sont personnes nobles de tout temps et d'ancienneté issus et descendus de la maison et sieurie de Bérolles, dont ils portent le nom.

ET PREMIÈREMENT :

D'une lettre passée devant Pierre Leignel tabellion pour le Roy nostre Sire en la Viconté de Bayeux en dabte du 12e Juillet 1300 faisant mention comme le receveur de la sieurie de Lingièvres a receu de Guillaume de Berolles escuyer, la somme de huict livres, huict solz, quattre deniers tournois pour le traiziesme d'un apchat soubz la quittance.

Item d'une autre lettre passée devant Jean Gervaise, tabellion audit Bayeux en l'an 1340, le sabmedy après la conversion de sainc Pol, faisant mention comme Robert de Bérolles, escuyer, bailla en fief par eschange à Guillaume Savary certains héritage et rente.

Item d'autre lettre passée devant Pierre Guéroult tabellion audict Bayeux, en l'an de grâce 1366, le jour de notre dame Chandelleur, faisant mention comme Guillaume de Bérolles escuyer, soy rendit avec leur bien meuble et héritage, jouxte Costil Anquetil et sa femme de la paroisse de Lingièvres.

Item s'aide d'autre lettre passée devant Pierre Laignel tabellion en dabte du 12e jour d'apvril après Pasques l'an 1369, faisant mention comme Jehan du Vivier soy portant procureur de Philippe du Vivier son père de la paroisse de Lingièvres, vendit affin d'héritage à Guillaume de Berrolles escuyer, demeurant en ladite paroisse de Lingièvres et à la damoiselle sa femme tant et telz héritages que le dict du Vivier povoit avoir en la ditte paroisse.

Item s'aide d'un mémorial donné ès pleds de Briquessart tenus par Jacques Lemonnier Viconte de Bayeux du 9e may 1404, faisant mention comme Guillaume de Berrolles, escuyer mist en décrept le fiel de Pierre Fiquet de la paroisse de Lingièvres.

Item une autre lettre passée devant Jean Noel tabellion en la sergenterie de Briquessart en l'an 1405, le 20e de Juillet, faisant mention comme Guillaume de Bérolles, escuyer, demeurant à Lingièvres délaissa en fief à Jehan Meslin de ladicte paroisse, certains héritages par luy et en faisant rente, recours à ladicte lectre.

Item s'aide d'une coppie passée devant Jehan Lavoine dict Courtelays, tabellion en la sergenterie de Briquessart du 26e novembre l'an 1407, faisant mention comme Guillaume DE BERROLLES et Loüis DE BERROLLES escuyers, son fils, demeurant en la paroisse de Lingièvres firent certain appoinctement avec Jehan PAIN, demeurant en laditte paroisse de Longraye.

Item d'une autre lettre passée devant Guillaume CRESPIN tabellion en la sergenterie de Villers et Evrecy en 1410 le 25e de mars faisant mention comme Loüis DE BERROLLES, escuyer, avoit acquis de Pierre Jullien de la Paroisse de Noyers certains héritages sellon les dittes lettres.

Item s'aide d'un mémorial donné ès pleds des sergenteries de Briquessart et Gray tenus par Sandres LE MONNIER, lieutenant du Viconte de Bayeux, le 16e de mars 1466, comme Ollivier DE BERROLLES, escuyer, avoit faict adjourner les héritiers de feu Jean LE TELLIER en dellay de fief et tenir de luy plusieurs héritages mentionnés et desclarez en icellui mémorial.

Item une autre lettre passée devant Girard HAMELIN et Jehan AUBER tabellions à Briquessart le 26e de février 1465, faisant mention comme Jehan DEAUBRE (?) de la paroisse de Lingièvres vendit afin d'héritage à noble homme Ollivier DE BERROLLES et damoiselle Jenne DE SAINCT-MARTIN son espouse certains héritages assis en ladite paroisse de Lingièvres.

Item une autre lettre passée devant Rogier DESMARES Clerc tabellion en la ville et banlieue de Bayeux de l'an 1442 le 19e décembre, faisant mention comme Robert MARIE, escuyer, sieur de Saint-Martin-le-Vieil recogneut une cédulle faisant mention comme du mariage faict par luy avec Ollivier DE BEROLLES escuyer et damoiselle Jenne MARIE fille dudict ROBERT.

Item d'autre lettre passée devant mestre Gilles LOISEL prestre et Gieffroy CAMPELLIN (?) tabellions en la sergenterie de Briquessart le vj de Juing 1507, faisant mention comme vénérable personne Me Pierre DE BÉROLLES prestre et Ollivier DE BÉROLLES escuyer, faict traiter accord avec Waast DE BEROLLES escuyer, leur nepveu.

Item d'autre lettre passée devant Thomas BLANCET et Jacques RICHER tabellions en la sergenterie de Briquessart faisant mention d'un traicté de mariage d'entre noble homme Ollivier de Berolles père dudict Jacques avec damoiselle Marie de Gaallon fille de deffunct Jehan de Gaallon en son vivant escuyer, sieur dudit lieu de Bérolles en dabte de l'an 1504.

Faict et baillé par ledict de Bérolles le premier jour de Juillet 1523.

Recherche de Chamillart (1)

Nicollas fils Joachim, fils Jacques, fils Guillaume.

Nicollas, aagé de 53 ans, demeure en la paroisse de Lingièvres, sergenterie de Briquesard, élection de Bayeux, il est de la religion catholique apostolique et romaine.

Guillaume	ép.	Marie Suhard	
Joachin	—	Margueritte Le Métais	
Nicollas	—	1° Margueritte Le Quesne	1634
		2° Jacqueline de Bures	1665

Jacques fils François, fils Raoul, fils Jean, fils Urbain.

Urbain 2e fils Urbain eut deux fils : Raoul et François.

Pierre fils Raoul. Mathieu fils François.

Jacques de Bérolles, s^r de Trungy, sergenterie de Briquesard, élection de Bayeux, relig. cath., 20 ans ; Pierre de Bérolles, demeurant audit Trungy, 60 ans.

Urbain	ép.	Martine Le Jemble	1535
Jean fils Urbain	—	Françoise Myfant	
Raoul fils Jean	—	Hélène Turry	1645
Mathieu	—	Louise Regnault	

(1) Même origine.

Le Roux, Sr de Becdal et de Parfourru

S'ARME :

D'Azur
au chevron d'argent
accompagné de
3 testes de Léopard
arrachées
d'or.

Vivants l'an 1434. *Élection de Pontaudemer*

Philippine DARCLAIS, 3e fille de Jehan DARCLAIS, Sr de Monboscq, épouse noble homme Estienne LE ROUX, Sr de Parfourru, le 1er avril 1434.

Le Roux

La Maison LE ROUX est une des plus anciennes de Normandie.

Elle a possédé de nombreux fiefs, terres et seigneuries, dont celles de Becdal, de Parfourru, d'Esneval, d'Acquigny, du Mesnil-Jourdain, de Bourg-Thérould, de Tilly, Villettes, etc... etc... L'an 1315, on trouve un LE ROUX Seigneur de Becdal. Plusieurs LE ROUX prennent part aux actions militaires pour le service du Roy et comparurent à diverses monstres. D'autres devinrent conseillers au Parlement puis Présidents de ces mêmes assemblées.

Ils y laissèrent une réputation de grande droiture et même de Sainteté ; Pierre-Robert Le Roux, 1er président à mortier au parlement de Rouen a donné l'exemple d'une vie de piété éminente. Ces seigneurs firent construire diverses églises et monuments, en particulier à Rouen l'hotel Bourgthéroulde dont encore aujourdhui, (1910) les curieux peuvent admirer les sculptures remarquables, représentant entre autres l'entrevue du drap d'or.

Claude Le Roux épousa le 16 avril 1644, Madeleine de Tournebu (1), qui lui apporta les titres de Vidame de Normandie et de baron d'Esneval, qu'elle avait hérité de Françoise de Prunelé sa mère, femme d'Anne de Tournebu, président lui aussi au Parlement de Rouen.

Son fils Esprit-Robert Marie, épousa le 5 nov. 1772, Françoise Félicité de Morant, fille du Comte de Penzès (2).

On voit par ces alliances combien étaient nombreux les liens qui réunissaient toutes ces familles.

(1) Voir le dossier de Tournebu.
(2) Voir le dossier de Morant.

Jullian

S'ARME :

D'azur à l'espée
haulte d'argent
accostée de deux
lions rampants
d'or.

Vivants l'an 1446. *Election de Bayeux.*

Nicollas d'Arclais, sieur de Monboscq, épouse l'an 1446 ou viron, damoiselle Margueritte Jullian, d'une maison d'ancienne noblesse de la Province.

Il servit dans la compagnie du bailly de Costentin pour la deffense de la Normandie contre les Anglois.

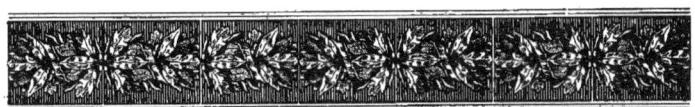

De Bonlieu, S[gr] de Grouchy

S'ARME :

D'Azur
au lion d'or
rampant sur un rocher
d'argent.

Vivants l'an 1467. *Election de St-Lo.*

Chardine DARCLAES fille cadette de Colin DARCLÈS escuier, Sr de Monboust et de damoiselle Margueritte JULLIAN sa femme, épouse le 21 mars 1467, Jehan DE BONLIEU, escuier, bourgeois de St-Lo.

Gournay

S'ARME :

De Gueules à 3
tours d'argent
posées en
bande et
maçonnées de sable.

Vivants l'an 1469

Election de Bayeux

Jehan DARCLAES épouse le 23 Juin 1469 damoiselle Guillemette DE GOURNAY, fille de noble homme Jacques DE GOURNAY.

Ce mariage paraît être le second contracté par ce seigneur, qui avoit épousé en premières noces damoiselle Gilette POISSON, fille du baron DE CRENNES.

Guillemette DE GOURNAY eut pour fille Margueritte DARCLAES qui épousa Regnault BLANVILLAIN.

Authin, Sr de la Cour

S'ARME :

D'Azur à la fasce eschiquettée
d'argent et de gueules,
accompagnée en chef d'un lion
léopardé d'or, lampassé de
gueules et en pointe de
3 coquilles d'or.

Vivants l'an 1470.

Election de Bayeux.

Jehanne Darclaiez, fille de Nicollas Darclaez et de damoiselle Margueritte Jullian, épouse noble homme Guillaume Authin, Sr de la Cour et de la Bourdonnière.

Recherche des Elleuz de Bayeux

(1523)

Austin

Inventaire des lettres que produict Simon Austin, fils de deffunct Robert Austin en son vivant personne noble pour monstrer qu'il est d'Icelle quallité de noblesse.

PREMIÈREMENT,

Une lettre en forme de Chartre des francs-fiefz et nouveaux acquetz par laquelle appert que Jacques Austin en son vivant père de Guillaume et Robert dictz Avstin, icelluy Robert père dudict Simon fut anobli par les commissaires ordonnés par le Roy nostre Sire lors régnant, en dabte du sixe jour d'octobre 1473.

Item une autre escripture donnée de Jean de la Dangerie et Robert Conseil, lieutenantz des Elleuz à Bayeux le 26e jour de mars 1495, comme descord fust pendant devant lesdits lieutenants par entre Nicollas Austin escuyers pour luy et lesdictz Guillaume et Robert dictz Austin escuyers d'une part et entre Le Métais pour luy et les Paroissiens de Livry évolu pour l'état de l'assiette de la taille en qui ledict Austin auroit esté assis, qui par le moyeu de ses chartres en fust desclaré exempt et proteste le dict Simon en temps et lieu soy aider en plus avant de ce qu'il pourra rencontrer.

Produict par le dict Simon Austin, le dernier jour de Juing 1523.

Collation faicte aux escriptures dessus mentionnées des noms et dabtes les jours et aus susdictz.

Blanvillain, Sr du Val

S'ARME :

D'Azur
au chevron d'or
surmonté d'un croissant
du mesme accompagné
de 3 angons
d'argent

Vivants l'an 1472. *Election de Caen.*

Anne DARCLAES, 3e fille de Nicollas DARCLAES, Sr de Monboust et de Margueritte JULLIAN, épouse noble homme Jehan BLANVILLAIN, sieur du Val.

VAUSSY, sieur de la Forest, capitaine des nobles du bailliage de Caen, faisant mention comme aux monstres généralles, il fut baillé et présenté par ledict Eustace BLANVILLAIN, Jehan BLANVILLAIN, escuyer, son frère, en ordre d'archer pour servir le Roy nostre Sire offrant fournir et vériffier sy mestier est que dudict privilège depuis ledict temps 1474, il a joui et possédé et soy conduict comme personne noble, usant dudict privilège de noblesse et vivant noblement comme les autres nobles du pays, le cas ofrant et à l'advenir comme encores font.

Faict et produict tant par le dit Thomas BLANVILLAIN sieur de Grosmesnil que pour ses puisnez qui sont Guillaume BLANVILLAIN escuyer, et les enffans sortys de deffunct Nicollas BLANVILLAIN en son vivant escuyer et lesdits Thomas, Guillaume et Nicollas en leur vivant frères, enffans ou héritiers dudict Eustace et pour ledict Thomas présenté et produict par Gilles Blanvillain escuyer, fils et héritier dudit Thomas pour procureur qui est vieil antien, décrépit et haagé de quattre vingt quinze ans ou viron, lequel pour sa décrépité a faict délaissance et advance d'icelluy fief à son dict filz, lequel a signé cette présente avec Guillaume Blanvillain et Jehan Le Bastard meneur des enffans soubzaagés dudict Nicollas en ensuivant l'adjournement faict faire aux dessus dictz de l'autorité de Messieurs les Elleuz à Bayeux commissaires du Roy nostre dict Sire en ceste partye le jeudi segond jour de Juillet 1523.

Chamillart. 1666

Pierre, Sr de la Fontaine, dem. à St-Germain-d'Elle, seig. de Thorigny, fils Louis et d'Isabeau Sébafour, épouse Marie Hébert, l'an 1646. 1646

François, fils Pierre et Margueritte Thiboust, épouse Margueritte Yon. 1629

Authin, Sr de la Blancappière

S'ARME :

D'Azur à la fasce eschiquettée d'argent et de gueules, accompagnée en Chef d'un Lion Léopardé d'or, lampassé de gueules et en pointe de 3 coquilles d'or.

Vivants l'an 1473.

Election de Bayeux.

Guillemette Darclaez, épouse le 2 avril 1473, Michel Autin, Sr de la Blancappière et d'Ouainville.

[Voir Authin sieur de la Cour, vivant l'an 1470, même famille, Recherches des Elleuz de Bayeux et de Chamillart].

Poisson, S^{gr} et baron de Crennes

S'ARME :

De gueules
au dauphin en
chef d'or accompagné
de 3 coquilles aussi
d'or
en pointe.

Vivants l'an 1473. *Election de Vire.*

Jehan d'Arclais, Seigneur de Monbosc, fils de Nicollas du nom et de damoiselle Margueritte Jullian, épouse damoiselle Gilette Poisson, fille de Pierre Poisson, seigneur et baron de Crennes, viconte de Vire, l'an 1473.

Il servoit avec son père aux armées l'an 1470.

Costard
Sr de Cambes et de Brimbois

S'ARME :

D'Argent
au lion de Sable
armé et lampassé
de gueules soustenant
une estoille de mesme
sur la queue.

Vivants l'an 1481. *Election de Bayeux.*

Jehan D'ARCLAIS seigneur de Monboscq, fils Jehan S[r] dudit lieu et de damoiselle Gilette POISSON, épouse l'an 1481, damoiselle Marguerite COSTARD fille de noble homme COSTARD, Seig. de Cambes.

Il mourut le 2 Janvier 1541.

De lui et de sa femme sortirent plusieurs enfans.

Jehan, son fils ainé, continua la Branche DE MONBOSCQ, tandis que Nicollas le puisné fut l'auteur de la branche DE MONTAMYS.

Ce domaine étoit venu à son père JEHAN, par le moyen de sa mère dame Gilette POISSON qui l'avoit hérité de son père le Seigneur et baron DE CRENNES.

La sieurie de Crennes est située à l'ouest de Montamys, jouxte les limites du domaine, à peu près moitié chemin de St-Martin-de-la-Besace et de Monboscq

La terre de Montamys étoit dans cette noble maison de Crennes, depuis si longtemps qu'il n'est mémoire du contraire.

Il en résulte que ce domaine qui appartient encore aujourd'hui, en l'an 1910, à un petit fils de Nicolas Joseph comte D'ARCLAIS DE MONTAMYS, peut être estimé demeurer dans la même famille depuis un millier d'années.

En effet des Poissons Seigneurs et barons DE CRENNES, le domaine de Montamys vint par mariage aux DARCLAYS DE MONBOSCQ, de ceux-ci à la branche cadette qui le posséda jusqu'en l'an 1817, puis à Achille DE SAVIGNAC et par lui au vicomte DE CUGNAC, son gendre, puis à LAROQUE-LATOUR, gendre du précédent et après lui aux D'AUDETEAU, toutes Maisons dont la filiation et la parenté sont légitimement établies.

La maison COSTARD est d'ancienne noblesse. Elle possédait la seigneurie de Brymboys, qui n'était pas très éloignée de celle de Monboscq où estoit sis l'estoc de la Maison d'ARCLAYS.

Dans la recherche des Elleuz de Bayeux on trouve la déclaration des seigneurs de cette maison COSTARD faite ainsi qu'il suit :

COSTARD Sr de Brimbois et de Beautot avant 1469.

En suict la déclaration, la généalogie et extraction de la noblesse de Jacques COSTARD, escuyer, sieur de Brimboys et de Beautot, laquelle déclaration il baille à Messieurs les Elleuz de Bayeux.

PREMIÈREMENT,

Le dit Jacques COSTARD escuyer, sieur des dittes terres de Brimboys et de Beautot fut nay et extraict et procréé en loyal mariage de deffunct noble homme May COSTARD lors qu'il vivoit sieur de Brimboys et de Beautot et de noble damoiselle Jenne DE ST-GILLES, sieur du dict lieu de St-Gilles.

Lequel May COSTARD père dudict Jacques fut nay et procréé de noble homme Pierre COSTARD en son vivant viconte d'EVRECY et seigneur des dittes terres de Brimboys et de Beautot et de damoiselle Florence DE GRIMOUVILLE, fille de deffunct noble homme Missire Guillaume DE GRIMOUVILLE en son vivant chevallier, sieur de la lande d'Hérou.

Lequel COSTARD, viconte d'Evrecy et sieur des dittes terres de Brimboys et de Beautot, fut né et procréé en bon et loyal mariage de noble homme Robert COSTARD, lors qu'il vivoit sieur de la Rivière-Costard et de plusieurs autres sieuries. Et de damoiselle Jehanne DE HOULLEFORT, fille de noble homme Pierre DE HOULLEFORT en son vivant seigneur de plusieurs terres nobles et sœur de noble homme May DE HOULLEFORT en son vivant baillis de Caen et capitaine du Mont-St-Michel

Desquelles choses devant dictes le dict Jacques COSTARD sieur des dittes terres de Brimboys et Bautot offre faire preuve deuement et vaillablement, sy mestier est et que luy et ses prédécesseurs cy-devant desclarez ont toujours joui et possédez de l'estat de noblesse et esté au ban du Roy nostre Sire touttes foys et quantes que les cas se sont offertz ainsi comme les autres nobles du pays ; avec ce, monstre et faict apparoir des escriptures qui en suivent :

PREMIÈREMENT,

Monstre et faict apparoir par le traicté de mariage fait entre noble homme Pierre BAUTOT et damoiselle Florence DE GRIMOUVILLE, fille de deffunct noble homme Guillaume DE GRIMOUVILLE en son vivant Chevallier et sieur de plusieurs nobles terres et de noble dame Guillemette LE MARCHAND, comme il fut donné en dit mariage faisant dudict COSTARD et d'icelle Florence DE GRIMOUVILLE à iceulx mariez le fief terre et sieurie de Brimboys scituéz et assise en la Viconté de Bayeux en la sergenterie de Thorigny et que par icelles lectres qui furent passées dès le huictiesme jour de febvrier l'an 1474, icelluy COSTARD estoit et est intitullé noble ainsy qu'appert en icelles.

Monstre par semblables et faict apparoir d'un décrept faict et passé de pleds des sergenteries de Villers et Cheux, tenus dès le premier jour de febvrier l'an 1469, par Thomas Le Febvre, lieutenant général de noble homme Pierre Costard, viconte d'Evrecy et sieur de Brimboys par lequel appert que ledit Pierre Costard est noble et jouissant de l'estat de noblesse, offrant ledict Jacques, qui baille ceste présente, faire fortification d'autres escriptures, sy mestier est.

Fait et baillé par ledict Jacques Costard, escuier, sieur de Brimboys et de Bautot aujourdhuy segond jour de Juillet 1523.

Laillet
S[R] de Cussy et de St-Pierre

S'ARME :

D'Azur au lion d'or armé et lampassé de gueules

Vivants l'an 1500. *Généralité de Rouen.*

Nicolle DARCLAIZ, fille de Jehan DARCLAYS, Seigneur de Monboscq et de noble dame Gilette POISSON, fille de Pierre POISSON seigneur de Crennes, épouse noble homme Raoul LAILLET, seigneur de Cussy et de St-Pierre.

Recherche des Elleuz de Bayeux

(1523)

Laillet, Sieur de Cussy avant 1406

En suict la généalogie et extraction de noblesse dont sont issus et descendus en directe ligne et succession nobles personnes Rambot LAILLET, escuyer, sieur de Cussi, Anthoine, Jehan et Laurens dictz LAILLET, escuyers, laquelle généalogie ils ont produict vers Messieurs les Elleuz de Bayeux en ensuivant la convocation en quoy ils ont esté miz devant Messieurs les Elleuz pour icelluy monstrer ensemble leurs enseignements et escriptures contenant et faisant mention de leur dicte noblesse en ensuivant les lettres missives du Roy nostre Sire.

De noble homme Jean LAILLET pour lors de son vivant sieur de Cussi, servant le Roi nostre Sire et vivant noblement et de damoiselle Jenne CLÉMENT est issu et descendu Rauld LAILLET, escuyer, en son temps sieur dudict lieu de Cussi servant le Roy nostre Sire et vivant comme les autres nobles du pays, duquel RAULD et de damoiselle Jenne SUHARD, fille de noble homme Guillaume Suhard, sieur du Castellet sont issus et descendus nobles hommes Rauld Laillet, sieur dudit lieu de Cussi et Jehan Laillet escuyer, son frère puisné.

Duquel Rauld et de damoiselle Ysabeau BLONDEL, fille de noble homme Jehan BLONDEL, sieur de St-Frémont est issu et descendu Rauld Laillet escuyer, sieur de Cussy 3e du nom.

Duquel et de damoiselle Crespinne DE VIENNE, fille de noble homme Jehan DE VIENNE en son vivant sieur de Brunville est issu et descendu ledit Anthoine Laillet escuyer, à présent régnant.

Et d'icelluy Jehan LAILLET et de damoiselle Marie DE LENTRIN, fille de noble homme Jean LENTRIN sont issuz et descenduz lesditz Jehan et Laurens dictz LAILLET escuyers, à présent régnans.

Tous lesquelx en leur règne ont toujours vesqui noblement sans aucune dérogeance, hanté les armées, servy le Roy comme les autres nobles du pays ainsi que de ces choses il offre enseigner deuement et avec ce s'aide des lettres et escriptures qui en suivent :

Le Chevrier

S'ARME :

D'Azur
à la bande
d'or
chargée de 3
besants (aliàs) croissants
du champ.

Vivants l'an 1501. *Election de Bayeux.*

Marie Darclais, fille de Jehan du nom et de Marguerite Costard, épouse honneste homme Robert Le Chévrier, sieur du Mesnil.

Mondehare

S'ARME :

De gueules
au chef
d'argent

Vivants l'an 1519. *Election de Bayeux.*

Françoise DARCLOIS, fille de Jehan Darclois, seigneur de Monboscq et de noble dame Marguerite COSTARD, épouse noble homme Jacques DE MONDEHARE escuïer, fils de Guéran de Mondehare, sieur dudit lieu, le 24 septembre 1519.

De Banvillle (1)

S'ARME :

De vair
plein

Vivants l'an 1530. *Election de Vire.*

Nicollas D'ARCLAIS, Seigneur de Montamys, 2e fils de Jehan du nom Seigneur de Monboscq et de Marguerite COSTARD, espousa Péronne DE BANVILLE, l'an 1530 ou viron.

Il rendit hommage au Roy de sa terre de Montamys en 1531 et 1575.

Il eut plusieurs enfants dont BARNABÉ qui lui succéda.

La Maison DE BANVILLE, est une des plus anciennes et des plus illustres de la province de Normandie. Elle a été reconnue comme telle par Montfault dès 1463.

Sa filiation authentique et non interrompue est établie depuis Guillain DE BANVILLE, l'un des compagnons de Guillaume LE CONQUÉRANT. Ses armoiries primitives étaient : « de gueules au pal d'argent accompagné « de six merlettes de même 3 à dextre et 3 à senestre ».

(1) Archives du Coisel et de la Maison de Banville.

Ce fut pendant la première croisade que Gauvain DE BANVILLE, reçut de son Prince en récompense d'une action d'éclat, de nouvelles armoiries qui sont : « de ver plain ».

L'origine de cette Maison se tire d'un compagnon de Rollon celui qui devint le premier Duc de Normandie par le traicté de Saint-Clair-sur-Epte, passé l'an 912 avec le Roy Charles-le-Simple.

Ses descendants furent seigneurs d'une terre de Banville sis en la paroisse de Guilberville. Ils ont aussi possédé un fief dépendant et relevant de la Seigneurie de Banville-sur-Mer, mais il ne paroit pas qu'ils aient jamais possédé eette seigneurie elle-même.

En tout cas, il est difficile de dire et de préciser si la Maison DE BANVILLE a pris son nom des fiefs susdits, ou si, au contraire, elle a donné son nom aux fiefs.

La filiation de cette maison peut s'établir comme suit :

GUILLAIN,	chevalier banneret,	compagnon de Guillaume-le-Bastard.	1066
GAUVAIN,	—	— du Duc Robert, croisé.	1090
NICOLLAS Ier	—		1126
HUGUES,	—	dont la valeur était renommée, croisé avec Philippe-Auguste	1155
NICOLLAS II,	—		1180
ROBERT Ier,	—	Seigneur de Banville.	1217
GUILLAUME Ier,	—	Seigneur de Banville.	1227
JEHAN Ier,	—	Echanson du Roy.	1269
THOMAS Ier,	—	Seigneur de Bouville.	1305
GUILLAUME II,	—		1336
JEHAN II,	—		1372
JEHAN III,	—		1385
THOMAS II,	—	Echanson du Roy, gouverneur de Vire, épouse de Jehanne de Rouvencestre.	1411
JEHAN IV,	—	Chef des arbalétriers du bailliage de Caen.	1461
NICOLAS III,	—	ép. Michelette du Parc, fille du baron d'Ingrandes, [sa fille Périnne ép. en 1532 Nicollas d'Arclays].	1480

Robert,	—	ép. 1° Marie de la Bigne ; 2° Avoye Costard.	1500
Estienne I,	—	ép. Jehanne Suhard.	1566
Estienne II,	—	ép. Françoise de Clinchamp.	1596

En l'année 1463, Montfault a constaté dans Sa Recherche l'existence d'un Jehan de Banville, Seigneur de Vaudry, Pierres et Roullours élection et banlieue de Vire, ancienne noblesse.

En 1598, Roissy commissaire député par le Roy, confirmait cette noblesse.

D'Estienne II naquirent : Michel, Jehan, Bernardin et Bertrande qui a épousé le seigneur de Blon.

Branche aînée

Michel, Lt-général à Vire, ép. Marie du Pont de la Mazure Ronfeugeray. 1637

Georges. — ép. Marie Turgis. + 1697

Jacques, — ép. Suzanne Radulphe dont 3 filles : 1710

1° Henriette.

2° Suzanne, née en 1735, ép. 1760 Jacques de Corday, frère de Cyprien. +e 1778

3° Charlotte, née en 1733, ép. Cyprien de Corday, frère de Jacques. +e 1774

Branche cadette (devenue aînée)

Jean-Anthoine, 3e fils de Michel, ép. Anne Collardin. 1701

François-Charles, ép. Marie Brochard. 1710

Georges-Anthoine, né en 1674, ép. en 1710 Caterine-Charlotte de Banville, sa cousine. + 1750

Georges-Anthoine, né en 1712, ép. en 1740 Perinne Onfroy. + 1799

De ce mariage naquirent deux filles :

1° Victoire qui épousa le Cordier de Bon.

2° Aimée-Françoise-Antoinette, née le 1er avril 1783, qui épouse le 4 Juin 1810 Charles-Julien Lyoult de Chenedollé, le poëte normand.

Antoine-Michel est frère puisné de Georges, Sgr de Montmoré ; ce dernier n'ayant eu que deux filles, le cadet devient chef du nom et d'armes. Il épouse :

1° Marie-Charlotte Bouchard, S. P.

2 Suzanne de Blessebois de Meslay dont est sorti :

Alphonse-Joseph-Antoine, né en 1801, qui épouse en 1827, Marie-Paulmier des Brosses.

Sa sœur Alix DE BANVILLE, ép. Le Gohier de Précaire.

Alphonse eut pour enfants :

1° Georges, + à 18 ans.

2° Octave-Frédérie, + S. P.

3° Marie-Thaïs-Augustine qui a épousé { 1° Hippolyte de Grainville. 2° N. de Ponthaud.

4° Aymard, qui a épousé Berthe de Beauvoir.

De ce dernier sont nés ;

a) Georges, + S. P.
b) Robert, officier de Cavalerie qui a épousé Marthe du Plessis. P.
c) Henry, officier de Marine qui a épousé Marguerite de Campeau. P.
d) Marguerite, religieuse du Sacré-Cœur.
e) Yvonne, mariée à son cousin germain Joseph de Ponthaud. P.

Branche cadette de la Lande

Jean, Seigneur de la Lande, 2e fils d'Estienne II. 1633
Estienne, — ép. Charlotte de la Mazure 1664
Georges, capitaine de cavalerie
Caterine-Charlotte, qui épouse son cousin Georges de Banville, l'an 1710
Louis-Estienne, qui épouse damoiselle Arthur.
Jean, qui épouse Victoire de Gonneville.
Georges-Edouard, qui épouse N. Le Perdriel dont sont issus deux enfans :

1° Adhémar + S. P.

2° Mathilde, qui épouse le comte du Breuil de Landale.

Bernardin, 3e fils d'Estienne II, Seigneur d'Avilly. 1633
Estienne qui épouse Anne-Thérèse de la Bigne. 1660
François-Bernardin Seigneur d'Yauville épouse dame de Lequeville. 1751
N. de Banville, Seigneur d'Yauville + S. P. 1824

Nicollas de Banville, Seigneur de Pierres, Précaire et Truttemer, Chevalier, rendait aveu au Roy François Ier l'an 1518 pour ses domaines de Pierres et du fief-le-Roy qui en dépendent.

Cet aveu fut renouvelé par ses descendants en 1539 et 1570.

Il épousa damoiselle Michelette du Parc issu de la Maison d'Ingrandes et Vassy et en tira 3 fils qui furent :

1° Robert qui continue ainsi qu'il vient d'être vérifié.

2° Jacques auteur de la branche de Précaire.

3° Jean auteur de la branche de Truttemer.

et quatre filles qui furent :

1° Périnne qui épousa l'an 1532, Nicollas d'Arclais, escuier, Seigneur de Montamys, fils de Jehan d'Arclais, Sieur de Monbosc et de noble damoiselle Marguerite Costard, qui fut père de Barnabé d'Arclais et le premier Seigneur de la branche de Montamys.

2° Jeanne qui épousa l'an 1548 Thomas Bernard, escuier, Seigneur de la Blancappière.

3° N... qui épousa Philippe des Bordeaux.

4° N... qui épousa Jehan de la Bigne fils aîné de Jehan de la Bigne.

Nicollas de BANVILLE, mourut l'an 1539.

Résumé.

La branche de TRUTTEMER est issue de Jehan 3e fils de Nicolas, Seigneur de Pierres et de Michelette du Parc.

La branche de PRÉCAIRE est issue de Jacques 2e fils de Nicollas, Seigneur de Pierres.

La branche d'YAUVILLE est issue de Bernardin 4e fils d'Estienne DE BANVILLE, Seigneur de Pierres.

La branche de la LANDE est issue de Jean 3e fils dudit Estienne.

La branche d'ETERVILLE est issue de François, Seigneur d'Issigny 3e fils de Michel, Seigneur de Pierres.

La branche du ROZEL est issue du 3e fils de Michel, Seigneur de Pierres, Jean-Anthoine, Seigneur de Burcy.

Le fief de Haubert de PIERRES est venu à la maison DE BANVILLE, par le mariage en 1411 de Thomas de BANVILLE, Chevalier, avec noble damoiselle DE ROUVENCESTRES, héritière unique de son père, deffunct Jehan de Rouvencestres, Seigneur de Pierres.

Vauville, S[R] d'Orval

S'ARME :

De gueules
à l'espée haulte
d'or et six canettes
d'argent accostées
3 à dextre et 3 à senestre
en pal.

Vivants l'an 1539. *Election de Bayeux.*

Jehan d'Arclays, Seigneur de Monboscq, fils de Jehan du nom et de damoiselle Marie Costard, épousa l'an 1539, damoiselle Jeanne de Vauville, fille de Jehan du nom, Seigneur d'Orval.

Il servit le Roy, comme son père et les autres nobles de la Province et mourut l'an 1545 laissant plusieurs enfants dont un fils nommé Nicollas qui lui succéda dans la seigneurie de Monboscq.

Recherche des Elleuz de Bayeux

(1523)

De Vauville, Sr d'Orval, avant 1360

En suict par déclaration la généalogie de Jean DE VAUVILLE, escuyer, sieur d'Orval, ensemble les lettres servantes à la preuve et vériffication des autres contenues en icellex.

PREMIÈREMENT,

Dict et affirme le dict VAUVILLE qu'il est noble de nom et d'armes de toute antienneté et descendu des sieurs DE VAUVILLE, laquelle terre de Vauville est assize en la viconté de Vallognes et porte icelluy de Vauville, les plaines armes de ceux de Vauville pour ce qu'antiennement la dite terre de Vauville vint antiennement et succéda à une fille qui fut mariée au sieur DE LA HAYE D'EROUDEVILLE, auquel demeura les lettres concernantes et appartenantes à la dicte terre de Vauville, de laquelle sont tenuz plusieurs fiefs nobles à court et à usage.

Et à cause de la dicte terre d'Orval noblement tenue à court et usage, les dites armes du sieur de Vauville sont seulles en la maitresse verrine de l'église de Septventz, ainsi qu'il peut apparoir de présent et y sont de grande antienneté qui n'est de mémoire d'homme du tempz qu'ils y sont et qui voudroient adjouter foy à une antienne généalogie qu'a le dict Vauville contenant plus d'une main de papier. Le dict Vauville offre faire apparoir pour vériffier des choses dessus dictes, mais pour cause de briefveté commence la dicte généalogie à GIEFFROY DE VAUVILLE, filz dudict sieur dudict lieu d'Orval et dudict lieu de Vauville, assís en la paroisse de Villy et sont encore de présent, les armes de ceux de Vauville telles et semblables à celles qui sont en l'église de Septvantz et sur la verrine et sur la porte dudict lieu d'Orval, en l'une des Verrines de Villy en l'églize et estant quart ayeul dudict Jehan, ledict GIEFFROY pour ce que la dicte terre assize à Villy vint par succession au segond fils dudict GIEFFROY qui n'eut qu'une fille seule héritière, elle est hors du nom DE VAUVILLE, il n'en faut plus parler pour le présent.

Le dict GIEFFROY, épouza damoiselle Philippes D'AIGNEAUX, seur de Raoul d'Aigneaux dont Jehan de Vauville, escuyer, sieur d'Orval descendit filz aisné de Icelluy, lequel Jehan épouza Marguerite DE LA HAYE pour lors sœur du baron de Coulonces, lesquelz eurent un filz nommé JEHAN DE VAUVILLE qui fut sieur dudict lieu d'Orval et de la terre et sieurie de Bures de présent appartenant à Philippes de Vauville, escuyer, cousin au tiers degré dudict Jehan de Vauville à présent sieur d'Orval et lequel sieur de Vauville, sieur d'Orval et sieur de Bures tiers ayeul dudict sieur de Vauville sieur d'Orval épousa Gilette LE MARCHAND fille de Jehan Le Marchand, baron de la Lande Patry, sieur de Larchamp, Parfourru, Cahaingnolles, le Mesnil-Rabot, Septvantz et Montaigu qui eurent cinq fils, c'est assavoir : Jehan l'aisné et Jehan le jeune, Lucas, Germain et maistre Nicollas, mais desdictz cinq filz demeurèrent aux enfantz excepté de Jehan de Vauville l'aisné sieur d'Orval et Jehan de Vauville le jeune, sieur de Bures lesquels espousèrent les deux sœurs c'est assavoir : ledict Jehan de Vauville escuyer, sieur d'Orval damoiselle Robine de Grimouville et ledict Jehan sieur des Bures, damoiselle Marie de Grimouville lesquels estoient filles de Missire Gieffroy de Grimouville chevalier (1) sieur de la lande d'Airou et de madame Jehanne du Boys, sieur des sieuries de Pirou, de l'Espiney-Tesson et de Langrune et lesdicts Jehan de Vauville et Robine de Grimouville eurent deux filz et une

(1) Voir généalogie de Grimouville.

fille, le filz aisné avait nom Germain de Vauville, en son vivant sieur d'Orval et l'autre missire Grieffroy de Vauville, prestre.

Ledict GERMAIN espouza damoiselle Jenne DE LA FERRIÈRE fille de Jehan de La Férière sieur de Sainct-Hilaire, le Mesnisbeuf, Sartilly, Tessy et Primaudaye et eurent huict filz et plusieurs filles, desquels huict filz n'y a plus que cinq en vye, c'est à savoir : ledict Jehan de Vauville à présent sieur d'Orval, Jacques de Vauville prestre, curé de Septvantz, Marc de Vauville, clair, non marié, Eutrope et Lubin dictz de Vauville et pour ce que de leurs antiennes terres noblement tenues à court et usage les dictz frères n'ont eu pour la succession de leurs prédécesseurs que ladite terre d'Orval qui est demeurée en partage audict de Vauville, les lettres des autres terres et seigneuries ont esté bailliées à ceux à qui les autres terres apartenaient.

Et pour ce aussi que à raison des guerres qui ont couru puis six vingt ans que les Angloix ont occupé la Normandye plus de trente ans la plus grande partye des antiennes lettres du sieur de Vauville ont esté perdues par fortune des dittes guerres, à la vérification des choses dessus escriptes ledit de Vauville produict traize pièces d'escriptures :

La première pièce faisant mention de Gieffroy de Vauville sieur de Orval donnée de Henry Auboygnes, lieutenant du viconte de Bayeux du vendredy avant la Sainct-Pierre aux liens l'an 1360.

La segonde faisant mention dudict Gieffroy de Vauville escuyer et de Christophle d'Aigneaux, sa femme passé devant Jean des Landes tabellion à Villiers l'an 1494, le penultième jour d'octobre, icelluy Gieffroy quart ayeul dudict sieur d'Orval.

La tierce faisant mention dudict sieur de Vauville et de Jehan de Vauville, escuyer, son fils et damoiselle Marguerite de La Haye femme dudict Jehan, passé devant ledict Deslandes, l'unye jour de décembre l'an 1388 icelluy Jehan tiers ayeul dudict sieur d'Orval.

La quatriesme faisant mention desdictz Jehan et Jacques de Vauville escuyers, filz dudict Jehan et de damoiselle Girette de Larchamp femme dudict Jehan, contenant forme de traicté de mariage passé devant Jehan Bazire tabellion à Thorigny l'an 1407 le 5e février.

Le cinqe contenante comme Jehan DE LARCHAMP sieur de Septvantz obtint par sentence des juges de Thorigny que ledit fief d'Orval étoit tenu dudict fief de Larchamp et faisant mention dudict Gieffroy DE VAUVILLE son filz, en dabte du 9e de septembre l'an 1407, ès assises de Thorigny.

La sixe est la coppie d'un adveu du fief d'Orval faisant mention dudict Jehan DE VAUVILLE escuyer, sieur d'Orval passé devant Jehan BAZIRE, tabellion à Thorigni l'an 1404, le douze du mois de mars.

La septiesme est l'adveu et desnombrement de Thomas DENYSE homme et tenant de plusieurs tenementz en la dite sieurie d'Orval faisant mention de Jehan DE VAUVILLE, escuyer, sieur d'Orval et de Bures passé devant Jehan DU LIOT, tabellion à Thorigni le 30e jour de janvier 1436.

Pour la huictiesme produict deux mémoriaux ès assises de Thorigny, le premier du vendredy sixe jour de nov. 1439 et le segond du 26e jour de may l'an 1440, faisant mention du tiers Jehan de Vauville, fils du segond Jehan de Vauville, sieur d'Orval, iceulx bisayeul et ayeul dudict Jehan de Vauville à présent sieur d'Orval.

La neufiesme contenante traité de mariage de Jehan DE VAUVILLE escuyer, sieur d'Orval et Robine DE GRIMOUVILLE, sa femme, et de Jehan de Vauville de Vauville *(sic)* escuier, sieur de Bures et Marie de Grimouville fille de Monseigneur Gieffroy DE GRIMOUVILLE, chevalier, sieur de la lande d'Hérou, icelluy Jehan de Vauville sieur d'Orval ayeul dudict de Vauville à présent sieur d'Orval passé devant Allain Hardy tabellion à Bayeux l'an 1480 le 26e de febvrier.

La dixième comme Germain de Vauville escuyer sieur d'Orval père dudict Jehan de Vauville à présent sieur dudict lieu d'Orval, eut desnombré ledict fief d'Orval ès plèys de la sieurie de Septvantz le 27ᵉ jour de septembre l'an 1474.

La onzième est un extraict de registre signé de Guillaume LE MAIGNEN et Richard LE MAIGNEN, tabellion en la Conté de Mortaing, contenant traicté de mariage entre ledit Germain et damoiselle Jenne de la BRIÈRE. père et mère dudict Jehan de Vauville à présent sieur d'Orval en dabte du 10ᵉ de fébvrier 1473.

La douzième faisant mention de Jehan de Vauville et de Robine de Grimouville ayeul et ayeulle dudict Jehan de Vauville père d'icelluy Jehan passé devant Thomas et Pierre dictz de Bailleul tabellions à la Ferrière-Harenc l'an 1482 le 12ᵉ jour de septembre.

La traiziesme contenant lothz et partages d'héritages entre Jehan de Vauville escuyer, à présent sieur d'Orval et ses frères passez devant Pierre Lebœuf et Michel Le Bœuf tabellions à Thorigny le 22ᵉ jour de septembre l'an 1512.

O protestation par ledit de Vauville de plus monstrer, prouver et bailler et produire sy mestier est.

Baillé par ledict Jehan de Vauville le tiers jour de juillet l'an 1523.

Blanvillain, Sr de la Bigne

S'ARME :

D'azur
au Chevron d'Or
surmonté d'un croissant
du mesme accompagné
de 3 angons
d'argent.

Vivants l'an 1542. *Election de Bayeux.*

Margueritte Darclez fille de Jehan Darclez et damoiselle Perette Poisson épouse le Regnault Blanvillain, Sr de la Bigne et de la Muzengière.

Recherche des Elleuz de Bayeux

(1523)

Noble homme Thomas de Blanvllain, sieur de Grosmesnil, filz et héritier aisné de deffunct Eustace Blanvillain en son vivant escuyer, sieur dudit lieu de Grosmesnil, lequel a servi le Roy nostre Sire en son baon et arrière baon, le cas offrant et advenu en ensuivant l'adjournement à luy faict de l'autorité de Messieurs les Esleuz de Bayeux commissaires du Roy nostre Sire, en ceste partye, pour bailler l'estat et généalogie les moyens de sa noblesse et extraction de ligne, ensemble ses droictz et tiltres qu'il est homme noble et qu'il a usé de son privilège de noblesse qui à noble homme appartient en ensuivant les lettres et chartres dabtées du XXe Juillet 1474, faisant mention comme audict an par les commissaires députez au pays et duché de Normandye sur le [faict] des francs fiefz et nouveaux acquetz, le dict Eustache Blanvillain, lors tenant, saisy et jouissant dudict fief et seigneurie de Grosmesnil, fut anobly, tenu, réputé et déclaré pour personne noble luy sa postérité et lignée et à nasquir en loyal mariage sellon et par les moyens contenus en ladicte Chartre en laquelle est incéré la commission signée sur le reply par M^{e} Le Sens.

Item s'aide de la quittance de Jehan Fouquerey recepveur à ce commis escripte sur le reply de ladicte Chartre, dabtée de l'an 1474 faisant mention comme ledict Fouqueray confesse avoir receu dudict Blanvillain le nombre de quatre-vingtz escus d'or pour les causes produittes sellon icelle ; signée dudict Fouqueray.

Item s'aide et produict une attestation en dabte de l'an 1477, signée de Jean Guéroult, greffier de noble homme Philippe de Vaussy, sieur de la Forest, capitaine des nobles du bailliage de Caen faisant mention comme aux monstres générallles, il fut baillé et présenté par ledit Eustace Blanvillain, Jean Blanvillain escuyer, son frère, en ordre d'archer pour servir le Roy nostre Sire, offrant fournir et vériffier sy mestier est, que dudict privilège depuis ledict temps 1474, il a joui et possédé et soy conduict comme noble personne usant dudict privilège et vivant noblement comme les autres nobles du pays, le cas ofrant et à l'advenir comme encores font.

Faict et produict tant par ledict Thomas Blanvillain, sieur de Grosmesnil, que pour ses puisnez qui sont Guillaume Blanvillain escuyer, et les enffans sortis de deffunct Nicollas Blanvillain, en son vivant escuyer et lesdictz Thomas, Guillaume et Nicollas en leur vivant frères, enffants et héritiers dudict Eustace et pour ledict Thomas présenté et produict par Gilles Blanvillain, escuyer, fils et héritier dudict Thomas pour procureur, qui est vieil, ancien, décrépit et haagé de quatre-vingt-quinze ans ou viron, lequel pour sa décrépité a faict délaissance et advance d'icellui fief à son dict filz lequel a signé ceste présente avec Guillaume Blanvillain et Jehan Le Bastard, preneur des enffans soubzaagés dudict Nicollas en ensuivant l'adjournement faict faire aux dessus ditz de l'autorité de Messieurs les Elleuz à Bayeux, commissaires du Roy nostre Sire, en ceste partye le jeudi segond jour de Juillet 1523.

De Bauldre

S'ARME :

D'Argent
au croissant
de gueules
accompagné de six merlettes
de mesme
posées 3, 2 et 1.

Vivants l'an 1552. *Élection de Vire.*

Marie Darclais, fille de Nicollas Darclais, sieur de Montamys et de noble dame Péronne de Banville, épouse noble homme Jehan de Bauldre.

Recherche des Elleuz de Bayeux

(1523)

De Bauldre, avant 1392

En suict la généalogie, extraction, génération de noblesse dont est issu en droicte ligne et loyal mariage Jehan DE BAUDRE, escuyer.

PREMIÈREMENT,

Dict le dict Jehan DE BAULDRE que de Nicollas de Bauldre issit Jehan de Baudre et que dicelluy Jehan, marié avec damoiselle Guillemette de Monbosc, issit Guillaume de Baulre, escuyer.

Que dudict Guillaume, marié avec damoiselle Jehanne Potier issit Guillaume (IIe) de Baudres.

Que d'icelluy Guillaume (IIe), marié avec damoiselle Catherine de Parfourut, fille du sieur de Pierrefitte est issu ledict Jehan DE BAULDRE.

Et pour encore le plus monstrer, s'aide ledict Jehan DE BAUDRE d'une lettre passée en 1400, le sixiesme de febvrier comme Jehan DE BAUDRES, escuyer, sieur du lieu, bailla afin d'héritage à Jehan DE BAUDRE, escuyer, fils Nicollas, C'est assavoir, les terres qui furent à dame Luce DE BAUDRE leur ayelle assises en la paroisse de Baudres.

Item monstre une autre lettre en dabte du 12e de febvrier l'an 1392, comme Jehan DE BAUDRE escuyer, sieur du lieu, et Jehan DE BAUDRES, fils

Collin, avaient faict partage entre eux de la succession à eux venue et escheue par la mort et trespas de deffunte Allaine DE BAUDRES leur ayelle.

Item s'aide d'une autre lettre en dabte du 18e jour de Janvier l'an de grâce 1465, faisant mention comme noble homme Guillaume DE BAUDRE, fils et hérittier aisné de deffunt Jehan DE BAUDRE et de damoiselle Guillemette MONBAULT, sa femme, leur ayelle d'une part et noble homme Guillaume DE BAUDRES ayel du dict Jehan à présent et hérittier en sa portion desdictz deffunctz Jehan DE BAUDRE et laditte Guillemette DE MONBAULT avoient faictz lotz partages entreulx par l'estat desquelz, audict Guillaume demeura les fiefz, terres et seigneuries desditz Benissents (?) et le fief du Hamel avec les appartenances de droictures et audict Guillaume segond demeura l'hostel et manoir dudict Jehan DE BAUDRE père desdictz frères avecques les terres et appartenances.

Item monstre une attestation signée Bureau (?) du 20e de novembre 1511, faisant mention comme ledict Jean DE BAUDRE pour luy et ses frères en faisant sa monstre de noblesse en ceste ville de Bayeux, s'estoit présenté pour servir le Roy et icelluy retenu.

Lesquelles choses doibvent suffire pour monstrer que le dict Jehan DE BAUDRE est noble personne, nay et extraict de noble lignée et d'antienneté et que ses prédécesseurs devant nommés ont toujours et de tout temps tant qu'il n'est mémoire du contraire réputez et congneuz par le Roy nostre Sire pour personnes nobles et vesqui noblement

Produict par ledict Jehan DE BAUDRE à Messieurs les Elleuz à Bayeux, en suivant leur ordonnance, sauf sy mestier est, à plus amplement amplifier de sa noblesse, le segond jour de Juillet 1523.

Recherche de Chamillard en 1666

Jacques fils Jean fils Antoine fils Jacques Ier.

Jacques II, sieur de la Jugandière, demeure dans la paroisse d'Aigneaux, Sergenterie de Saint-Gilles, élect. de Coutances, aagé de 59 ans, religion catholique. Il épousa Marie Jallot. 1634

Antoine	—	Louise Le Canu.	
Jean Ier	—	Elisabeth de Ste-Marie.	1589

Jacques fils Jacques fils Gilles fils Jehan.

Jacques de Baudre, Sr de la Vallée, demeure en la paroisse de Ste-Honorine-la-Chardonne, sergenterie de Condé, élection de Vire, aagé de 33 ans. Religion catholique.

Gilles	a épousé	Judiht du Rocher.	l'an 1618
Jacques I	—	Exterine Porret.	1631
Jacques II	—	Jehanne Yvelin.	1655

Guillaume

Jean. Richard. Gilles

Louis. Jacques. Thomas. Guillaume

Jean. Hébert. Jean. Pierre. Pierre. Michel

Guillaume. Olivier. Etienne. Joachim. Michel. Jean. Ollivier

Etienne. Etienne. François. Richard. Jacques. Pierre. Jean. Pierre

Pierre et Olivier de Baudre, demeurant paroisse de Litteau, sergenterie de Thorigny, élection de Bayeux. Etienne DE BAUDRE demeure à Loucelles, sergenterie d'Evrecy. RICHARD Jacques Pierre Jean et Pierre DE BAUDRE, à Littry.

Jean, fils Guillaume	a épousé	Anne Guéroult.		1528
Guillaume, fils dudit Jean	—	Jeanne de Pierres.		
Michel, fils dudit Guillaume	—	Anne Le Vaillant.		1624
Olivier, fils Michel	—	Marguerite de Balleroy		1651
Hébert	a épousé	Marie Auvray.		
Guillaume fils Hébert	—	Anne de Chaumontel.		1615
Estienne fils dud. Guillaume	—	Marguerite Le Harivel.		
Thomas fils Jean fils Guillaume	—	Jacqueline Hébert.		1542
Jean fils dud. Thomas	—	Jacqueline du Jardin	les deux	1581
Pierre son frère	—	Françoise du Jardin	sœurs	1581
Estienne fils Jean fils Thomas	—	Marie Durand.		
Joachim son frère	—	Renée de Sallen.		
Michel son frère	—	Catherine Potier.		
Jean fils Pierre fils Thomas	—	Judith Henry.		1622

Guillaume

Jacques — Jean

(de Jacques :) Olivier — Nicollas — Jacques

(de Nicollas :) Guillaume

(de Guillaume :) Nicollas — Jean — René — Claude

(de Nicollas :) Jacques — Georges

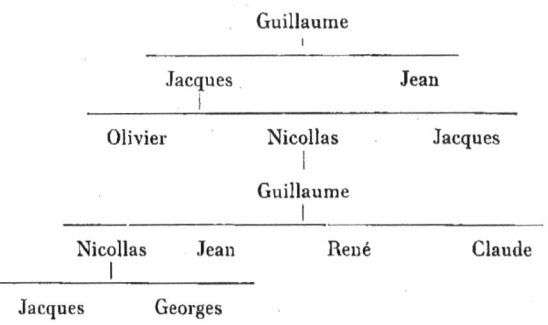

Jean DE BAUDRE, Jacques et Georges en la paroisse du Tourneur, élection Vire.

Guilllaume	a épousé	Margueritte du Broc.	1498
Jacques fils Guillaume	—	Guillemette de Grosparmy	1527
Nicolas fils Jacques	—	Margueritte de Croizilles	
Guillaume fils Nicolas	—	Jacqueline Le Boucher.	1591
Nicollas fils Guillaune	—	Françoise Gohier.	
Jacques fils Nicolas	—	Julienne Le Breton.	
Georges son frère	—	Marie Le Bled.	

Richard

Richard — Florent — Guillaume

(Guillaume :) Pierre — Charles — Philippe

(Pierre :) Guillaume — Jean — Nicollas

(Philippe :) Pierre (le produisant)

(Guillaume :) Jacques aussi produisant

Jacques de Baudre demeure en la paroisse Saint-Ouën de Baudre, élection de Carentan. Pierre en la paroisse de Saint-Jehan-des-Baisants, élect. de Bayeux.

Richard Ier de Baudre	a épousé	Jacqueline de Moitiers.	
Guillaume fils Richard	—	Margueritte Clément.	1619
Jacques fils Guillaume	—	Gillette Chevreul.	1650
Philippe fils de Guillaume fils Richard	—	Cardinne des Faudais.	
Pierre fils Philippe	—	Peronne du Mauvir.	

Dans les Archives Communales de Saint-Martin de la Besace se trouvent un nombre assez considérable de pièces intéressant cette Maison.

Le Liepvre, baron de Fresnes

S'ARME :

De Gueules
à la Croix ancrée
d'argent accompagnée
de 3 croissants d'or
2 en chef et 1 en
pointe.

Vivants l'an 1560. *Election de*

Regnée DARCLOIS, fille de Nicollas Darclois, Seigneur de Montamis et de noble dame Peronne DE BANVILLE, épouse noble et honneste homme Bertrand LE LIEPVRE, baron de FRESNES.

Recherche de Chamillart 1666.

Guillaume LE LIEPVRE eut pour fils Jean qui eut pour fils Nicollas dont sortirent Louis et Guillaume, ce dernier eut pour fils Jacques.

Louis LE LIEPVRE, demeurant en la paroisse de Grainville, sergenterie de Villers, élect. de Caen était de la religion réformée, Jacques S^r de la commune agé de 58 ans paroisse de Missy, de même.

Jean	a épousé	Catherine Le Chanteur.	1522
Nicollas	—	Jeanne de La Cour.	1570
Loüis	—	Margueritte de La Haye.	1609
Guillaume fils Nicolas	—	Françoise de La Cour.	1605
Jacques fils Guillaume	—	Lucienne du Boÿs.	1638

Pierre eut pour enfants Jean et Pierre.

Jean eut pour fils Jacques dont Nicolas et Guillaume.

De Pierre sortit Richard qui eut pour fils Charles et Jullien.

Guillaume, Sr du Val, aagé de 60 ans, demeure en la paroisse de Grainville.

Charles Sr de la Mare aagé de 70 ans même paroisse.

Julien, S^r des Portes, 61 ans, demeure à Tessel sergenterie de Villers. Tous de la religion prétendue réformée.

Jean fils Pierre	a épousé	Guillemette de Cairon.	1560
Jacques fils Jean	—	Charlotte d'Esterville.	1589
Guillaume fils Jacques	—	Catherine Bazire.	1634
Nicollas son frère	—	Jeanne du Vernay qui a produict ses pièces sans dire s'ille a des enfants de son mary deffunct.	
Pierre fils Pierre	a épousé	Claude du Vernay.	1565
Richard fils Pierre	—	Jacqueline du Mesnil-Eury.	1592
Charles	—	Madeleine de Croisilles.	1622
Jullien	—	Catherine de Laval.	1653
Jean	—	Marie Fauvel.	
Nicolas	—	Jeanne de la Cour.	
Gilles	—	Jeanne de Charnacé.	1620
Loüis	—	Anne Aveline.	1648
Charles	—	Anne le Chevalier.	1653

Jean qui fut prestre.

Sainte-Marie

S'ARME :

Ecartelé d'or
et d'azur
le premier et le quatriesme
quartier
chargés d'un
croissant de gueules.

Vivants l'an 1565. *Elections de St-Lô et de Vire.*

Nicolas D'ARCLAIS Seigneur de Monbosc fils Jehan du nom et Jehanne DE VAUVILLE épousa l'an 1565 damoiselle Florimonde DE SAINTE-MARIE.

Il servit le Roy et mourut l'an 1580.

Il eut plusieurs enfants dont Jehan qui lui succéda.

Sainte-Marie.

THOMAS DE SAINTE-MARIE, Seigneur et patron d'Agneaux et de la Haïe-Belouze, dans la paroisse dudit lieu d'Agneaux, diocèze de Coutances, généralité de Caën, Province de Normandie, épousa le 15 mai 1697 Marguerite-Renée Mangon, fille de Bernardin, sieur du Coudrai, Seigneur

Chastelain et patron des Marets de Haqueville et de Marie des Maires. De ce mariage sortirent : 1° Jan-Jacques-René né le 25 Juillet 1707, reçu Page du Roi dans sa petite Ecurie le 9 mars 1720 ; 2° Jeanne-Angélique, née au mois d'Aoust 1703.

Il avait eu pour père et pour mère :

François-Louis de Sainte-Marie, seigneur et patron d'Agneaux et Marie-Anne du Moustier mariés l'an 1666, fille de Nicolas du nom, Seigneur de la Motte, lieutenant-général au bailliage et siège présidial de Caen et d'Anne le Moutonnier ; ledit François fils de :

Jaques de Sainte-Marie III du nom, seigneur et patron d'Agneaux et de Canchi, gentilhomme ordinaire de la Chambre du Roy, gouverneur des Ville et Chateau de Grandville et de Madelène Boutin, mariés le 28 nov. 1641. Fille de Pierre Boutin seigneur et patron de Victot, gentilhomme ordinaire de la chambre du Roi, bailli de Caen, et de René d'Hérouville, que ledit Jaques et Philippe son frère Sr d'Orbeville, furent maintenus dans leur noblesse par les commissaires députés par le Roi, pour le régallement des tailles dans ladite généralité de Caen le 17 Juillet 1624 et dérivaient de noble homme.

Jaques de Sainte-Marie II du nom, sieur du Plessis, seigneur et patron d'Agneaux gentilhomme ordinaire de la Chambre du Roi, gouverneur de Grandville et de Barbe de la Luzerne qu'il épousa le 17 mai 1616, fille de Pierre, chevalier, seigneur de Brévans. gentilhomme ordinaire de la Chambre du Roi, gouverneur du Mont-Saint-Michel et d'Anne de Breçei d'Isigni ; il était fils de :

Jaques de Ste-Marie I du nom, chevalier, seigneur d'Agnéaux, de la Haie-Belouze et d'Orbeville, gouverneur de Grandville et de Isles Chausei gentilhomme ordinaire de la Chambre de François Duc d'Alençon, par lettres de retenüe du 15 mai 1583 et de Caterine de Harlus, sa première femme, mariés le 26 février 1572, fille de noble seigneur messire François de Harlus, chevalier seigneur et patron de Cramaillé, seigneur du Plessis-Chastelain ; Que le dit Jaques de Sainte-Marie lequel épousa en 2e noces le 30 janvier 1589 Jaqueline Pigousse, veufve de noble homme Guillaume Le Coq, seigneur de Lingreville et fille unique de noble homme Jean Pigousse, Sr de Séran et de Luce Frestard, eut pour frères : Louis de Sainte-Marie, seigneur de Canchi, gentilhomme ordinaire de la Chambre du Roi l'an 1589 et Jean de Sainte-Marie, sieur d'Outreleau, l'an 1616 ; tous trois enfants de noble seigneur Messire :

Nicolas de Sainte-Marie, seigneur d'Agneaux et de Canchi, capitaine du Chateau de Valognes, Chambellan de Louis de Bourbon, Prince de Condé, et gentilhomme ordinaire de la Chambre du Roi l'an 1563, chevalier de l'Ordre de Saint-Michel l'an 1583. Capitaine et gouverneur des villes et forteresses de Grandville l'an 1589 et de Marie de Longueval qu'il avoit épousée le 14 novembre 1549, lors veufve de Jean d'Anlezi chevalier, Sieur d'Unflun et fille de Haut et puissant seigneur Messire Philippe de Longueval, chevalier, seigneur de Haraucourt viconte de Verneuil. Que le dit Nicolas de Sainte-Marie par son testament du 21 septembre 1578 fit à sa femme une donation de tous ses biens, « *attendu qu'elle s'étoit toujours* « *occupée par son industrie et son bon ménage à l'accroissement de ses biens,* « *pendant qu'il étoit à la cour au service du Roi et des Princes de son sang.*

Il ordonna « *que les damoiselles ses filles fussent bien et honnestement* « *pourveües en mariage à Gentilshommes de bon renom, dont il chargeoit* « *l'honneur tant de la dite dame sa femme que de ses enfans.* »

Que ledit Nicolas de Sainte-Marie et Margueritte de Sainte-Marie sa sœur mariée avant l'an 1543 avec Philippe de Sainte-Marie son cousin, seigneur de Sainte-Marie d'Outreleau, étoient sortis de noble Seigneur :

Jean de Sainte-Marie II du nom Sieur d'Agneaux, Lieutenant général du capitaine de la ville de Saint-Lo, l'an 1596 et 1542, et de Charlotte de Pellevé fille de Jean de Pellevé Sr de Traci, que ledit Jean Sainte-Marie étoit fils de noble homme :

Jean de Sainte-Marie I du nom, seigneur d'Agneaux et de Canchi lequel donna à l'Evesque de Coutances, baron de Saint-Lo, le 23 janvier 1494, son aveu des fiefs et Seigneurie d'Agneaux, mouvans pour un tiers de fief de Hauber de ladite Baronie. Le dit Jean fils de :

Raoul de Sainte-Marie, seigneur de Saint-Andrieu, près de Bréouze, au Diocèze de Séez, l'an 1460 et de Girette d'Esquai, fille de Richard de ce nom, chevalier, Sieur d'Agneaux et de Canchi.

Dans la Recherche des Elleuz de Bayeux se trouve une autre famille de Sainte-Marie, sieurs de Castillon et de Bretteville, cotée comme noble avant l'année 1455, « dictz de Soullongue, assiz en la viconté de Bayeux et « dont plusieurs sont inhumez tant aux cordeliers de Caen que dans l'église « du Saint-Sépulchre et en l'église de la rüe Froide à Caen, auxquels lieux « se voient leurs armoiries qui sont : d'azur à troyz fases d'or, une barre « d'Esguillons et troyz coquilles d'argent, et en l'églize dudict lieu de St-Malo « de Bayeux où leurs corps sont inhumez et leurs armes en la dicte église « tout à l'environ. »

Il est difficile de vérifier à laquelle de ces deux familles appartenait la damoiselle Florimonde, dont nous n'avons pas retrouvé le nom ailleurs que dans le contrat de mariage qui suit.

Le lecteur remarquera que toutes les deux habitaient la même contrée que les Darclais et que par suite elles devaient être en relations.

Contrat de mariage de Nicollas Darclays et de la damoiselle Florimonde de Sainte-Marie (1)

(9 Février 1565)

En traictant le mariage de noble homme Nicollas DARCLAYS, écuier, Seigneur de Monbosq et de Neuilly-le-Malherbe d'une part et damoiselle Florimonde DE SAINTE-MARIE, fille naturelle et légitime de Gabriel DE SAINTE-MARIE, sieur du Lieu et de Anneville et damoiselle Anne DE LA TOURNIÈRE ses père et mère il a esté promis et accordé par ledict DE SAINTE-MARIE père de la dicte damoyselle pour son don mobil et héréditai pour sa part et portion de la succession qui lui peut venir, survenir et eschoir tant de père que de mère, la somme de mil livres tournois, du nombre de laquelle somme après que ledict Sieur de Monboscq en sera payé, il devra subir et emploïer au nom et ligne de ladite damoiselle à condition de remise et oultre le dict Sr DE SAINTE-MARIE donne à sa dicte fille tous accoustremens et meubles et du linge à la vollonté et discrétion de laditte damoyselle mère de la dite fille et à ce moyen ledict sieur de Monboscq et la dicte damoyselle DE SAINTE-MARIE ont esté contents.

En présence dudict sieur de SAINTE-MARIE et de noble homme Jean DE SAINTE-MARIE, sieur de Tourneville, frère de ladicte damoyselle et de noble et discrette personne Maistre Jacques DARCLAYS, curé de Montamys, tuteur et gardain dudict sieur de Monboscq et Robert LE CHARTIER, sieur de Barneville.

FAIT AUJOURD'HUY neufviesme jour de février mil cinq cent soixante et cinq.

Ont signé : DARCLAYS, DE SAINTE-MARIE, LE CHARTIER, chacun leur signe et paraphe.

(1) Archives du Calvados.

Bellier

S'ARME :

D'Azur
à la tour
d'argent
accompagnée
à dextre en chef
d'un soleil d'or.

Vivants l'an 1567. *Election d'Alençon*

Barnabé d'Arclais seigneur de Montamys fils de Nicolas du nom et damoiselle Péronne de Banville épousa damoiselle Marguerite Bellier.

Il servit le Roy en ses guerres et prit parti contre la ligue.

Il mourut l'an 1598 laissant plusieurs enfants dont Michel lui succéda dans son domaine de Montamys.

Nous n'avons trouvé que peu de renseignements sur la Maison Bellier, qui parait pourtant être d'ancienne noblesse.

Noble homme N... Bellier était procureur du Roy à Tinchebray vers l'an 1550, il épousa une damoiselle du Rosel entre autres enfants ils eurent une fille nommée Magdeleine qui épousa le 1er Juing 1567, noble homme Barnabé Darclais seigneur et patron de Montamys.

L'an 1428, le gouverneur de Chinon pour le Roy Charles VII se nommait Guillaume BELLIER, sa femme et lui hébergèrent et logèrent Jehanne la PUCELLE, lorsqu'elle vint pour y voir le gentil DAUPHIN.

Cette dame était une preud'femme fort estimée, parait-il, pour sa sagesse. Son avis devait faire foi ; aussi fut-elle chargée des enquêtes ordonnées à Poitiers au sujet de ladite PUCELLE et de la créance qu'on devrait lui accorder.

Devant CHAMILLARD au XVIIe siècle, la famille BELLIER d'abord déboutée de sa noblesse fut reconnue noble et prouva avoir été telle dès le temps de Montfault.

Berton

S'ARME :

De gueules
à six
annelets
d'argent

Vivants l'an 1589. *Election de Bayeux.*

Margueritte D'ARCLAIS DE MONBOSC, fille de JEHAN V D'ARCLAIS, seigneur de Monbosq et de Neuilly-le-Malherbe et de noble damoiselle Jeanne DE VAUVILLE D'ORVAL, fut mariée l'an 1589 à noble homme Julien BERTON, seigneur de Bréville.

Le Liepvre

S'ARME :

De gueules
à la croix ancrée
d'argent accompagnée
de 3 croissants d'or
2 en chef et 1
en pointe.

Vivants l'an 1580. *Election de Caen.*

Christine DARCLOYS 4e fille de Nicollas DARCLOYS seigneur de Montamys et de noble dame Péronne DE BANVILLE épouse viron 1580, noble et honneste homme Rogier LE LIEPVRE, qui paraît être le frère du baron DE FRESNES susdit.

[Se reporter à l'article qui concerne ledit Baron].

Chastel, Sr de Boutemont

S'ARME :

De gueules
au chateau d'or
donjonné
de
3 pièces
maçonné de Sable

Vivants l'an 1590. *Election de Bayeux.*

Jenne Darclois fille de Nicollas Darclois seigneur de Montamis et de noble dame Péronne de Banville épouse noble homme Jullien Chastel Seigneur de Bouttemont, de Cardonville et autres terres.

La Cour de Maltot S^r^, puis Mis de Balleroy

S'ARME :

D'Azur à 3 cœurs d'or posés : 2 et 1.

Vivants l'an 1600. — *Election de Faloise.*

Anne Darclais, fille de noble homme Nicollas d'Arclois, seigneur de Monboscq et de Neuilly et de damoiselle Florimonde de Sainte-Marie, épousa Robert de la Court, sieur de Rengey, fils de noble homme Guillaume de la Court, sieur de Maltot et de damoyselle de Parfouru, sa femme.

Ce traité de mariage est daté du 5e sept. 1600.

De la Cour, Sieur de Maltot [1]

Pierre, Thomas, Louis, Rolland, Charles, Jean, Guillaume, Timoléon, Jacques sortis de Louis, Jean et Pierre ; Louis DE LA COUR, seigneur et patron de Maltot demeurent à Maltot, sergenterie de Préaux, 35 ans. Rolland DE LA COUR, sieur d'Auval, son frère aagé de 33 ans.

Charles, Jean-Louis, Guillaume, Timoléon et Jacques frères ; Charles demeure à Vignatz, 36 ans ; Jean-Louis à Méry, élection de Caen ; les autres sont dans les armées du Roy. — Augustin DE LA COUR, 67 ans. Jean et Augustin RAPHAEL, fils Anibal, fils Jean, fils Rolland, fils Guillaume, aagés de 19 et 23 ans, tous de la religion prétendue réformée.

Pierre.	ép.	Germain de la Rivière.	1537
Jean, fils aisné	—	Jeanne Chéron.	
Blaise, fils puisné	—	Esther Foucques.	
Loüis fils Jean [ambassadeur en Savoie]	—	Caterine Morel.	
Jean, fils Jean	—	Renée Lescalley.	1624
Louis, fils Jean	—	Margueritte Pajot.	
Pierre, fils Blaise	—	Elisabeth Borel.	1627
Rolland, fils Guillaume	—	Marie Régnault.	1555
Jean, fils Rolland	—	Françoise de la Fresnaye.	1595
Auguste	—	Diane Beaulard.	
Annibal	—	Marguerite du Vernay.	1638

(1) Ces seigneurs de Maltot devinrent Marquis de Balleroy.

Traité du mariage d'entre Robert de la Court et damoiselle Anne D'Arclays (1)

5 septembre 1600

Pour parvenir au mariage encommencez qui au plaisir de Dieu sera faict et célébré en face Sainte-Eglise par entre noble homme Robert de la Court, lui vivant sieur de Maletot et de damoiselle Marye de Parfourru ses père et mère, d'une part, et damoiselle Anne d'Arclays fille de noble homme feu Nicollas d'Arclays vivant sieur de Monboscq et de Neuilly et damoiselle Florimonde de Sainte-Marye d'autre part, il a esté accordé c'est assavoir : que ledict sieur de Rengey a promis et accordé prendre ladite damoiselle pour sa femme légitime et épouse et pour ce moyen noble homme Jehan Darclais sieur de Montboscq et de Neuilly frère de laditte damoiselle présent a donné et promis au dit sieur de Rengey en faveur dudit mariage tant pour son don mobile que héréditál et pour sa légitisme part qu'en pourrait appartenyr à sa ditte feue seur c'est assavoir : la somme de quatre cens escus vallant douze cens livres de laquelle somme ledit sieur de Monbosc en a promys païer le jour des espouzailles la somme de cens livres tournois et cens livres le iour de feste Saint-Michel prochain venant et pour sourplus qu'en se doibt mil livres, ledit sieur de Monbosc s'est soubmys et obligé de faire et payer par chascun an le nombre et somme de cens livres tournois de rente pour tenir le nom et ligne de sa ditte seur, parce qu'elle ne commencera à courrir que de deux ans après le jour desdittes espouzailles ; icelle rente redevable à quatre termes esgaux ; et oultre ledit sieur de Monbosc a promys et accordé

(1) Archives du Calvados, tabellionage de St-Jean-le-Blanc, 1600-01 folio 60.

audit sieur de Ranchey de le nourrir lui et saditte femme future épouze le nombre de deulx ans pour ce qu'il se contente de l'ordinayre dudict sieur de Monbosc, avec un laqqués, une Chambryère et ung cheval allant au vert et au sec, ledit temps durant et au cas où ledict syeur de Rangey partirait d'avecques ledit sieur de Monbosc lui paier aucune pention pour le prorata du temps qu'il ne se tiendrait avec ledict sieur de Monbosq et pour le regard des habits et accoustrements et trousseau de ladite damoyselle il demeure à la discrétion et vollonté dudit sieur de Monbosc et de la damoyselle sa femme. ET TOUT ce que dessus ainsy promis et accordé le 23e jour de juillet l'an mil six centz en présence de nobles hommes Loys DE VAUVILLE D'ORVAL, Guillaume DE BAULDRE Sr de Soubressain, Michel D'ARCLAIS Sr de Montamys, Jehan DE BERTRAM (?) Sr de St-Ouën, LE CARPENTIER Sieur de la Vallée, Messires Jean LOUVET et Nicollas MOISSON, prestres le 25e jour de Juillet l'an mil six cents.

(*Signatures.*)

---

(1) Le second jour de novembre même année, ledit Jehan D'ARCLAYS avait accordé aux dictz mariez la jouissance pour « le temps et terme de cinq années » commencantes à jourd'huy, les terres et sieurie de Monbosc et « touttes choses en icelles appartenantes » dont l'énumération suit. Faict aujourd'hui segond jour de septbre, l'an mil six cens présence de noble homme Jehan LE BERTON, Sr de St-Ouën, de Jehan LE GRAND et Fernant ESNAULT.

Ont signé avec les notaires : DE LA COUR et DARCLAYS.

Ce fu rattifié au jour du mariage le 5e jour de septembre.

---

(1) Archives du Calvados, tabellionnage de St-Jean-Le-Blanc et Archives d'Audeteau de Montamys.

Bon Le Métays, Sr de la Londe

S'ARME :
De gueules
à 3 estoilles
d'argent, posées
2 et 1

Vivants l'an 1602. *Election de Vire.*

Catherine d'Arclais, fille de Barnabé Darclois, seigneur et patron de Montamys et de noble dame Margueritte Bellier, épouse noble homme Bon Le Métais de la Londe, le 8 aoust 1602.

Le Métays, Sr de la Londe (1)
(1506)

Guillaume Le Mestais, fils de deffunct François Le Mestays qui a esté adjourné par Loys de la Croix, sergent, en vertu d'un mandement de Messieurs les Elleuz de Bayeux pour faire apparoir de Chartres sy aucunes en avoit pour monstrer qu'il est personne noble, dict qu'il monstre et faict apparoir la sentence donnée en la court de messieurs les généraux à Roüen, sur le faict de la justice des Aydes de Normandie en dabte du xxiiie jour

(1) Recherche des Esleuz de Bayeux. 1523.

d'apvril l'an 1506, comme néanlmoins l'annoblissement octroyé à son dict deffunct père, Lorsqu'il vivoit, par les francs-fiefz et nouveaux acquetz par le feu Roy Loys, il avait esté assis à taille par les paroissiens de Maigny, dont le dict Mestays print deffence et par ledict arrest venu à entente l'annoblissement confirmé qu'il soit par la dicte cour desclaré noble et qu'il jouiroit dudict privilège de noblesse comme il a toujours faict du depuis vesquy noblement comme les autres nobles du pays.

Produict le premier iour de juillet 1523.

---

(1) Martin fils Bon le Métais fils Marguerin fils Guilbert. Martin le Métaer (ou le Métays) Sr de la Londe, demeure à Torteval, élection de Bayeux, sergenterie de Briquesard. En 1617 il épouse Barbe MIFFANT.

BON son père, épousa en 1585, Jeanne de Trousseauville.

---

(2) Recherche de Chamillart 1666

Morant, S[r] d'Espinay

S'ARME :

D'Azur
à trois cormorans
d'argent becqués
et membrés
de gueules.

Vivants l'an 1605.

Généralité de Caen.

Péronne Darcloys, fille de Barnabé Darclays, seigneur de Montamys et de noble damoiselle Bellier, épouse Guillaume Morant, S[r] d'Espinay.

De Morant

La Maison de Morant est de vieille noblesse de Chevalerie.

Dans l'état des nobles hommes et escuyers de la baillie de Caen qui devaient service du Roy et qui furent présents dans l'armée de Foix en l'an 1271, on trouve : « Jehan Morant qui vient pour ung quart de Haubert ».

Ce même Jehan parait encore sur les roolles des monstres de 1272.

A la tenue des nobles et tenant noblement faicte par Antoine Daubusson à Auffray-sur-Gyé, le cinq janvier 1470 : « Guillaume Morant « avec bigandine et salade et avecques lui ung paige pour porter son vouge ».

Dès avant cette époque il est question des MORANT à la Chambre des comptes de Normandie.

Cette maison possédait de temps immémorial des terres considérables comme celles d'Escours, La Perle, Lamotte, Esterville, Le Mesnil-Garnier, Courseulles, Coulonces, Penzès, etc. etc... dont plusieurs sont baronnies, comtés ou Marquisats, fiefs de Haubert, relevant directement du Roy.

Outre ces avantages, cette Maison possède celui de s'être toujours distinguée par ses services, sa fidélité, son attachement à ses souverains légitimes.

Elle s'est aussi honorée par ses alliances contractées avec les Maisons les plus illustres, dont il en est d'alliées avec la Maison Royale et les Princes du sang Français.

Il ne nous sera pas possible de donner ici tous les détails de la filiation, des contrats et des brevets, qui intéressent la vie de cette famille et fixent la valeur de ses services, nous devrons nous contenter d'en donner une énumération sommaire, renvoyant pour le reste aux archives du Calvados, aux archives nationales, à la bibliothèque nationale et aux travaux entrepris vers 1900 par Julien, Marquis de MORANT, sur sa famille, travaux qu'il avait bien voulu mettre à notre disposition et qui ont été gracieusement communiqués après sa mort par son frère Camille, Comte DE MORANT, descendants de la branche de Coulonces.

Filiation de la Maison de Morant

1245 1° Etienne MORANT, chevalier, épouse l'an 1245 Marie DE LA HOULETTE.

1294 2° Jehan Ier MORANT, chevalier Seigneur d'ESCOURS, épouse le 15 septembre 1294 Catherinne DE DAMPIERRE.

1340 3° Etienne-Jehan, chevalier, Sgr d'Escours, né l'an 1303, épouse l'an 1340 Marie POTTIER.

Dont est sorti :

1392 4° Jehan II, seigneur d'Escours, né en 1346, épouse en 1392,

Caterinne RENARD dont sont sortis : Alexandre, Jehan et Guillaume.

1434 5° Alexandre, chevalier, Seigneur de la Perle, né l'an 1395, épouse l'an 1434 Magdelaine DES ROTOURS, dont est sorti :

1467 6° Josias, chevalier, Seigneur de la Perle, né l'an 1435, épouse l'an 1467 Jacquette DE TILLY, dont est sorti :

1505 7° Charles, chevalier, Seigneur de la Perle, épouse l'an 1505, Marie DE DAMPIERRE, sa cousine, qui luy rapporte la terre d'Escours; dont est sorti :

1541 8° François, chevalier, Seigneur d'Escours et de la Perle, épouse l'an 1541 Jehanne DE SUCY,
dont est sorti :

1543 9° THOMAS Ier, chevalier, né l'an 1543, Seigneur d'Esterville, de
1578 Rupierre et de Bréville en Auge, baron de Mesnil-Garnier, trésorier de l'Epargne des Roys HENRY III, HENRI IV et LOUIS XIII, épouse en juillet 1578, damoiselle Matilde MOREL DE SECQUEVILLE,
dont sont sortis :

1584 10° THOMAS II et GASPARD, ce dernier auteur de la branche de Rupierre, éteinte au XVIIIe siècle.

THOMAS II, seigneur baron du Mesnil-Garnier, naquit le 13 nov. 1584, il fut conseiller au grand Conseil du Roy, trésorier de son épargne après son père, maistre des requestes et commissaire extraordinaire en Normandie, grand Trésorier et commandeur des Ordres du Roy en 1621. Il devint conseiller d'Etat et privé à la mort de son père. Il épousa :

1° Jehanne CAUCHON TRESLON, fille de Laurent CAUCHON, conseiller d'Etat et de Anne BRULART DE SILLERY, sœur du chancelier de France. (1)

De ce mariage sont sortis : un fils Thomas et 2 filles.

---

(1) A la bibliothèque nationale on trouve (collection Clérembault), le portrait à la sépia de Thomas II de Morant.

2° Françoise, Catherine DE VIEUX-PONT, fille de Jehan V de Vieux-Pont et de Marie Catherinne de Bauffremont.

« Parmi les portraits des membres du Parlement on trouve Morant, « fort éclairé, subtil qui sait donner le tour aux choses et en a fait de bons « en sa vie, normand et un peu dangereux. »

Le portrait de THOMAS III a été gravé par Frosne d'après le tableau de Le Vaillant. Celui de Thomas-Alexandre peint par Largillière, figure dans les galeries du palais de Versailles.

Du second mariage de THOMAS II, sont sortis :

1° Nicolas CLAUDE, baron de Courseulles, seigneur d'Esterville, auteur de la branche de Courseulles, qui s'est fondue en celle de Coulonces en nov 1772.

2° Charles ROGER dit le Chevalier du Mesnil-Garnier, auteur de la branche de Coulonces.

3° Henri Dominique, dit le chevalier de Courseulles.

4° François, religieux bénédictin.

5° Louis, Lieutenant des vaisseaux du Roy.

plus cinq filles.

THOMAS III, naquit au mois de juillet 1616. Il fut conseiller au grand conseil en 1636, maistre des Requestes en 1643, Intendant à Bordeaux et à Montauban en 1649, en Picardie et en Bourgogne 1651, à Caen 1653 à Rouen en 1665, en Lorraine, Anjou et Maine en 1659, Maistre des requestes honoraire en 1663 et Conseiller d'Etat, garde du scel des obligations de la Viconté de Caen par droit héréditał.

En août 1658, il obtint des lettres patentes portant érection de la baronnie du Mesnil-Garnier en Marquisat.

Il épousa Louise LE MENEUST, famille du païs de Bretagne, alliée à cette même époque à la Maison DES GRÉES DU LOÜ. (1)

---

(1) Louise Le Meneust était fille de Guy Le Meneust Sgr de Berquigny, président à Mortier du parlement de Rennes. Voir dossier Desgrées-du-Loû.

De ce mariage sont sortis :

1° Thomas-Alexandre, Conseiller du Roy, maistre des requestes, Intendant de justice, police et finances en Bourbonnais 1675, en Provence 1680, premier président au parlement de Toulouse 1687, démissionnaire en 1710.

+ le 8 juillet 1713. S. P.

2° Thomas-Guy comte de Penzès, lieutenant-colonel du régiment de Lassay, auteur de la branche des Comtes de Penzès qui s'éteignit en 1832, en la personne de Thomas MORANT, Marie Louis, marquis de Morant, officier au régiment de Dragons de la Reine, né en juillet 1754, + 1832, S. P.

Par suite de ce décès le titre de Marquis DE MORANT passa à la Branche DE COULONCES descendant de Charles Roger, dont il vient d'être parlé parmi les enfants de Thomas II.

Branche de Coulonces

Charles-Roger DE MORANT fils de THOMAS II dit le Chevalier du Mesnil-Garnier, né en octobre 1633, garde du Corps de Sa Majesté maintenu noble par CHAMILLART en 1667, Chevalier de Saint-Loüis et de Saint-Lazare de Jérusalem le 16 septembre 1684, épousa Marguerite JACOB.

De ce mariage sont sortis 1 fils et 2 filles :

CHARLES-PIERRE, chevalier, seigneur et baron de Coulonces (1). Il était lieutenant des vaisseaux du Roy et chevalier de Saint-Loüis. Il épousa Thérèse DE BENOIST.

De ce mariage sont sortis plusieurs enfants dont Pierre-Benoist et Antoine-René qui continuent.

PIERRE-BENOIST chevalier, seigneur et baron de Coulonces, né à Toulon en mars 1710, épousa le 22 septembre 1736 Eléonore-Charlotte DE NOLLENT.

De ce mariage sont sortis :

1° Jean-René-Antoine-Pierre.

2° Charles-François et autres + S. P.

JEAN-ANTOINE-RENÉ-PIERRE, chevalier, baron de Coulonces né le 16 aout 1741 cornette au régiment des Dragons de la Reine, épouse le

---

(1) Cette baronnie de Coulonces avait depuis plusieurs siècles passé aux mains de plusieurs familles. Au 14e siècle elle appartenait aux La Haÿe ; par le mariage de Guionne de La Haÿe (13 octobre 1404) avec Robert de Tournebu 2e fils de Jehan IV, baron de Tournebu, elle vint aux mains d'une branche de cette illustre maison et y resta un siècle. Vendue par Pierre de Tournebu, baron de Coulonces, aux Bordeaux, de cette famille elle vint aux Morant, et fut l'apanage de la branche cadette qui devint l'ainée par suite de l'extinction de cette dernière. [Voir dossiers de Tournebu et de Morant].

18 septembre 1762 sa cousine Marie-Charlotte-Françoise-Adélaïde DE MORANT fille de Jean-Alexandre dernier représentant de la branche de COURSEULLES.

De ce mariage sont sortis :

Un fils mort sans alliance et 3 filles.

1° Victoire épousa son cousin Charles-Louis DE MORANT.

2° Marie, épouse le Comte DE RONCHEROLLES dont son fils Louis-Charles-Adolphe, marquis de Roncherolles, + à Caen en 1885. S. P.

3° N.....

Jean-Antoine-René-Pierre n'ayant pas eu de survivance mâle, ce fut son cadet qui continua la postérité.

Charles-François DE MORANT, chevalier, baron de Coulonces, 2e fils de Pierre Benoist et de Eléonore de Nollent, né à Coulonces le 6 janvier 1746, capitaine au régiment des Dragons de la Reine, épousa en l'année 1776 noble damoiselle Anne Lyoult de St-Martindon, tante du poëte normand, Charles-Jullien Lyoult de Chenedollé auteur du « génie de l'homme » et des « Etudes poétiques » une des plus grandes illustration du bocage normand.

De ce mariage sont sortis :

1° Charles-Jullien qui continue.

2° Charles-Louis baron de Coulonces, + S. P.

CHARLES-JULIEN, chevalier, épouse Marie-Jeanne PORÉE DE VALHÉBERT descendant d'un frère de la Pucelle d'Orléans, par les Villebresme, les Le Fournier et les Du Chemin du Mesnil-Bérard.

De ce mariage sont sortis :

LOUIS-MARIE, qui épousa en 1862 Albertine Cécile Antoinette PASQUET DE SALAIGNAC.

De ce mariage sont sortis :

1° Jullien-Thomas.

2° Camille-Joseph.

JULLIEN-THOMAS, marquis de Morant, naquit en nov. 1864, épousa le 1er mai 1889 Pauline Marie Henriette DE CHABANNES des Vergers dont sont nés 9 enfants.

Il mourut en 1904.

CAMILLE-JOSEPH-EUGÈNE, comte de Morant, né en décembre 1866, épousa le 27 juillet 1904, Jeanne MÉLIN DE VADICOURT, fille de Henry-Louis-Joseph Mélin de Vadicourt et de Colette Philomène Macquart de Terline.

Cette famille de Macquart est aussi descendante d'un des frères de Jeanne-la-Pucelle par Philippe-Macquart, escuyer, sieur de Damville, qui a épousé par contrat du 8 juin 1456, Jehanne du Lys, nièce de Jehanne d'Arc.

De ce mariage sont nés trois enfants.

Nous ne pouvons donner ici les tableaux constatant la consanguinité qui existe entre les Maisons de France par Louis-le-Gros (1108) auteur commun et les Maisons de Courtenay, de Dreux, de Harecourt, de Vieux-Pont, de Husson, de Chastillon, de Roncherolles, de Morant, de Beauveau, de Bourbon, de Bourbon-Navarre, de Voyer, de la Rivière, de Bretagne, de Champagne, de Dreux, de Montmorency, de Rohan, de Rieux, etc... etc... Nous nous contenterons de reproduire ceux qui établissent le lien qui attache les familles de Morant et Mélin de Vadicourt à Jeanne d'Arc, renvoyant pour le reste aux archives de la Maison de Morant et aux dossiers D'AUDETEAU DE MONTAMYS, à la bibliothèque et aux archives nationales.

Consanguinité entre la Maison d'Arc du Lys et les Maisons de Morant et Macquart de Terline

JACQUES D'ARC trépassé l'an 1431 et ISABELLE ROMÉE.

JEHANNE D'ARC, la Pucelle d'Orléans et son frère PIERRE D'ARC.

Pierre D'ARC, dit le chevalier du Lys et Jeanne DE PROUVILLE, sa femme.

	Marie Jehanne du Lys, ép. François de Villebresme	Jehanne du Lys, ép. Philippe Macquart Sr de Damville.	1456
	Marie de Villebresme, ép. Jacques Le Fournier.	François Macquart, ép. Françoise de Rodeau.	1501
1517	Jehanne Le Fournier, ép. Lucas du Chemin.	Nicolas Macquart, ép. Marie d'Engelberg.	1550
1540	Lucas II du Chemin, ép. Isabeau Renault.	Jehan Macqnart, ép. Catherine Van der Straten.	1585
1610	Jehan du Chemin, ép. Marthe Le Mazurier.	Philippe Macquart, ép. Péronne de Walekenaer	1621
1630	Luc du Chemin, ép. Françoise de St-Martin.	Philippe II Macquart, ép. Martine Raison.	1651
1688	Nicolas du Chemin, ép. Marie Sourdin.	Nicolas-Philippe Macquart, ép. Marguerite d'Allennes.	1673
1716	Pierre du Chemin, ép. Mariane Regnard de Claids	Nicolas-Philippe II Macquart, ép. Anne de Fumal.	1706
1740	Marie-Anne du Chemin, ép. J. B. Porée de Valhébert.	Pierre Macquart, Sr de Terline, ép. Marie-Caterinne Bonnier.	1750
1760	J. B. de Valhébert, ép. Marie Geneviève Laisné.	Henri Félix Macquart, ép. N... Schoonhere.	1773
1810	Marie-Jeanne de Valhébert, ép. Charles-Julien de Morant.	Louis Macquart, ép. Liot de Norbécourt.	1798
1862	Louis comte de Morant, ép. Albertine de Salaignac	Louis Macquart II, ép. Eulalie Van Damme.	1825
		Marie Macquart, ép Henri Mélin de Vadicourt.	1868

1904 Camille Comte DE MORANT, épouse Jeanne MELIN DE VADICOURT. 1904

dont postérité.

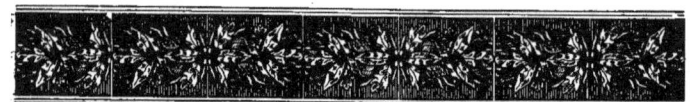

De Verney de la Rivière

S'ARME :

D'Azur à 3 fasces ondées d'argent.

Vivants l'an 1608. *Election de Caen*

Jehan d'Arclois seigneur de Monbosc fils de Nicollas d'Arclois seigneur dudit lieu et de damoiselle Florimonde de Sainte-Marie épousa damoiselle Catherine de Vernay de la Rivière, dont il eust deux enfants.

1° Jacques qui lui succéda et 2° Jehan qui partit en guerre dans l'armée de Monsieur le Duc de Montmorenci en Languedoc, l'an 1628 et n'en revint pas, étant donné qu'on n'en entendit plus parler.

Jehan susdit rendait aveu au Roy de son fief de chevalier l'an 1592. Il servait en qualité d'homme d'armes dans les troupes du Roy Henry IV durant le siège d'Amiens l'an 1597.

On le trouve en 1615 dans le régiment de Monseigneur de Matignon dont il était proche voisin.

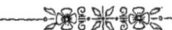

Du Vernay. (1)

Jean

Jean

Jean

Charles	Raphael	Jacques
	Georges	Siméon

Georges de Vernay demeure à Caen paroisse Saint-Etienne.

Charles paroisse de Cristot, sergenterie de Cheux 80 ans. Siméon à Grainville, sergenterie de Villers, élection de Caen, 40 ans.

Jehan I	épouse	Jeanne Loisel.	
Jehan II	—	Françoise des Bordeaux.	
Jehan III	—	1° Marie Le Mercier. 2° Marie de Parfourru	1572
Raphaël	—	Anne Gandouin	1607
Charles fils de Jehan II	—	Louise Malherbe	1611
Jacques fils Jehan III	—	Marie Croquet	
Georges	—	Anne Roger	
Simon	—	Anne Miffant	1648

(1) Recherches de Chamillard 1666.

De la Croix, S^r de St Cellerin

S'ARME :

D'Azur
à la croix
d'argent
cantonnée de
4 roses
d'or.
alias: d'azur à 3 cœur d'or 2 et 1.

Vivants l'an 1626. *Élection de Caen.*

Catherine d'Arclois fille de noble homme Barnabé d'Arclois seigneur de Montamys et de damoiselle Magdeleine du Bellier, veufve de feu Messire Bon le Métais de la Londe, a épousé le 28 août 1626, noble homme Antoine de la Croix, sieur de Campigny, fils de noble homme Loüis de la Croix, seigneur de Saint-Celerin et de damoiselle Marie de la Buccaille, [élect. de Bayeux], porte : d'or au chevron d'azur accompagné de 3 flammes de gueules posées 2 et 1.

De la Croix, Sr de St-Cellerin et de Lesnerie [1]

Louis et Georges DE LA CROIX, sieurs de Lesnerie et de la Boucherie, fils Jacob et Michel, fils Charles, fils François.

Demeurent en les paroisses de Clinchamp et de St-Sever, élection de Vire. Ils sont de la religion prétendue réformée.

Charles,	épouse	Margueritte Turgot.	l'an 1561
Jacob,	—	Esther Achard.	1621
Louis, son fils,	—	Françoise de Ruffeville.	1652
Michel,	—	Renée de St-Germain.	1602
Georges,	—	Louise Longevin.	1626

CLAUDE, fils Jean, fils Jacques, fils Georges, demeure à St-Germain de Tallevende, Serg. et Election de Vire.

Georges,	épouse	Jeanne Thiboult.	1546
Jacques,	—	Caterine Achard.	1583
Jean, fils Jacques	—	Marie de la Haye.	1617
Claude,	—	Antoinette Pittard.	1650

(1) Recherches de Chamillart.

Pigache, S[R] de Lambreville

S'ARME :

D'Agent
à 3
huchets
de gueules.

Vivants l'an 1626. *Election de Bayeux.*

Michel d'Arclais, seigneur de Montamis, fils de Barnabé du nom et de damoiselle Marguerite Bellier, épousa l'an 1626, le 22 novembre, damoiselle Françoise Pigache fille de Jean du nom seigneur de Lambreville, et de damoiselle Ysabeau Michel (1).

Il commença de porter les armes au siège d'Amiens l'an 1599, ce qui lui donnait l'aage de 14 ans ou viron.

Ensuite il passa dans la compagnie des gens d'armes de Mr le comte de Soissons, l'an 1606 et comparut en 1636 au rendez-vous général de la noblesse de Normandie fait par ordre de Sa Majesté.

L'ainé de ses enfants nommé Jehan lui succéda.

(1) Voir dossier Michel de Monthuchon et d'Annoville.

Pigache, Sr de la Pigacière (1)

C'est la généalogie et extraction de généalogie d'ancienne noblesse dérivation et dessente de MORANT PIGACHE, escuyer, sieur du fief terre et sieurie de la Pigacière, assis en la paroisse de Missy et du fief terre et sieurie de Lamberville et du Bessu assis ès paroisse de Lamberville, de la Vacquerie et du grand fief de Banville, assis en la paroisse de Grey, le tout tenu en fief à gage plège court et usage, à luy succédé de ses prédécesseurs.

PREMIÈREMENT,

Dict qu'il est fils et héritier aisné de deffunct Raoul PIGACHE, en son vivant escuyer, jouissant desdictz fiefz au droict de ses prédécesseurs.

Ledict Raoul estoit filz de Jehan PIGACHE, escuyer, sieur de la Pigacherie et du fief de Bauville.

Le dict Jean estoit filz de Loüis PIGACHE, pareillement sieur d'iceulx fiefz et seigneuries.

Le dict Loüis PIGACHE estoit fils de Richard, pareillement sieur de la Pigascherie, ainsi que les choses il veut vérifier par temps et lieux.

S'AIDE d'un vidimus de lettres adressantes au bailly de Caën, contenant comme Jehan aisné, filz du Roy de France, duc de Normendye et de Guyenne, conte d'Anjou et Dumayne, narratifves que Jehan SUHARD tenoit par hommage un franc-fief de Aubert qui s'extend à plusieurs paroisses, baillé à Richard PIGACHE escuyer, recours aux lettres en dabte du 13e jour de décembre 1347.

ITEM autre lettre comme Me Robert PIGACHE, personne de Bretteville et Perinnot PIGACHE escuyer, baillèrent par forme d'escange d'héritage en dabte du 28e iour de juillet 1397.

(1) Recherche des Esleus de Bayeux. 1523.

ITEM d'une autre lettre soubz le nom de Michel de la Bruyère de la paroisse de Missy, qui confessa devoir à Loüis PIGACHE escuyer, de ladite paroisse, cinq boisseaux de fourment, un chappon, un denier, vingt œufz, avec hommage, sellon les lettres passées l'an 1389, le deux janvier.

ITEM s'aide d'une lettre en laquelle est inceré autres lettres commenceantes : « A tous ceulz qui ces lettres verront, Guillaume Marie, viconte de Caen, sallut » : faisant mention comme Guillaume de Monfréville, chevallier, est chargé des descordz d'entre Nicollas de Missy d'une part et Jehan PIGACHE escuyer, sur le descord d'ung partage en quoy ledit Jehan disait tenir le fief de Villiers, assiz en la paroisse de Missy, qui avait esté trouvé et desclaré que ledict PIGACHE le tenait en parage, que le partage n'est pas encore faict, sellon la lettre portant dabte de l'an de graace 1321.

ITEM comme ledict de Missy en avait esté mis en amende.

ITEM d'autre lettre passée en l'an 1410 entre Loüis PIGACHE escuyer et Michel Bouzée recours à icelle.

ITEM autre lettre passée ès mettes de la sergenterie d'Evrecy, comme Jean PIGACHE, escuier, sieur de la Pigacherie demeurant en la paroisse de Missy, en date de l'an 1400 le 13e de novembre.

ITEM de certaines lettres d'appointement passées le quart iour d'apvril après Pasques, l'an 1400, contenant comme dame Jeanne de Jouvigny, veufve de noble homme Collin de Bacqueville d'une part et Jean PIGACHE, escuyer, charge de garantie, en quoy y a la coppie d'une procuration annexée.

ITEM d'une autre lettre contenante comme Jean Le Vassut de la paroisse de Missy confesse avoir prins en fief de noble homme Jehan PIGACHE, sieur de la Pigachière héritages, le 26e jour de may 1454.

ITEM d'une autre lettre passée en l'an 1414 le 2e jour de décembre en quoy est faict mention de feu Loüis PIGACHE, escuyer.

ITEM d'une autre lettre passée devant Messire RICHARD Alexandre, prestre Curé de Missy, d'une part et noble homme Jehan PIGACHE, en dabte de l'an 1451, le quard iour de juing.

ITEM d'une autre lettre passée l'an 1438 de fief faicte par Jehan PIGACHE, escuyer, de plusieurs héritages, recours à icelle.

ITEM d'une lettre portant dabte du 26e mars 1455 en quoy est faict mention que Collin RICHER, de la paroisse de Missi, print en fief de Jean PIGACHE escuyer, sieur de la Pigachière de la dite paroisse de Missi, plusieurs héritages.

ITEM d'un vidisse d'une lettre en lattin, portant dabt de l'an 1272 au mois d'aoust, contenant comme Richard DE MISSY, fils de Philippes, escuyer, a agréable la donation, concession que Monseigneur Nicollas DE VILLIERS, chevalier, avoit baillée à Richard PIGACHE, escuyer.

ITEM s'aide de plusieurs adveuz et desnombrementz.

ITEM d'autre lettre en dabte de l'an 1389 le 8e jour de may comme Loüis PIGACHE, escuyer, prenoit une pièce de terre.

Produict et baillé le 7e jour de juillet l'an 1523 et signé à la requeste par Guillaume COSTIL, son procureur ainsy qu'il disoit.

Contrat de mariage d'entre Michel d'Arclais, seigneur de Montamis et damoiselle Pigache de Lamberville

(1626)

A tous ceulx qui ces lettres verront Geoffroy CHATEFOU, sieur de la Hardinière, garde des sceaux du Roy aux sergenteries de Thorigny et St-Clair Salut : Scavoir faisons que par devant Philippe HÉMERY, tabellion royal audict Thorigny et Me Nicolas DE LA GONNINIÈRE escuyer, advocat audit lieu pris pour adjoint.

Pour parvenir au mariage qui doibt estre faict en face Sainte Eglise Catholique, Apostolique et Romaine entre Michel D'ARCLAIS, escuyer, sieur et patron de Montamis et du Bonpoisson, filz seul et héritier de feu Barnabé D'ARCLAIS, escuier, vivant seigneur et patron dudict lieu de Montamis et de damoiselle Magdelaine BELLIER sa femme, d'une part. Et damoiselle Françoise PIGACHE, fille aînée de Jean Pigache, seigneur et patron de Lamberville, Montrabot, Chantellou, Le Besier, Gonneville, Bar, Digry et deffuncte damoiselle Ysabeau Michel. lorsqu'elle vivoit femme dudit sieur de Lamberville d'autre part, ledit sieur de Lamberville père de la ditte damoiselle, Antoine PIGACHE escuier, sieur Douville et Charles PIGACHE, escuier, sieur de Gonneville, frères de père et mère de la dite damoiselle ont promis et accordé ensemblement et indivisément et sans ordre de distinction auxditz futurs mariez pour toutes parts et portions qu'ils pourroient prétendre et demander aux successions paternelle et maternelle et autres ascendantz la somme de huit mil livres dont en sera payé mil livres.......(*trou*)........ prochain et pour le regard des autres sept mil livres lesditz sieurs père et frères se sont indivisément obligés comme dessus en faire et payer aux susditz futurs mariez la somme de cinq cents livres de rente, commençant à courir au 24e jour de janvier prochain, de laquelle rente les ditz sieurs ou leurs héritiers se pourront franchir et libérer à deux fois égallement en païant les arrerages de tant qu'il en sera deub et du fond principal à l'esquipollent de la partie que l'on admortira.

En quoy faisant laditte rente demeure dès à présent comme dès lors consignée sur tous les biens dudit sieur de Montamis, condition expresse et accordée entre lesdittes parties que sy ledit sieur futur mary prédécède ladite damoiselle sans hoirs, elle aura à son proffit particulier laditte somme de cinq centz livres de rente qui tiendra nature de dot et rellevera ses bagues, joïaux, Bahutz, linge et habitz à son usage en exemption de toutes charges, et sera réservé en oultre de prendre part aux aultres meubles suivant coustume. Et son droit de douaire à elle dès à présent gaigé et s'il y a enfants et que ledict sieur de Montamis prédécède elle aura seullement les deux tiers de laditte somme de huit mille livres pour tout dot et les meubles cy-dessus à elle réservés et son douaire comme devant est dit, et le surplus desdictz 500 livres de rente dès à présent acquis aux dictz enffans. Et sy ladicte damoiselle prédécède ledit sieur de Montamis sans enffans, les héritiers d'icelle auront seullement les deux tiers de laditte somme de 8000 livres l'aultre plus demeurant audit sieur de Montamis. Soubz lesquelles fractions et promesses cy devant et apprès que lesdictz sieur et damoiselle futurs mariez ....*(trou)*...................... et consente à ce que dessus. Il a esté accordé qu'il sera procédé à la perfection dudict mariage. Faict ce 22e jour de novembre l'an 1626. En tesmoing de ce ces lettres sont scellées desdictz sceaulz sauf aultry droict. Ce fu fait et passé au manoir sieurial de Lamberville, ledit jour et an cy-dessus en présence de la damoiselle mère-grande de laditte fille, noble homme Jacques de Mathan, escuier, seigneur et patron de Jurgues, Estienne de Banville, sieur et patron de Pierres, Georges de Bauldres sieur de Brémoys, Jehan Darclays sieur de Monboscq, Jacques Le Boucher sieur de Crennes, Charles de la Mariouze sieur de Sainte-Honorine, Pierre Dubois sieur de Vidouville, Léonor de Varroc, escuier, sieur de Liesville, Nicollas Le Conte bailly de la haute-justice de Thorigny, à ce présentz lesquelz avec lesdittes parties contractantes out signé à la minutte de ce présent sujet au contrôle suivant l'ordonnance signé Hémery, de la Gonninière avec paraphes et en marge pour ledit sieur de Montamis.

Pigache [1]

Charles Antoine François, fils Jean, fils Jacques, fils Joachim. Charles Pigache, sieur de Gonneville, demeure à Néhon sergenterie de Beaumont, élect. de Valognes.

Antoine sieur de Lamberville y demeure.

François sieur de Montrabot, sergenterie de Thorigny, élection de Bayeux.

Joachim,	ép.	Charlotte Guillebert.	1552
Jean, fils Jacques,	—	Anne Maillard.	1596
		Ysabeau Michel,	1598
		Jacqueline d'Argouges.	1617
Antoine,	—	Ester de Camproger.	1626
		Anne Le Conte.	1639
François,	—	Jeanne de Marguerie.	1649

On retrouve les alliances suivantes :

François de Beuzeville,	ép.	Caterine Pigache.	l'an 1604
Guillaume Sorin,	—	Isabeau Pigache.	1645
Richard Le Coustelier,	—	Margueritte Pigache.	

(1) Recherche de Chamillart, 1666.

Hervieu Simon,	—	Elisabeth Madeleine Pigache.	1660
Jacques de Ste-Marie,	—	Péronne Pigache.	1559
Jacques Piedlevé,	—	Gilette Pigache.	
François Boudier,	—	Françoise Pigache.	1659
Nicolas du Bois,	—	Caterine Pigache.	1529
Marin Auvray,	—	Anne Pigache.	
Guillaume de Méhéreuc	—	Marie Pigache.	
Guillaume Le Goüez,	—	Anne Pigache.	1577

Les deux lettres suivantes ont été écrites par le Duc de Montpensier gouverneur de la Province de Normandye à Messire Pigache qui ayant pris le parti du Roy avait été blessé à Ivry aux cotés de Henry IV.

Elles montrent en quelle estime était tenue cette maison.

Armée royale, le 5 mars 1590.

« Monsieur Pigache, le Roy, mon Seigneur, m'ordonne de vous « faire cette lettre pour vous dire que Sa Majesté est resjouïe que votre « blessure n'aie point esté mortelle comme on nous l'avait dict. Le Roy « vous remercie de l'envie que vous avez de reprendre votre revanche et de « la bonne volonté de vos hommes à recourir sur ses ennemis.

« Que cette bravoure vient de vos bonnes exhortations. Mais Sa Majesté « vous ordonne de modérer votre zèle d'un mois, afin que vos forces y « répondent, elle ne veut pas vous voir plutost. Elle vous assure de son « affection royale, qui ne sortira jamais de son cœur pour vous, ainsi que « pour sa brave et généreuse noblesse normande, dont elle regrette le sang « répandu pour sa querelle. Elle a pleuré un vénérable Longaulney, qui fust « tué à Ivry, au moment où l'on vous emporta. Ce brave gentilhomme, à « soixante-douze ans, combattait comme un des Trente. Vos enfants ont eu « le plus noble comportement : Hercule a reçu un coup de lance au bras

« gauche qui lui faict une plaïe de la grandeur de deux pouces ; il n'a pas
« voulu quitter son service, quoique le Roy le lui ait ordonné. Il a répondu
« que ses hommes qui sont très bons ne voudraient pas ensuivre d'autre ;
« que quand il aurait le bras coupé cela ne l'empescherait pas de les bien
« conduire. Sa Majesté l'a embrassé tendrement. N'en soyez pas inquiet, sa
« plaïe est bonne et j'ai soin de le faire panser.

« Vos compagnons et voisins, de Glapion, Tournebu, la Lande,
« Deshaulles, Chambray, d'Acher, Dumerle, Daubray et Bracourt sont de
« retour avec chascun cent hommes frais et de bonne volonté, le Roy leur a
« faict la réception qu'ils méritent. J'avoue que mon amour-propre est flatté
« d'estre gouverneur d'une province composée d'autant de Césars qu'elle
« renferme de Gentilshommes.

« Ne doubtez jamais Monsieur PIGACHE, de toutte l'affection de
« votre amy.

F. DE BOURBON,
DUC DE MONTPENSIER.

Caen, le 8 Janvier 1597.

Mon vaillant compagnon PIGACHE,

Je vous prie de venir en diligence, me joindre icy, pour m'assister de vos bras et bons conseils dans une expédition d'importance dont je vous instruiray. Nos compagnons seront les Leveneur, Glapion, Tournebu, Deshaulles, d'Acher, Glatigny, La Lande, Duhomme, Le Doureux, Bracourt, Chambray et du Merle.

Je les invite tous avec l'assurance de n'estre pas refusé.

Ils sont, comme vous, un peu délabrés d'hommes, mais avec vous tous j'attaquerois l'enfer fust-il plein de cinquante mille diables.

Je suis pour la vie votre bon compagnon.

F. DE BOURBON,
DUC DE MONTPENSIER, GOUVERNEUR DE LA PROVINCE
DE NORMANDIE.

Ces lettres ont été communiquées par le lieutenant-colonel Pigache ainsi que la filiation suivante.

Maison Pigache

Filiation [1]

Ier Degrey. Jehan PIGACHE, (chev.), vivant en 1150, eut pour fils :

IIe Nicolas PIGACHE, chev.. 1204, eut pour fils :

IIIe 1° Richard PIGACHE qui continue et 2° Jehan PIGACHE.

IVe Richard PIGACHE vivoit en 1236, eut pour fils :

1° RICHARD, qui continue ; 2° MARTIN, qui fut de la 6e croisade ; 3° Jehan, maire de Rouen en 1272.

Ve RICHARD II PIGACHE vivant 1270, il épovsa damoiselle Isabeau VILLÉOS, eut pour fils : 1° Jehan qui continue ; 2° Yon.

VIe Jehan PIGACHE, chevalier, viv. 1327, épousa damoiselle Marie de Ste-Croix, eut pour fils : 1° Richard qui continue ; 2° Pierre, Sr de Turqueville, 1356.

VIIe RICHARD III PIGACHE, chevalier, 1347, eut pour fils : 1° Louis qui continue ; 2° Jehan, tué au Mont St-Michel, 1423 ; 3° Guillaume, vivant 1386.

VIIIe Loüis PIGACHE, chevalier, 1423 au Mont St-Michel avec son frère et son fils ainé aussi Jehan. Il épousa damoiselle Agnès GONDOUIN.

Eut pour fils : 1° Jehan qui suit ; 2° Morand qui épousa damoiselle Perette PASTEY, et qui eut un fils nommé Jehan ; 3° Pierre.

---

(1) Archives de la Maison Pigache.

IXe Degrey. Jehan PIGACHE, chevalier, était en 1423 au Mont St-Michel, avec son père et son oncle, maintenu par Montfault en 1463. Il épousa : 1° Catterine PASTAY sœur de Perette ; 2° Colette D'ACHEY D'ASPRES.

Les ACHEY étaient alliés aux Harcourt, Mauvoisin, Tournebu, Dreux, etc... de la 1re, il eut : Raoul qui continue.

2° Jehan, qui eut pour enfans : Morant, prestre ; Guillaume ; Thomine, qui ép. Jehan de Varroc.

3° Jeanne, qui épousa Guillaume de Chantelou, le 10 mars 1462.

De la 2e, il eut : 1° Jean Pigache, chevalier, qui épousa Jeanne du Homme 1488, auteur de la branche du Bouéxel, éteinte en 1567.

2° Michel, qui épousa damoiselle Claudine de l'Hospital 1470, auteur de la branche de Carentonne, éteinte vers 1770.

3° Margueritte, qui épousa Jean Le Cousteillier, Sr de Vaux 1481, son fils Richard Le Coustelier est ayeul de dame Marie Le Coustelier, qui épousa en 1630. Jean d'Arclais, fils de Michel d'Arclais, Sr de Montamis qui lui-même avoit épousé, comme il sera constaté plus loin, damoiselle Françoise PIGACHE.

Xe Raoul PIGACHE, Seigneur de Lamberville, épousa Jeanne LAMBERT, qui lui apporta la terre de Lamberville, située près Thorigny. Il eut pour enfants :

1° MORANT, qui continue.

2° GUILLAUME, sieur de Banville, prestre, curé de Lamberville.

3° LOUIS, qui mourut au Mont St-Michel vers 1520.

4° PIERRE, prestre.

5° JEHAN, Sr de la Campagne ; il épousa Guillemette LE VICONTE dont il eut : FRANÇOISE, mariée à Loüis HOUEL, veufve en 1547.

6° RAOUL, auteur de la branche de Fresnay, éteinte peu après.

7° JEANNE.

8° JACQUELINE, qui épousa Jehan DE THÈRE. (1)

XIe Degrey. Morant PIGACHE, Sr de Lamberville (1523 Esleus de Bayeux).

Il épousa : 1° 1497, damoiselle Perette DU MESNILDOT.

— 2° — damoiselle Roberde LE MARCHAND.

+ avant le 29 décembre 1529, date du contrat de mariage de sa fille Perrine.

De la 1re, il eut Joachim qui continue.

De la 2e, il eut Perrine qui épousa en 1529, Nicollas DU BOIS.

XIIe Joachim PIGACHE seigneur de Lamberville, etc. épousa le 21 juillet 1542 damoiselle Charlotte DE GUILLEBERT, dont il eut :

1° NICOLLAS + S. P.

2° PIERRE —

3° GUILLAUME seigneur de Lamberville 1568 —

4° JACQUES qui continue

XIIIe Jacques PIGACHE seigneur de Lamberville etc. épousa damoiselle Françoise DE PILEBON, 1552, dont il eut un fils : Jean qui continue.

XIVe Jean PIGACHE seigneur de Lamberville qui épousa :

1° damoiselle Anne MAILLARD 6 mai 1496 S. P.

2° Isabeau MICHEL, 1498.

3° Jacqueline D'ARGOUGES, 1617.

de la deuxième il eut :

1° Antoine qui continue.

2° Charles Sr de Néhou, il épousa en 1634 damoiselle Françoise JULLIEN.

de sa 3e femme il eut :

1° François Sr de Montrabot qui épousa en 1649 Jeanne de Marguerie ; auteur du rameau du dit Montrabot.

(1) De Thère, voir dossier de Tournebu.

2° Francoise PIGACHE qui épousa Michel Darclais seigneur et patron de Montamis, fils de Barnabé Darclais seigneur et patron dudit lieu. (1)

XVe Degrey. Antoine PIGACHE, chevalier, seigneur de Lamberville, capitaine d'infanterie en 1655, maintenu par Chamillard en 1668, épousa :

1° Esther COMPROND DE MALASSIS.

2° Anne LE COINTE.

de la 1re il eut :

1° Jean-Jacques qui continue.

2° Pierre Sr de Sottevast.

3° CHARLES, Sr de Launay, officier.

4° FRANÇOISE, qni épousa François BOUDIER.

5° DENIS, Sr de Lestang, capitaine des corps de gardes suisses des maisons royalles. Sa descendance a formé la branche aînée, après extinction des descendants de son frère ainé Jean-Jacques.

6° FRANÇOIS, Sr de Hautmanoir, épousa damoiselle N... LE ROSSIGNOL.

---

(1) La filiation ainsi indiquée fait erreur en donnant pour mère à Françoise Pigache, dame de Montamis, la demoiselle Jacqueline d'Argouges 3e femme de Jean Pigache. Le contrat de mariage du 22 novembre 1626, dont l'original existe dans les archives de la Maison Darclais de Montamys et dont le texte est reproduit plus haut, la dit « fille ainé de Jehan Pigache « seigneur et patron de Lamberville, Montrabot, Chantellou, Le Bezier, Gonneville, Bar et « Digry et de deffuncte Ysabeau Michel, lorsquelle vivait femme dudict sieur de Lamberville ».

Ses frères Antoine et Charles étaient présens à ce contrat, ils y sont dits : « frères de père « et de mère ».

D'ailleurs le contrat de mariage de Françoise Pigache est du 22 nov. 1626, et le mariage de la damoiselle d'Argourges est daté de 1617. La mariée serait bien jeune.

Le mariage de la damoiselle Michel est de l'an 1598 ; ce qui parait plus admissible.

La famille Michel est une des plus anciennes de la Province de Normandie et du Costentin elle est cotée comme étant noble d'extraction dès le temps de Monfault. Elle a produit diverses branches de Cambernon, d'Annoville, de Monthuchon, de Vieilles, de Beaulieu, de Lépinay, etc. dont quelques-unes existent encore aujourd'hui.

XVIe Degrey Jean-Jacques PIGACHE, chevalier, Sr de Lamberville, épousa damoiselle D'AUXAIS DU BREUIL, dont il eut pour enfans :

1° GUILLAUME-ANTOINE, qui continue.

2° ANNE, qui épouse 1694 Joachim d'ARGOUGES.

XVIIe Guillaume-Antoine PIGACHE, chevalier, Sr de Lamberville, épousa Margueritte DENIS DE SURTAINVILLE, dont il eut :

1° FRANÇOISE-MARGUERITTE, mariée à Le Monnier des Londes.

2° FRANÇOIS-HYACINTHE qui continue.

3° CHARLES, docteur en Sorbonne.

4° JACQUES, Sr de la Conté, capitaine des Vaisseaux du Roy.

XVIIIe François-Hyacinthe PIGACHE, chev., Sr de la Conté et de Lamberville, épousa Marie-Anne LE MOUTON, dont il eut :

1° GUILLAUME-HYACINTHE, Sr de la Comté.

2° CHARLES, [capitaines tous les 2, au régiment de Monaco]. Ils furent tués le 1er juillet 1747, à la bataille de Lawfelt, gagnée par le Maréchal de Saxe sur les Hollandais. C'est à cette même bataille à laquelle son frère Didier assistait comme ayde de camp du duc d'Orléans, que Nicolas-Joseph D'ARCLAIS DE MONTAMYS, fut blessé grièvement.

3° ANNE, épousa Jacques DE THÉROULDE dont une fille épousa un LE TELLIER. S. P.

4° BARSANULF-MARC-ANTOINE, qui continue.

XIXe Barsanulf-Marc-Antoine PIGACHE, officier de marine, puis colonel général des Dragons, puis capitaine des Vaisseaux du Roy, chev. de St-Loüis, S. P.

En lui s'éteint la postérité de Jean-Jacques PIGACHE.

Descendance de Denis Pigache, seigneur de Lestang, cinquième enfant d'Antoine Pigache, seigneur et patron de Lamberville

XVIe Degrey Denis PIGACHE, fils puisné d'Antoine, chev., Sr de Lamberville, descendant au 14e Degré de Nicolas PIGACHE, devint par extinction des précédents, représentant de la branche aînée des Pigache, Srs de Lamberville, 1674. Il épousa damoiselle REINE DE L'EPINE. + en 1729.

Il eut pour fils : Jean-Baptiste qui continue.

XVIIe Jean-Baptiste Denis PIGACHE, né en 1704, commissaire de la marine, épousa en 1728, Marie D'AIGREMONT. + 11 décembre 1777.

Il eut un fils : Jean-Baptiste Denis qui continue :

XVIIIe Jean-Baptiste Denis PIGACHE, chev , né 1729 à Versailles, épouse :

1° Demoiselle DE BOIS ROGER. S. P.

2° Antoinette DE JALLOT, dame d'atours de Madame la Dauphine.

3° N... ETAPLES DE LA BRUYÈRE.

De sa 2ème femme il eut :

1° Agathon PIGACHE DE LAMBERVILLE, chev., né 1766 : parrain le Comte d'Artois, marraine Madame Sophie de France, officier de marine, émigré, prit part à l'expédition de Quibéron, rentra en France, prit du service sous l'Empire, combattit à Trafalgar, + 20 nov. 1810.

Il épousa à la Martinique : Rose-Camille LEVASSOR DE LA TOUCHE DE BEAUREGARD, fille du Gouverneur.

Il eut pour enfans :

1° Louise Adélaïde qui épousa Jean TOUSSAINT-LE-ROY, dont P.

2° Louis-Denis Pigache de Saint-Val, chev., né 1772, capit. infanterie. + 1803. S. P.

3° Louis-Marie-Auguste, qui continue.

De sa 3e femme, il eut :

Sophie, 1780. +e S. P. célibataire.

XIXe Degrey Louis-Marie-Auguste Pigache de Sainte-Marie, chevalier, né en 1773 à Versaille, + à Toulouse, cap. de frégate, chevalier de Saint-Louis et de la Légion d'honneur. Il épousa : 1° le 17 pluviose au XIII Louise de Lafont-Soulé.

2° Eugénie de Marcorelle 31 janvier 1827.

Cette alliance amena Louis-Marie-Auguste à s'établir à Toulouse, il eut pour enfants :

1° Alphonse-Louis qui continue.

2° Paul + en bas age.

XXe Alphonse-Louis baron Pigache de Sainte-Marie né 1828 à à Toulouse, a épousé Paule de Castella, il habitait le chateau des Palieux-Villaudric, dans la Haute-Garonne. Il eut pour enfants :

1° Eugène-Marie-Joseph de Pigache de Sainte-Marie né le 1er mars 1857, lieutenant-colonel d'infanterie en 1910.

2° Jeanne-Marie-Joséphine Melchior, né le 9 janvier 1861.

Ce sont les descendants actuellement seuls survivants de cette illustre famille. Nous ne rapporterons pas ici les filiations des autres branches et rameaux qui ont contribué eux aussi à l'illustration de la Maison, renvoyant pour cela et le surplus des détails aux « notes généalogiques sur la Maison Pigache rédigées par le baron de Pigache de Sainte-Marie, Alphonse-Louis, père du Lieutenant-colonel Eugène-Marie-Joseph, auquel nous devons la communication des lettres et de la filiation qui précèdent.

En lisant ces notes on remarquera que le nom s'est écrit de différentes manières : Pigache, Pigace ou Pigasse, et qu'il est ou non précédé de la particule « de ».

Nous avons fait les mêmes observations au sujet des Darclais, nous contentant de répéter que ces modifications n'empêchent aucunement les personnages ainsi désignés d'être membres de la même famille, et revêtus des mêmes qualités.

Ce sont des variantes qui résultaient de prononciations locales, d'habitudes de scribes et auxquelles les intéressés eux-mêmes n'attachaient que peu, sinon aucune importance.

De la Broise

ARME :

D'azur à 2 fasces d'or, au chevron de même brochant, accompagné en chef de deux molettes d'Esperon et en pointe d'une autre molette de mesme.

Vivants l'an 1643. *Election de Carantan*

Jacques D'ARCLAIS, seigneur de Monboscq, fils de Jehan du nom et damoiselle DU VERNEY DE LA RIVIÈRE, espousa l'an 1643, damoiselle Jacqueline DE LA BROISE.

Il servit le Roy tant contre les protestants que contre les espagnols.

Il eust plusieurs enfants dont Claude qui lui succéda.

De la Broise [1]

Charles, André, Louis, fils Jean, fils Philippe, fils Charles, Claude, Richard, Jacques, fils Claude, fils Jean, fils le même Charles, ont produit les titres justificatifs de leur noblesse par lesquels il a été bien et deüement prouvé qu'ils estoient nobles dès le temps de Monfault.

(2) Recherche de Chamillart, 1666 et années suivantes.

CHARLES, Sr de la Giffardière, demeurant à Notre-Dame-St-Lo. Elect. de Carentan.

ANDRÉ, Sr de la Cahoüe, demeurant à Beauficel. Elect. de Mortain.

LOUIS, S[r] d'Escures, dem. à St-Jehan-le-Blanc. Elect. de Vire.

CLAUDE-RICHARD, prestre et JACQUES, demeurant en la paroisse de Beauficel. Elect. de Mortain.

JEAN, fils Charles,	ép.	Margueritte Gaultier.	l'an 1594
PHILIPPE, fils Charles,	—	Jacqueline Gaultier.	1595
JEAN, fils Philippe,	—	Julienne Le Boucher.	
CHARLES, fils Jean,	—	Françoise de Saint-Gilles.	1651
CLAUDE, fils Jean,	—	Margueritte du Mesnil-Adelée.	1625
CLAUDE, fils Claude,	—	Madeleine Le Marié.	1659

Jean, fils Julien, fils Gilles, fils Guillaume.

JEAN, Sr de la Chapelle et du Bouleveut, d[t] en la paroisse de la Chapelle-Urée.

JULIEN,	ép.	Anne Millet.	l'an 1617
JEAN, fils Julien,	—	Françoise Fauvel	1652
PIERRE,	—	Malherbe.	1500
RICHARD, son fils,	—	Guillemine de Bellée.	1550
LOUIS,	—	Julienne Le Breton.	1578
ANTOINE,	—	Marie des Aulnées.	1586
ROBERT, fils Louis,	—	Gillone de Lithaire.	
JEAN, fils Robert,	—	Antoinette d'Auteville.	1646
JACQUES, fils Antoine,	—	Anne du Mesnil-Adelée.	1627
ROBERT, fils Richard,	—	Caterine du Rozel.	1589
CLAUDE, fils Richard,	—	Marguerite Avenel.	1600
THOMAS, fils Robert,	—	Jacqueline de la Broise.	1625
GUILLAUME, fils Robert,	—	Bertrande Le Charron.	1625

De la Court, S[R] de Grainville

S'ARME :

D'Argent à la bande
de gueules
accompagnée
de six coquilles de sable
en Orle.

Vivants l'an 1650. *Election de Vire.*

Elisabeth Darclais fille de Michel Darclois, seigneur de Montamis et de noble dame Françoise Pigache espouza Jacques de la Court seigneur de Grainville et de Thorigny le 9 mai 1650.

De la Court, Sieur de Grainville [1]

Jacques fils Marin.

Marin et son frère Pierre fils Marin Iᵉʳ fils Philippe.

Jacques DE LA COUR seigneur de Grainville y demeurᵗ serg. de Villers et de Cheux, élect. de Caen, sont de la religion prétendue réformée.

PHILIPPE	épouse	Jeanne du Rozel	
MARIN II	—	Jeanne Collet	1619
JACQUES	—	Elisabeth Darclais	1650

Raoulin DE LA COUR avait été renvoyé par Montfault mais en 1470 aux francs fiefs il fut reconnu noble.

Jacques fils Gilles.

Gilles et ses frères : Louis, Pierre, Jacques, Richard, Hippocrate fils Pierre. Pierre et ses frères. Philippe qui eut un fils Jean. Jean, Rault, Guillaume fils Jean Iᵉʳ.

Pierre DE LA COUR Sʳ du Maresq dᵗ paroisse de Grainville.

Jacques Sʳ des Isles et de Montbray paroisse de Proussy, sergᵗ de Thury, élect. de Vire.

Jean Iᵉʳ	épouse	Eléonore de Grosparmy	1497
PHILIPPE	—	Marie	
JEAN fils Philippe	—	Anne Lallongy	1578
PIERRE fils Pierre	—	Géneviève Le Liepvre	1615
PIERRE fils Jean	—	Géorgine de Bauldre	
GILLES fils Pierre	—	Germaine Le Harivel	

---

(1) Recherches de Chamillart 1666 et années suivantes.

Darclais

S'ARME :

De gueules au franc quartier
à semestre de sable tranché d'une
bande d'azur et 3 mollettes
d'argent posées 2 et 1
la segonde du chef brochant
sur ladicte bande.

Vivante l'an 1660. *Election de Vire.*

Jacqueline Darclais fut religieuse à Villers, puis abbesse de l'Abbaye de Saint-Michel-du-Bosc.

Le Coustelier, Srs de Beaumont

S'ARME :

D'Argent aux
trois hures de sanglier
arrachées de sable
armées de gueules
posées 2 en chef et
1 en pointe.

Vivants l'an 1669. *Election de Bayeux.*

Jean d'ARCLOIS seigneur de Montamis, fils de Michel du nom et de damoiselle Françoise PIGACHE, épousa l'an 1669 noble dame Marie LE COUSTELLIER DE BEAUMONT, fille de feu Jean-Jacques LE COUSTEILLER DE BEAUMONT et de damoiselle Anne DE CAIRON.

Le Cousteiller, Sr de Beaumont (1)

Jean LE COUSTEILLER, fils second de Richard Le Cousteiller sieur de Vaux en la paroisse de Grey et de damoiselle Margueritte Pigache, d'eux issit en loyal mariage icelluy Jehan à présent demeurant en la sergenterie de Torigny en la paroisse de la Ferrière-Hareng sur les terres et héritages qui furent à deffunct Messire Guillaume de Blancvillain en

(1) Recherche des Esleuz de Bayeux. 1523.

son vivant escuyer Sr du Val-Thirel en la Viconté de Vire, en la paroisse de Vassi, demeurant en icelle paroisse de la Ferrière-Harenc la damoiselle aisnée fille duquel Blancvillain Jean Le Cousteiller a épousé, convenu et adjourné à comparoir devant vous Messieurs les Elleuz à Bayeux, pour le faict de sa noblesse ainsi que les autres nobles de ladicte ellection.

Dict que ledict Richard son père ainsi qu'il a entendu a baillé par desclaration sa généalogie, extraction et dérivation et qu'autre il n'en scaurait baillée et qu'il advoue et qu'il y persiste.

Produict pour ledict Jehan le Conseiller aujourdhui 2e jour de juillet GV^c XXIIJ.

Le Coustellier, sieur de Vaux-sur-la-Mer, avant 1300

En suict la desclaration, la généalogie, procréation et extraction dont sont issus et descendus en droicte ligne et loyal mariage Richard Le Cousteiller, escuyer, sieur de Vaux-sur-la-Mer.

Premièrement :

Dict que ledict Le Cousteiller que de Messire Jehan Le Cousteiller escuyer, chevallier, Chambellan du Roy nostre Sire, sieur de Petiéville Fontenay-le-Pesnel et autres terres nobles, issirent Messire Renier Le Coustellier escuyer, chevallier, bailly et capitaine de Caën, sieur des terres dessus dictes et de Vaux-sur-la-Mer et du fief Hamon assiz en la paroisse de Croney, conjoinct par mariage avec damoiselle Lucette de Mitry dame et héritière de la sergenterie de Tour et autres terres nobles dont issit Messire Benoist Le Cousteiller escuyer, chevallier sieur de Petiéville, Fonteney-le-Pesnel, et l'un des sieurs des requestes de la Chambre des Comptes du Roy nostre dict Sire.

Item que dudict Benoist le Cousteiller qui fut marié avec dame Caterine Hamon, fille ainée du sieur de Campigny, issit Besnoist Le Coustellier et Me Guillaume Le Cousteiller.

ITEM que de Jean père dudict Richard qui fût conjoint par mariage avec damoiselle Caterine Osmont fille du sieur de Messières et de Ablon et autres terres, ès vicontez de Falloize et de Honneflu et dame du fief terre et seigneurie d'Azenières dudict lieu de Messières, lequel Jehan Le Cousteiller père dudict Richard était fils segond dudict Besnoit, non ayant les prérogatives et prééminences de l'aisné, ne les lettres, est issu icellui Richard Le Cousteiller, Mesmor, Guillaume et Jean dictz le Cousteiller frères.

Quelles choses iceluy Richard Le Cousteiller pour monstrer et fournir desdictes noblesses, offrant vérifier ce que dessus et satisfaire.

Et pour plus encore le monstrer s'aide d'une lettre passée en l'église cathédrale nostre dame de Bayeux dabtée de l'an 1365 le dimanche avant la Sainte-Mor, fonda et fist faire une lampe d'argent assize devant l'autel Nostre-Dame de Bayeux en ladite église cathédralle, à laquelle lampe sont apposez et imprimez les armairies dudict Le Cousteiller qui sont trois hures ou testes de sanglier en champ d'argent, à submission desdictz chapitre d'entretenir les dictes lampes d'huille mesches et des autres choses nécessaires.

ITEM d'une autre lettre passée en l'abbaye et monastère Nostre-Dame d'Ardenne en la Vicomté de Caen pour les abbey et relligieux dudict lieu en dabte de l'an 1396, comme le dict Le Cousteiller audroict de Messire Regnier a plusieurs prérogatives et prééminences et dignitez en ladicte églize dudict lieu d'Ardeynes, comme d'hinnumer les corps desditz frères au cœur et chancel du dict lieu, auquel lieu sont appozés les armairies ès-haultes vittres, dudict Le Cousteiller et en plusieurs autres lieux.

ITEM de plusieurs autres lettres chartres et adveux comme le dict Régnier est pennetier du Roy nostre Sire et ledit Missire Benoist son fils et conséquemment de degré en degré et le dict Benoist son fils (*sic*) et sauf à plus à plain monstrer et fournir de ses droits, tiltres et prééminences et dignitez touchant le faict des dictes noblesses sy et tant que mestier sera.

Produict et baillé devant les Elleuz à Bayeux par Messire François Le Cousteiller son père, aujourd'huy tiers jour de juillet 1523.

Le Cousteiller de Beaumont (1)

On retrouve cette famille dans la Recherche de Chamillart au XVIIe siècle.

Jean-Jacques, fils Siméon, avec ses frères René, Taneguy et l'aisné Alexandre, fils Jacques, avec son frère Jean, fils Etienne.

Jean-Jacques, sieur de Beaumont,	ép.	Anne de Cairon.	1641
Estienne,	—	Caterine Malherbe.	1530
Siméon,	—	Isabeau de Fontaines.	1605

Toussaint et Charles, fils Guillaume, fils Hector, fils Pierre, avec ses frères Guillaume et Jean, fils Richard.

Richard,	ép.	Marguerite Pigache.
Pierre,	—	Michelle Le Bourgeois.
Hector,	—	Margueritte d'Anisy.
Guillaume,	—	Jacqueline de Bousquet.
Toussaint,	—	Madeleine Hudebert.

(1) Recherche de Chamillart 1666 et années suivantes.

Dans les Archives de la Maison d'Arclays, se trouvent plusieurs documents généalogiques concernant cette maison Le Cousteiller et par ce moyen on reconnoit le lien qui rattachaient ces maisons l'une à l'autre et aussi à la maison de Tournebu.

Hector LE COUSTEILER, ép. Marguerite d'Anisy.

|

Siméon LE COUSTEILLER, ép. Isabeau de Fontaines.

|

Jean-Jacques, né vers 1614, ép. Anne de Cairon.

|

Marie Le Cousteiller, fille de ce dernier et de ladite Anne de Cairon, épouse JEHAN D'ARCLAYS, S^r DE MONTAMYS, 12 décembre 1669.

D'où sont sortis :

Jean-Joseph D'ARCLAIS, qui épousa Marie-François GUILLARD, d'où Nicollas-Joseph d'Arclais, comte d'Arclais de Montamys qui épouse noble dame Marie-Jeanne de Chal en 1759.

D'un état généalogique dressé vers 1769 par les soins de Messire Nicollas-Joseph D'ARCLAIS DE MONTAMYS et l'archiviste féodiste, qui, à la même époque a établi l'Inventaire des titres du Comté de Montamys, dont il est question plus haut, on retire les renseignements suivants :

« Jean DARCLAYS, escuyer, qui fut seigneur de Montamys, fut marié « à noble damoiselle Le Cousteiller Marie, ainsi qu'il résulte :

« 1° du Contract de mariage dudict Jean Darclais, escuyer, sieur « et patron de Montamys, du Beaupoisson, de Saint-Celerin, de Lesnault, « fils dudict Michel et de la susdicte Pigache, avec damoiselle Marie Le « Cousteiller, fille de feu Jean-Jacques Le Cousteiller, escuyer, sieur de « Beaumont et de damoiselle Anne de Cairon du 12 décembre 1669, « reconnu par les tabellions de Caen en 1670.

« 2° Par le certificat de Chamillart... etc., etc...

Une autre pièce détermine, entre plusieurs, cette alliance et la qualité de dame Le Coustelier, c'est la lettre de garde noble à elle accordée par le Roy, de ses enfants mineurs d'age, après la mort de son mari Jean d'Arclais. Cette lettre est dabtée du 31 mars 1685, elle est signée par le Roy Louis 14e et scellée du grand sceau. Elle est contresignée par Colbert, et fait partie des archives d'Audeteau d'Arclais de Montamys.

Dans ces archives nous relevons les documents suivants concernant la Maison Le Cousteiller :

1° Un mémoire, (pièce sur papier en mauvais état) sur la maison Le Cousteiller.

2° Un certificat de Chamïllart du 5 mars 1671, constatant et certifiant que les Cousteiller étaient nobles dès le temps de Monfault. Les armes sont en tête dudit certificat, les hures tournées à sénestre.

3° Un contract de mariage du 23 juin 1641 d'entre J.-J. le Cousteiller et damoiselle Anne de Cairon.

4° Un autre contract de mariage du 24 janvier 1605 d'entre Syméon Le Cousteiller et damoiselle Ysabeau de Fontaynes.

Dans la Maison de Tournebu on trouve plusieurs alliances avec ces deux maisons, comme aussi dans la Maison Darclais.

Il est aussi bon de remarquer que Robert d'Arclais, frère de Jehan IV d'Arclays, fut grand prieur de l'abbaye de Notre-Dame d'Ardeynne, vers l'an 1480.

Mémoire sur la Maison Le Cousteiller

René Lé Cousteiller, chevalier, seigneur de Petitville, Bailly de Caën et de Chartres épousa dame Luce de Mitry, l'épitaphe desquels se remarque en l'abbaye Nostre-Dame d'Ardenne en dabte de l'an 1304, du temps de Jean Le Blond abbey decedit lieu. L'escu Le Coustelier est représenté aux vitres de la mesme abbaye qui est d'argent à trois hures de Sanglier arrachées de sable deux et une, escartellé de Mitry qui est coupé d'or et d'azur à chevron de gueules.

Guillaume Le Coustelier escuyer gist en la même abbaye et trespassa l'an 1486 du temps de Richard de Laval abbey d'icelle abbaye et de Sainte-Trinité-de-la-Luzerne et les armes dudict Guillaume sont brisées d'une fermaillet en abysme.

Jean Le Cousteiler demeurant en la paroisse et sergenterie de Gray, élection de Bayeux, était seigneur de Vaux en ladite paroisse et sergenterie de Gray et vériffia sa noblesse ancienne par devant Me Raimond de Montfauc commissaire député par le Roy Louis XIe l'an 1463.

L'on remarque dans les archives des anciens barons de Tournebu comme un gentilhomme de cette famille Le Coustelier épouse dame Marie Louvet sœur ainée de Jeanne Louvet femme de Pierre de Tournebu, chevalier, seigneur de la Vacherie qui était frère puisné de Jehan baron de Tournebu et de Robert de Tournebu seigneur de Fresnay, ladite Marie Louvet qui portoit un escu de gueules à la croix florencée d'or, était fille aisné de Colin Louvet, chevalier, seigneur de Livet-le-Beaudoyn et de Mesnileudes, frère de Jehan Louvet qui espousa damoiselle Jeanne de Vaux, enfans de Jehan Louvet escuyer, seigneur de Livet et de damoiselle Marie de Mailloc. Lequel mariage fut célébré viron 1424, duquel sortit dame Caterine Le Coustelier femme de Jehan de Heudreville, chevalier, seigneur du Mesnil vivants en 1463.

Estienne Le Cousteiler, escuyer, seigneur de Crouay épousa damoiselle Jaqueline Malherbe qui portait d'hermines à six roses de gueules, qui était fille de Pierre Malherbe, escuyer, seigneur de Garsalles et de damoiselle Suzanne de Fresnay et qui étoit sœur de Jean Malherbe escuyer qui épousa Marie Le Prévost, de Robert Malherbe et de Charles Malherbe sieur du Buisson, Viconté d'Argences qui espoussa Guéranne Patrixe, sœur de damoiselle Marie Malherbe femme de Loüis de la Fere escuyer, sieur des Coqs et de Marie Malherbe femme de Pierre de Vassy, escuyer.

Dudict sieur de Crouay sortirent deux fils Jacques et Jehan ledit Jacques Le Cousteiler escuyer, sieur de Crouey, espousa damoiselle Françoise du Rouil, duquel mariage sortirent Alexandre, Tanneguy, René et Simon Le Coustelier escuyers, ledit Tanneguy sieur de Carraville, chanoine au Saint-Sépulchre de Caën et Symon, sieur de Beaumont, ancien avocat au siège présidial de Caën, qui a pour fils Jean-Jacques Le Cousteiller escuyer, l'un des capitaines dudict Caën, issu de damoiselle Marie de Fontaynes.

Et ledict Jehan Le Cousteiller ou [Le Cousteiler] sieur de la Garenne, procureur dn Roy en la Viconté de Caen autre fils dudit Estienne sieur de Crouey espousa damoiselle Magdeleine du Rouil sœur de ladite Françoise, desquels sont issus damoiselle Le Coustellier femme d'Augustin Le Petit escuyer, sieur de Ifs, lieutenant général criminel au bailliage de Caën et damoiselle Jehanne Le Coustelier femme d'Antoine de Caradas sieur du Héron conseiller du Roy en sa cour de Parlement à Rouën.

Hector Le Coustelier escuyer, sieur du Buisson demeurant audit Gray était père de Toussaint, Guillaume et Marc Le Coustellier escuyers.

Du Guay, Sr de Fresneville

S'ARME :

De gueules
à
une rose
d'argent.

Vivants l'an 1669. *Election de Vire.*

Magdeleine Darcloys, fille de Michel Darcloys, Seigneur de Montamys et de noble dame Françoise Pigache a espousé noble homme Guillaume du Guay, seigneur de la Fresnaie (aliàs) de Fresneville, le 22 janvier 1669.

Du Guey, Sr de la Fresnaie

Cette famille ancienne de Normendie est trouvée noble dans Montfaulc lors de sa recherche l'an 1463.

Dans la Recherche de Chamillart en 1666 et années suivantes, on trouve :

Jacques du Guey, fils Bertrand, fils Jean, fils Richard.

Jacques, Sr de la Fresnaye demeure en la paroisse de Proussy, sergenterie de St-Jean-le-Blanc ; Il est de la religion prétendue réformée.

Il épousa Louise de Saffray.

Son père Bertrand avoit épousé Jacqueline du Guey. l'an 1584

Et son grand père Jean — Marie Hoüel. 1535

Henri, fils Jean, fils Jacques, fils Jean.

Henri du Guey, sieur de Hubert, demeure en la paroisse de Saint-Quentin-des-Chardonneretz, sergenterie de Tinchebay. Election de Vire.

Jean I, ép. Christine Poret.

Jean II, — Margueritte de la Rocque. l'an 1596

Du Boscq,
Srs de la Cour et de Vaux, etc.

S'ARME :

De gueules à la croix échiquetée de trois tires d'argent et de sable cantonnée de 4 lions d'or.

Vivants l'an 1670. *Election de Bayeux.*

Françoise Darclais 2e fille de Michel d'Arclois seigneur de Montamis et de noble damoiselle Françoise Pigache espouze Michel du Bosc escuier, seigneur de Bourneville.

Du Boscq avant 1500 (1)

Pour satisfaire au vouloir et intention du Roy mentionnée aux lettres missives par luy envoyées aux Elleux à Bayeux et monstrer la généalogie et extractions noble de nobles personnes Guillaume du Boscq sieur du fief noble terre et seigneurie de Méhérenc assiz à Trévières, Manneville et plusieurs autres paroisses et illecques environ et de Jacques du Boscq son frère natif dudict lieu de Trévières, naiz et extraictz par dérivation et ligne de la noble et antienne lignée des du Boscq de Rouën dont est issu et dessendu feu

(1) Recherche des Elleuz de Bayeux. 1523.

de bonne mémoire Me Nicolle du Boscq, lors de son vivant evesque de ceste ville de Bayeux inhumé en l'église d'icelle portant pareilles armes et armoiries que celles que portent et ont accoustumé porter lesdictz frères et leurs prédécesseurs et autres de la lignée des du Boscqz qui sont une croix eschiquettée d'argent et de sable sur un champ de gueulles à quatre lions d'or, sur lesquelles armaries pour la différence de l'aisné que portent les ditz de Mondeville chef de la lignée des du Boscqz et mesmes le sieur de Bretheines demeurant audit lieu en l'ellection de Rouën, iceux frères portent une bordeure angreslée ou endentée d'azur.

Fault considérer qu'antiennement de feu noble homme Guillaume du Boscq en son vivant sieur de Breteines, issu semblablement de la noble Maison du Boscq dudit lieu de Rouën, lors de son décez à Bresteins près Briosne, lequel estoit fort proche parent dudict feu seigneur Evesque de Bayeux, issu et dessendu Jean, par espécial, noble homme Guillaume du Bosq aisné, Nicollas du Bosq et plusieurs autres frères.

Lequel Nicollas en son vivant fut conjoinct par mariage avec damoiselle Louise Allorge, fille de deffunct noble homme Robert Allorge, en son vivant sieur de Sanmerville procureur général des Etats de Normandie et de la ville de Rouën.

Duquel Jean et de la ditte damoiselle Girette de Méhérenc, sa femme, sont issus en loyal mariage lesdits frères lesquels jouissent et possèdent seullement de la succession de leur dicte deffuncte mère par quoy et qu'ils sont sortis de la dite noblesse dudict Robert du Boscq et autres du Bosq dessus dicts ilz ne sont saisis de ces lettres et escriptures faisant mention des héritages rangs et qualité de leurs susdicts prédécesseurs en ligne masculine et mêmes offrant sy mestier est, fournir et prouver deuement leur dicte généalogie, soit en ceste présente ellection de Bayeux ou en l'ellection de Rouen avec leurs aisnés et chefz de la dite ligne des du Bosqz de Rouën le tout bien et deuement ainsi qu'il appartiendra o protestation de produire lettres et enseignementz de ce faisant mention, d'autant que en temps et lieu ils ne pourroient avoir et recouvrer soit par le moyen de leurs ditz aisnés ou autrement sy ont tousiours suivy et fréquenté les services du Roy tant au baon que arrière baon et autres chose, toutes fois et quantes que le cas est advenu comme genz nobles et noblement vivants, sans aucune desrogeance, chose commune et notoire à prouver en droict.

Produict par lesditz frères aujourdhui douze de juillet 1523. En suivant laquelle protestation de production par lesdictz frères en produisant cette présente, Iceux frères pour monstrer leur antienne lignée s'aide d'un cahier de coppies collationné en l'ellection de Rouën le 7e jour d'aoust dernier passé en la présence de Me Jean Thorel, procureur général du Roy, sur le faict des Aydes de Normandie en suivant l'assignation que faict luy a esté par Me Estienne de la Roche, Elleu de Rouën, tenant ledit jour la juridiction de laditte Ellection, jouxte qu'il appert de l'acte par luy donné dudit jour par lequel appert comme avec ce il tesmoigne pour ce que il y a plusieurs nobles personnes demeurant en la ditte ville de Rouën, portant le nom des du Boscpz, que les personnes nobles demeurant en ladite ville ne sont aucunement approchéez pour le faict de leur noblesse.

Par lesquelles coppies appert entre autres choses pour la première, comme deffunct heureuse mémoire Jehan conte de Harecourt et d'Anouville, donne lettre de suffisance (*sic*) audit Guillaume du Bosq, sieur de Bretheins, fils aisné et héritier dudit Guillaume du Boscq, second bisayeul ou tiers ayeul desdits frères à présent, de luy rendre son desnombrement par escript du fief de Breteins et mesme du fief d'Espiney avec Guillaume et ses frères succédés pour le trespas dudit Jehan, premier Guillaume tous lesquelz du Bosq, par icelle souffrance dabtée de l'an 1418 sont tiltrés et desclarez escuyers et nobles personnes.

La segonde dabtée dudit jour et an, comme le dict segond Guillaume pour luy et ses frères, print le relief dudit de Bretheins pour luy et ses dictz frères.

La tierce faisant mention du desnombrement baillé par ledit segond Guillaume à icelluy feu Comte de Harecour ou à ses officiers dudict fief de Bretheins, lequel desnombrement est dabté du dixe jour au dit an 1410 et scellé de deux sceaux dont l'un est de cire verte est le sceel de la Viconté Caussois (?) et l'autre de cire rouge est ledit cel dudict deffunct segond Guillaume du Boscq, enquel est son emprainct comme il est tesmoigné par le greffier dudit desnombrement de Rouën dedans un écusson : une croix eschiquée avec quattre lions rampant qui sont les propres armes que les ditz frères portent à présent.

La quattre coppie faisant mention comme il estoit mandé par le lieutenant du bailly de Caux à chascun des sergentz audit bailliage faire aucun exploitz de justice mentionnez audit mandement à la requeste du deffunct Grouldin et Greffin du Boscq escuyers frères des ditz deffunct Guillaume et Nicollas du Boscq Ferville Clévil et le Vere (?) de Mortaage (?) laquelle coppie iceux frères produisent pour monstrer la cause qui meut ledit Nicollas leur bisayeül se retirer au pays de Caux et ledit feu Messire Jehan Bataille, Chevallier, de luy donner sa fille en mariage qui fut en comtenplation de ses ditz frères et noblesse et son lignage combien que soy il n'eust grandement de bien pour ce qu'il est puisné de tous.

La cinquiesme des coppies est un vidissé de lettres royaux produictes par iceux frères pour la testification de leur noblesse d'iceux du Boscq mentionnés aux dittes lettres royaux données l'an 1423 le 9e jour d'aoust.

La sixièsme et dernière d'icelles coppies est une coppie d'un adveu rendu par Jean du Bocsq, chevallier, père de Jacques du Boscq escuyer, de présent sieur dudit lieu de Bresteins et lequel Jacques à présent avoit produict les originaux desdittes coppies au greffe de laditte ellection de Rouën, comme il est porté pour l'attestation dudict de la Roche devant dabté pour monstrer de sa part la noblesse d'icelle lignée des du Boscq, lequel adveu mentionné en laditte coppie est dabté de l'an 1496.

Item produisent iceux frères une lettres données *(sic)* de Guillaume Angot, lors, de son vivant, lieutenant-général de Mr le Viconte de Rouën, dabtées du troisièsme de septembre 1492. faisant mention comme iceux enffants de Jean du Bosc escuyer, en son vivant leur oncle firent partage de la succession de leur deffuncte mère seulement pour ce que à la vérité, il n'y avait aucune chose de peu, pour ce comme dessus est dict, il est *(mot illisible)* prins de Caux et davantage que par ledict (procession ?) de Caux, il et son dit frère avoient esté quasi donnés en partage, combien qu'iceux frères fussent dudict lieu de Rouën et qu'il ne leur fut besoin d'autre privilège pour avoir franchise, touttefois en ensuyvant les nobles vestiges de leurs prédécesseurs sont tiltrés escuyers et davantage leur demeurera à chacun d'eux un fief noble, assavoir audict Jehan aisné le fief de Conches et audict Jacques puisné le fief de Douville.

Ladicte production produitte par augmentation par iceux frères aujourdhuy vingt-sept d'aoust mil cinq cents vingt trois.

Du Boscq [1]

Aymar, André et Philippe, fils, le 1er de André, les seconds de Nicolas, André et Nicolas, fils Martin, fils Loüis.

André et Philippe frères, sieur de la Cour, de Bourneville et de Beauchesne à Eterville, élect. de Pontaudemer.

Aymar, Sr de Sourdeval, y demeurant élection de Mortain.

Ont épousé :

Louis, Marie des Planches.	l'an 1539
Martin, Isabeau de Sordeval.	1571
Nicolas, Charlotte du Quesne.	1628
Philippe, Françoise Arthur.	1659
André, fils Martin, Margueritte des Champs.	1600

Robert, fils Jacques, fils Gilles, fils Guillaume, sieur de Feugères, à Crouay, élection de Bayeux.

Gilles, ép. Jacqueline Suhard.	l'an 1590
Jacques, fils Gilles, ép. Jacqueline de Bretteville.	1608

(1) Recherches de Chamillart 1666 et années suivantes.

Malherbe, Sr du Fresne

S'ARME :

D'Or à deux jumelles
de gueules surmontées
en chef de deux lionceaux
affrontés de mesme
aliàs : d'hermine à six roses de
gueules posées 3, 2, 1.

Vivants l'an 1671. *Sergenterie de Thorigny*

Julianne d'Arclais, fille de Jacques d'Arclais seigneur de Monbosq et des Besaces et de damoiselle Jacqueline de la Broise épouse Charles Malherbe sieur du Fresne sergenterie de Thorigny, le 9e jour de juillet 1671.

Malherbe

Il y a en Normandie plusieurs familles Malherbe dont l'ancienneté ne fait de doute pour personne ; Bien qu'elles ne s'arment pas du même escu, il ne parait pas improbable qu'elles aient une origine commune.

Certaines portent : d'hermines à 3 ou 6 roses de gueules :

C'étaient les seigneurs de Bouillon, de Mont-Bruslé, ou de Gaillon.

D'autres : de gueules à six coquilles d'or, d'autres encore d'azur à 3 léopards l'un sur l'autre d'argent, ce sont les sieurs du Bois Saint-André ou Longivilliers.

Il en est enfin plusieurs qui se servent des mêmes armes sauf des différences qui peuvent passer pour des brisures tenant aux puisnés.

On les trouve dans la recherche de Chamillart portant : d'or à deux jumelles de gueules surmontées en chef de deux lions affrontés. Ceux-là paroissent être les sieurs de Fresne sergenterie de Thorigny, on les trouve aussi sieurs de Poillé et d'Huchigny en Touraine comme il sera expliqué plus loin.

Dans la recherche des Elleuz de Bayeux, se rencontrent plusieurs branches qui se disent seigneurs de la Pastinière, de Taymes, de la Boisselière, du Fresne, de Carpiquet dont les preuves suivent.

Nous avons mis en tête de cet article l'écu de ces MALHERBE par ce qu'il nous a paru probable que c'est d'eux que sortaient les deux seigneurs de ce nom qui ont pris alliance avec la Maison D'ARCLAIS, dans les années 1671 et 1727, sans cependant être absolument certain que ces armes ne devraient pas être d'hermines à 6 roses de gueules, qui est l'écu du célèbre poète.

Malherbe (1), avant 1357

En suict la desclaration des lettres, Chartres et enseignementz produictz par Jean et Guillaume dictz MALHERBE, escuiers, de la paroisse de Saint-Jean-des-Essartiers ledit Jehan seigneur de la Sieurie de la Pastinière et de Taymes, filz et héritier de deffunct Guillaume MALHERBE en son vivant escuier, sieur desdites Sieuries, lors qu'il vivait par la vérification et sçavoir de ladite généalogie desdictz frères qui sont fils dudict deffunt MALHERBE Guillaume leur père et estoit frère de deffunct Pierre MALHERBE en son vivant escuier, sieur de la Bosselière ayeul desditz frères sieurs de la Pastinière. Lequel Me Laurens étoit fils de Robert MALHERBE en son vivant

(1) Recherches des Elleuz à Bayeux l'an 1523.

escuier, sieur de ladite seigneurie de la Bosselière lorsqu'il vivait sieur du Jardin assiz en la paroisse de la Vaquerie, lequel Robert était filz de deffunct Jean Malherbe en son vivant escuier sieur dudict lieu de la Bosselière et à ceste fin produict les lettres, Chartres et escriptures ainsy qu'il en suit :

Premièrement :

Faict apparoir d'un adveu produict par Jehan Malherbe sieur de la Bosselière, faisant mention comme Jehan Malherbe père dudict Robert Malherbe, en son vivant escuier, ledict père dudict bysayeul dudit sieur de la Pastinière comme ledict Jehan avoit rendu par adveu à Jehan Larchamp (1) sieur de Sept-Ventz la sieurie et vavassorie de la Boisselière en dabte de l'an 1405, le mardy 9e jour de febvrier.

Item produict une autre lettre, l'une passée devant Jehan Le Ver tabellion en la Viconté de Bayeux, faisant mention comme à Renouf Richard et Robert dictz Malherbe escuiers, fils de deffunct Guillaume Malherbe, en son vivant escuier, avait apcheté le fief, terre et seigneurie du Jardin de Michel de Bruss............ en son vivant escuier, dabté de l'an 1357, le dimanche feste Pentecouste, avec une annexe scellée.

Item faict apparoir ledit sieur de la Pastinière de lettre faisant mention que ledict Jehan Malherbe père dudict Robert bisayeul desdits frères, en son vivant escuyer sieur desdits fiefs de Breuil et du fief nommé le fief du Jardin en dabte du 28e jour de septembre 1413.

Item faict apparoir d'une lettre faisant mention de deffunct Me Lucas et Jehan Matten escuier et de damoiselle Laurence Malherbe et Geoffroy Malherbe aussi escuier en dabte de l'an 1424 passé devant Richard Le Boucher tabellion à Torigny.

Item apparoit d'une coppie faisant mention comme Guillaume Malherbe en son vivant escuier meneur desdictz Jean et Guillaume filz dudict Guillaume sieur de la Pastinière avoit rendu en nom desditz Jean

(1) Ce devrait être un Grimouville.

et Guillaume lesquels estoient soubzaagés, ledict fief du Jardin assis en la paroisse de la Vacquerie, ès plez de la Sieurie du Breuil, tenus le 7e jour de febvrier 1489, avec un mémorial à ce annexé dudit jour et an.

ITEM fait apparoir d'une lettre d'escange faicte entre deffunct Guillaume MALHERBE escuier, de la paroisse d'Aunay pour luy et ses frères et sœurs, avoit faict avœcques deffunct Pierre et Guillaume dictz MALHERBE, frères, sieurs de la Boisselière de 22 solz 9 deniers tournois de rente, sellon les lettres passées devant Hervieu Baccon tabellion à Thorigny en l'an 1459.

ITEM faict apparoir d'une coppie d'un adveu qui fut rendu par Me Laurens MALHERBE à cause de damoiselle Françoise du Fresne, sa femme, le fief et seigneurie de Taymes, assis en la paroisse de Saint-Jehan-des-Essartiers à Monseigneur de Bayeux ès pledz de la baronnie de la Ferrière-Harenc, tenus par Jehan Bazire, lieutenant d'Allain Nicollas, séneschal de ladicte baronye, du 15e jour d'octobre 1437.

ITEM ledit sieur de la Pastinière faict apparoir d'autre coppie d'adveu par luy rendu audict monseigneur de Bayeux sa dicte sieurie de Taymes assiz en la paroisse de Saint-Jean-des-Essartiers, ledit adveu rendu à ladite baronye le 15e jour de may l'an 1505 avec un mémorial annexé.

ITEM faict apparoir de coppie faisant mention que ladite sieurie de la Pastinière lui appartient faite ès pleds de la sieurie de Seurtilly, tenus par ledit Robert Jourdain lors Séneschal le 28e jour de septembre 1470.

Protestant ledit sieur de la Pastinière plus avant monstrer sy mestier est.

Baillé par ledict sieur Jehan MALHERBE escuier, sieur de la Pastinière le segond jour de juillet 1523.

Sieur de la Boisselière

même famille, même antienneté que le précédent.

En suict par déclaration des lettres Chartres et escriptures produittes par Jehan Malherbe, ecuier, sieur de la Boisselière de la paroisse de Septvantz assavoir par icelle généalogie dudit Jehan Malherbe en son vivant escuier Sr de la Boissellière, ledict Pierre père dudict Jean fils aisné de deffunct Me Laurens Malherbe en son vivant escuier, sieur de la Boissellière et du fief du Jardin, assiz en la paroisse de la Vacquerie lequel Me Laurens est fils de deffunct Robert Malherbe en son vivant escuier et sieur de ladicte sieurie de la Boissellière et dudit fief du Jardin lequel Robert est filz de deffunct Jehan Malherbe en son vivant escuier et sieur de ladite Sieurie de la Boissellière pour recognoistre que ledit Jehan Malherbe sieur de la Boissellière qui produict ceste présente est descendu du degré à ceste fin baille lesdittes lettres et Chartes ainsy qu'il en suict :

PREMIÈREMENT,

Un chartrier comme deffunct Malherbe Jehan en son vivant escuier et sieur de ladite Sieurie de la Boissellière père du bysayeul dudit Jehan Malherbe escuier à présent, sieur de la Boissellière avoit rendu et baillé la vavassorie de la Boissellière appartenant à Charles et Jean de Larchamp escuyer en dabte de l'an 1405 le mardi 9e jour de febvrier avec le mémorial y annexé.

Item produict ledict Jean Malherbe escuier sieur de la Boisselière deux lotz faictz et passés entre luy et Guillaume Malherbe en son vivant escuyer, son frère, devant Louis Gueysdon et Jean Le Febvre tabellions à Thorigny le 12e de nombre 1510.

Item ledict Jean Malherbe escuier sieur de la Boissellière s'aide des lettres et escriptures qui produites ont été par Jean Malherbe escuier sieur de la Pastinière, filz Guillaume Malherbe en son vivant escuier et sieur de la

Pastinière et de Taymes, sellon et ainsi qu'il est contenu en la desclaration dudit sieur de la Pastinière.

Protestant ledit sieur de la Boisselière à plus amplement monstrer lettres sy mestier est, pour la vérification de sa noblesse.

Baillé par le dit escuier le 2e juillet 1523.

Malherbe

Sieur DU FRESNE, DE CARPIQUET, etc... même famille, même ancienneté que les précédents.

EN SUICT par desclaration les lettres Chartres et enseignementz produictz par François MALHERBE, escuier, sieur du Fresne, assiz en la paroisse de Fresné et sieur de Carpiquet, assiz en la paroisse de Carpiquet, assavoir par icelluy de la Généalogie dudict François MALHERBE en son vivant escuier, sieur dudict lieu du Fresne et de Carpiquet, ledit Guillaume, filz aisné de deffunct Pierre MALHERBE, en son vivant escuier et sieur de la Boissellière ayeul dudict François, le dict Pierre, fils aisné de deffunct Lucas MALHERBE, en son vivant escuier et sieur, lors, de ladite sieurie de la Boissellière et du fief du Jardin assiz en la paroisse de la Vaquerie, bisayeul dudit François, ledit Me Lucas est fils de feu Me Robert MALHERBE en son vivant escuier et sieur de lad. sieurie de la Boissellière et du Jardin lequel est aïeul et bisayeul dudit François ; pour cognoistre que ledit François MALHERBE, sieur dudit lieu, lequel Robert estoit filz de deffunct Jehan MALHERBE, en son vivant escuier et sieur de la Boissellière, bisayeul dudit François pour cognoistre que le dit François MALHERBE, sieur dudit lieu du Fresne et de Carpiquet qui produict ceste partye est issu et descendu de degré en degré, à ceste fin baille les lettres et Chartres qui ensuyvent.

PREMIÈREMENT,

Une chartre faisant mention comme deffunct Jean MALHERBE, en son vivant fermier, lors, de la dite sieurie de la Boissellière, bisayeul de l'ayeul dudict François MALHERBE, escuier et sieur dudit lieu du Fresne et de Carpiquet avoit baillé et rendu la Vavassorie de la Boissellière par tenement et chartrier à Jehan Larchamp en dabte de l'an 1405, le mardy 9e jour de febvrier avec un mémorial annexé, lequel Chartrier dont ledit François s'aide produict par ledit Jehan MALHERBE, escuier, sieur de la Boissellière, oncle dudit François avec laquelle cette desclaration est attachée

ITEM produict et s'aide ledit François des deux lothz que produict Jehan MALHERBE, escuier, Sr de la Boissellière, oncle dudit François faictz entre ledit Guillaume et Jehan MALHERBE, en son vivant escuier et père dudit François MALHERBE, aussi escuier lesditz deux loths faictz et passez devant Louis Guédon et Jehan Le Fèbvre, tab. à Torigny, le 22e jour de nov. l'an 1510. Lesquelz lothz Jehan MALHERBE, escuier, sieur de la Boissellière, oncle dudict François a produictz et desquelz ledict François fait sa production.

ITEM ledit François s'aide des lettres et escriptures en sa production qu'a produictes Jehan MALHERBE, escuier, sieur de la Pastinière et de Taymes, sellon et ainsy qu'il est contenu en la desclaration du dit sieur de la Pastinière.

ITEM s'aide ledit François MALHERBE, escuier, d'une coppie faisant mention comme Guillaume MALHERBE, en son vivant escuier, sieur dudit lieu du Fresne et Carpiquet et père dudict François ont rendu lesdictz fiefz de Carpiquet et du Fresne et baillé adveu à Me le baron des Biardz et sieur d'Autrefontaine (*sic*) dont lesdittes terres et sieuries sont tenues, en dabte du 14e jour de febvrier 1503.

Baillé par François MALHERBE escuier, le segond jour de Juillet 1523, o protestation de plus amplement informer et enseigner si mestier est.

Malherbe [1]

Chamillart dans sa recherche faite au même pays de Bayeux a classé cette même famille MALHERBE, parmi celles qui étant nobles d'ancienneté, avaient été trouvées nobles dans Montfault dès 1463.

JACQUES
|
Louis — Rolland — Gabriel — Ravend

Louis
|
Jean, Antoine
Jean
|
Antoine
|
Julien

Rolland
|
Georges

Ravend
|
François
|
André
|
Charles, Jacques

Julien MALHERBE, Georges, demeurant à Septvantz. Charles et Jacques demeurant en la paroisse du Fresne, sergenterie de Thorigny.

Sont de la religion prétendue réformée.

Jacques,	ép.	Margueritte Blanvillain.	
Loüis,	—	Nicolle de Grimouville.	
Jehan,	—	Françoise Rougeron.	
Antoine, fils Jean,	—	Marie de Pierrepont.	1640
Georges,	—	Léonore Le Coq.	
François,	—	Anne de Russy.	
André,	—	Anne de Rouvray.	

Claude
|
Jacques
|
Robert
|
Jean
|
Nicollas

[1] Recherches de Chamillard année 1666 et suivantes.

Nicollas, sieur de Gathemo, demeure en la paroisse de Reffuville, seigneurie Corbelin, élection de Mortain. Religion prétendue réformée.

Claude,	ép.	Françoise Le Maire.
Jacques,	—	Anne de Maubier.
Robert,	—	Caterine de la Hissonnière.
Jehan,	—	Caterinne Martin.

Jean
|
Jean
|
Jean
|
Pierre, Jacques

Pierre et Jacques, de la paroisse de St-Jean-des-Essartiers.

Jean Ier,	ép.	Jeanne de Varroc.	1598
Jean II,	—	Marie de la Combe.	1620
Jean III,	—	Jeanne Porret.	1643

Autre branche de la même famille

Malherbe.

Joseph de Malherbe seigneur de Poillé en Touraine paroisse de Marcou-sur-Loire, ci-devant lieutenant de Dragons dans le régiment de Senneterre épousa le 8 de juin l'an 1712 Marie-Louise Peillot de la Garde, fille de François Peillot de la Garde, capitaine de cavalerie et gentilhomme de feu Monsieur, duc d'Orléans et de Caterinne Ferrand, fut maintenu dans la qualité de noble par ordonnance de M. Chauvelin de Beauséjour du 7 décembre 1715 et le 12 d'aoust, 1723, il fournit au Roi en son bureau des finances à Orléans, son aveu de la terre et seigneurie de la Pierre, mouvante de Sa Majesté à cause de ses domaines et chateau de Vendôme. De son mariage avec ladite Marie-Louise Peillot il eut entre autres enfans, Anne-Marie Louise de Malherbe née le 24 juillet 1721 et les titres qu'il a représentés en original pour justifier son ancienne noblesse lui donnent pour père et mère :

François de Malherbe II du nom seigneur de Poillé et d'Huchigni commandant la noblesse du Vendômois l'an 1674 et Geneviève de Vançai, dame du Bouis, mariés le 12 décembre 1664, fille de Charles de Vançai, seigneur de Brestel et de Geneviève de Brestai. Que ledit François de Malherbe maintenu aussi dans sa noblesse par ordonnance de M. de Machault commissaire départi dans la généralité d'Orléans du 29 mars 1667 étoit fils de :

Jacques DE MALHERBE, seigneur d'Huchigny, de Chateauguibert et de Poillé, chevalier de l'ordre du Roi et de Marie de Beauxoncles sa 1re femme épousée le 10 juin 1631 fille de Charles de Beauxoncles, seigneur de Viefoi et de Marie de Saintré. Que ledit Jacques de Malherbe marié en 2e noces le 3 oct. 1641 avec Eléonore de Vachez fille d'Antoine, Sr de la Chaise et d'Eléonore de la Barre eut pour sœur Jaqueline de Malherbe femme de Jean de Chapuiset, seigneur de Montreuil et de la Fosse et qu'ils étaient enfans de noble et puissant :

Pierre MALHERBE, chevalier, Sr de Poillé, gentilhomme ordinaire du Roi de Navarre, l'an 1588, puis enseigne et lieutenant de 50 hommes d'armes des ordonnances du Roi, soubz la charge du sieur de la Frette, et de Madelène de Montauzier qu'il avait épouzée le 22 Juillet 1598, fille de haut et puissant seigneur Messire Jean de Montauzier, Sr de la Charouillière, chevalier de l'ordre du Roi et de Madelène Chasteigner, que ledit Pierre Malherbe eut pour frère et sœurs Antoine Malherbe, Anne Malherbe, femme de Gabriel d'Esliée, sieur de Belleau et Renée Malherbe avec lesquels il fit un partage noble le 20 nov. 1599.

Ses père et mère étoient :

René DE MALHERBE II, du nom seigneur de Poillé et d'Huchigni et Charlotte Gruel, mariés le 27 décembre 1563. Fille de Jean Gruel, chevalier seigneur de la Frette et de Charlotte Moinet.

Que le dit René de Malherbe fut successivement maistre d'ostel ordinaire de la Reine de Navarre par lettres du 1er décembre 1548. Maistre de l'ostel du Duc de Vendome le 10 décembre 1552. Capitaine et gouverneur des ville, chateau et duché de Vendosme, le 14 juin 1562 et commandant 50 arquebusiers à cheval destinés à la garde de laditte ville de Vendosme, le 13 aoust suivant.

Qu'il fut commis dans la même année pour fair la monstre des Vassaux nobles de ce Duché et autres arrière-bans et qu'il était fils de noble homme :

René Malherbe I du nom, chevalier, seigneur de Poillé, d'Huchigni et de Pierres, gouverneur des pays et Duché de Vendosmois et de Jaquette Hurault, qu'il épousa le 8 aoust 1541, fille de noble homme Denis Hurault, sieur de Saint-Denis-sur-Loire, capitaine de la ville de Blois et de Louïse Boudet ; Que ledit René Malherbe, fit un partage le 12 février 1542 avec Jaques Malherbe, Margueritte Malherbe, femme de noble homme Gabriel de la Goubertière et Renée Malherbe, femme de noble homme Louis Hautemerle. ses frères et sœurs des biens qui leur survenaient du trespas de noble homme :

François de Malherbe I du nom, leur père, Seigneur de Poillé de la Roche-de-Pierre et de Villeneuve dont le mariage avoit été accordé avant le 17 décembre 1522, avec Margueritte de Garguesalle, fille de noble homme Jean de Garguesalle, chevalier, et d'Anne du Breuil qui lui avoient constitué comme dot la somme de 2600 livres, le dit François, fils ainé et héritier principal de noble personne :

Guillaume Malherbe et de Jeanne des Touches qu'il épousa le 7 janvier 1463, fille de Pierre des Touches, sieur des Haies et de Perinne de Vançai, Que ledit Guillaume Malherbe lequel fut commis le 27 aoust 1491 pour conduire au siège de la Ville de Rennes, les nobles et autres sujets au ban et arrière-ban des pays et Duché de Touraine fit un partage noble avec Jean son frère puisné des biens de leur père et mère nommés :

Jean de Malherbe et Jacquine de Poillé, sa femme, dame de Poillé, au nom de laquelle il fit hommage de la métairie de la Borde le 12 mars 1469, à noble et puissant seigneur Jean de Fromentières, chevalier, seigneur de Marçou.

Lanfranc de Percy,
Sr de Courteille

S'ARME :

De sable au chef denché d'or.

Vivants l'an 1675. — *Election de Vire.*

Anne Darcloys fille Michel Darcloys, seigneur et patron de Montamis et de noble damoiselle Françoise Pigache, épouse noble homme Lanfranc de Percy, seigneur de Montchamp, le 2 oct. 1675.

Ils eurent une fille : Anna Henriette qui naquit en la paroisse de Montchamp et y fut baptisée le 9e d'avril 1680. Son parrein fut Henry de Crennes et sa marraine dame Anna de la Broize.

Cette famille de Percy est une des plus anciennes et illustres de la Normandie.

Elle prend son origine de Geouffroi de Percy qui étoit venu avec Rollon en Normandie et s'y établit par suite du traité de St-Clair-sur-Epte.

Un de ses descendants fut compagnon du Bastard et combattit avec lui à Hasting's.

Ce seigneur installé en Angleterre donna naissance à l'illustre famille des Percy qui subsiste encore en ce pays. Il lui fournit de nombreux hommes d'Etat des plus remarquables, sous les noms de Algernon que aussi bien sous celui de duc de Northumberland.

La branche qui resta française, par suite d'un mariage avec une héritière de Crennes se fixa près Montchamps Election de Vire, dans un domaine qui prit le nom de Percy. Elle s'allia aux de Gênes, du Hommet, Lande-Patrix, la Haïe, de Crennes, de Sarcilly, de Tournebu, d'Arclays de Montamis, des Rotours, etc., etc.

Elle fit ses preuves en 1463 devant Montfault, en 1523 devant les Elleuz de Bayeux, en 1599 devant Roissy, en 1666 devant Chamillard.

André, Louis et Claude donnaient naissance à 3 rameaux.

Le chateau de Percy est passé par alliance à la Maison Achard de Vacognes.

Le dernier comte de Percy descendant de Louis, François-Ambroise est mort en 1845.

Les descendants de Claude sont allés s'établir en Bourgogne. Cette famille a donné de nombreux officiers aux armées royales.

De Percy [1]

En suict par déclaration dont est issu Jehan de Percy, escuyer, sieur de Nouyers de la paroisse de Cerisy et baille à Messieurs les Elleuz à Bayeux en ensuivant le mandement et commandement du Roy nostre Sire par eulx envoyé.

Jehan de Percy, escuyer, seigneur de Maillardière, eut un enfant duquel issit plusieurs enfantz dont il en eut un qui fut marié à Jehanne Le Flamant, fille de feu Messire Guillaume Le Flamant, escuyer, et sieur de Collomp qui sont inhumez en l'église des Cordeliers à Bayeux.

Item de l'un des autres enfantz, issit François de Percy qui eut un enfant nommé Jean de Percy qui fut marié à la fille de la fille de Me de Campion en Costentin.

Item dudict Jean de Percy est issu Guillaume de Percy qui fut marié à damoiselle Jacqueline de Bricqueville fille de l'une des filles de Beuzeville qui fut mariée à Raoul de Bricqueville, sieur de Breteville en Costentin ; duquel Guillaume et ladicte damoiselle est issu ledict Jehan de Percy, escuyer, à présent régnant.

Tous et chascun ont esté nays et extraictz de noble liguée et ont suivy le Roy de France en leurs guerres sans aucune desrogeance.

Produict aujourd'hui penultiesme jour de juing 1523.

---

(1) Recherche des Elleuz de Bayeux. 1523.

De Percy Sr de Formigny et de Longueville avant 1318. Descendant de Gibert de Percy sous Philippe-Auguste, avant 1012.

Inventaire des lettres et enseignementz que baille mette et produisent nobles personnes Jacques et Henry ditz de Persy, cousins enfanz et héritiers de deffunct noble homme Guillaume et Robert dictz de Percy, en leur vivant frères, assavoir ledict Jacques filz dudict Robert en son vivant Sr de Formigny et ledict Henry filz dudict Guillaume en son vivant seigneur de Longueville lesdicts deffuncts Guillaume et Robert enfanz et héritiers avec autres de deffunct Jehan de Percy en son vivant escuier sieur dudict lieu de Formigny et ledict Jehan ayeul desdicts Jacques et Henry filz d'autre Guillaume de Percy en son vivant escuyer et sieur dudict lieu de Formigny d'Englesqueville et de Longueville, leur bysayëul ; icelluy Guillaume bysaëul filz d'autre Robert de Percy, au temps qu'il vivoit escuyer, père desdicts Jacques et Henry de Percy à présent vivants. Lesquels produisent et baillent le présent inventaire avec autres lettres, escriptures, par devers Messieurs les Elleuz à Bayeux, commissaires du Roy nostre Sire en ceste partye, en ensuivant les mandements à eux envoyés par ledit sieur par laquelle production il appert que lesdictz de Percy sont nais extraictz, procrées, issus et descendus de noble et ancienne lignée, tant de leur père, ayeul, bisayeul, dodo *(sic)* et autres leurs prédécesseurs et ancestres de tel et si longtemps qu'il n'est mémoire du contraire. Et disent lesdictz de Percy, outre les lettres et escriptures par eux produittes qu'ilz et leurs dictz prédécesseurs ont parcy devant et sont encore francs, quittes exemptz de toutes coustumes et de ne payer aux foires et marchez pour quelconques denrées ou ou *(sic)* marchandises qui sont vendues ou apchettées par eux ou a leurs noms, eux aidant de l'aide du Roy autrement dict et appellé le livre pellu, mesmement attendent accepter touttes enquestes qu'on leur vouldroit faire contre eux par genz notables et non suspectz pareillement tous les registres de baon et arrière baon du Roy tout en précédent de deux cenz ans que du depuis qu'eux et leurs prédécesseurs ont été au service du Roy, suivant les guerres et ordonnances et s'il est question faire apparoir qu'autrement il y ait en la lignée plusieurs chevalliers du nom de Percy autre que Mre Raoul de Percy en son vivant chevallier dont lesdits Jacques et Henry de Percy porte le nom et les propres armes en leur donnant temps compétent, ils se soubmettent de le faire par les escriptures qu'ilz en pourront recouvrer, tant aux croniques les armairies, que ailleurs en outre les escriptures, papiers et registres antiens dont des aucuns ils font production et s'aident quand à présent pour autant les termes et assignation de faire apparoir de leur généalogie a esté très briefve sans y avoir eu intervalle que de deux ou trois jours desquelles escriptures sera cy apprès fait mention :

PREMIÈREMENT

S'aident et produisent lesdictz Jacques et Henry dictz de Percy d'une antienne lettre héréditalle, faisant mention comme un nommé Richard Accard, de la paroise de Longueville, vendit à Robert de Percy, en son vivant escuyer, héritage assiz au dict lieu de Longueville par certain prix contenu *(sic)* entre eux, sellon les lettres passées devant Laurens Nicolles, lors garde des sceaux de la Viconté de Bayeux en dabte de l'an 1318, devant la Saint-Michel en septembre icelluy Robert père dudict Guillaume de Percy bisaieul desdictz Jacques et Henry.

Item s'aident et produisent une obligation passée devant Jean Gervaise, faisant mention comme Thomas d'Aigneaux, escuyer, s'estait obligé de payer à Robert de Percy, escuyer, la somme de 23 livres tournois en florins d'or ainsy qu'il appert par ladite obligation en dabte de l'an 1340 le jeudi absolent.

Item s'aide d'une acte donnée ès plèz de Vez devant Blaise Douesnel pour lors lieutenant du Viconte de Bayeux, contenant comme Guillaume de Percy, escuyer, d'une part et Richard Douesnel, escuyer, d'autre, sellon ladicte acte du jeudi après la Saint Jean-Baptiste l'an 1353.

Item s'aident d'un autre acte expédié devant Guillaume Le Marchand lieutenant dudict Viconte de Bayeux contenant comme Guillaume de Percy, escuyer, fist appeller Thomas d'Aigneaux et Jehan de Pierrepont escuyers, et autres desnommez en ladicte acte, sellon icelle en dabte de l'an 1355, le jeudy apprès la feste Saint Nicollas, l'unz[e] jour de may.

Item s'aide d'une autre lettre passée devant Pierre Herbeline faisant mention comme Guillaume Hardy et Perette sa femme delessèrent certains héritages à Guillaume de Percy, escuyer, fils dudict Robert dont cy dessus est faict mention, sellon ladicte lettre en dabte du 3e jour de juillet 1385.

Item s'aident d'une autre lettre passée devant Jehan Douesnel tabellion contenant comme Thomasse Asseline déguerpie de Raoul Jullienne, contracta avec Guillaume de Percy, escuyer, cy dessus nommé, sellon ladicte lettre en dabte de 1389, le 15e jour de juillet.

Item s'aide d'une acte donnée à l'Eschiguier de Pasques tenu à Caen, comme Richard Le Fetey fit amende de certaine dénonciation ou plainte par luy présentée à Justice sur Guillaume de Percy dessus nommé. Ainsi qu'il appert par ladicte acte, scellée de cire rouge, en dabte de l'an 1392.

Item s'aide d'une lettre scellée de Montfiquet, contenant comme Michel du Val, clercq, vendit à Guillaume de Percy, escuyer, sieur de Formigny demye acre de terre et un quartier assize à Aqueville comme tenue des fiefz de la sieurie de Formigny dabté du 3e jour de juillet 1394.

Item s'aide d'un adveu baillé par Jean Allix à Guillaume de Percy, escuyer en sa terre et sieurie de Formigny, contenant plusieurs articles sellon qu'il appert par icelle en dabte de l'an 1395.

Item s'aident et produisent autre pièce d'escripture faisant mention comme damoiselle Collete de la Bretonnière, veufve dudict Guillaume cy-dessus nommé furent faictz les partages de la succession entre ladicte damoiselle pour son douaire d'une part et Jean de Percy escuyer, fils dudict

Guillaume et d'elle, d'autre ainsy qu'il appert par ladite escripture passée devant Jean Martin, tabellion, dabté du XXIe de janvier l'an 1400.

ITEM s'aident d'une lettre passée devant Jean Guéroult, contenant comme Jean et Thomas dictz de Percy, escuyers, fils de deffunct Guillaume DE PERCY escuyer, firent accord entre eux d'aucuns biens, meubles et autres choses plus à plain contenues èsdittes lettres en dabte du 22e décembre 1408.

ITEM s'aident d'un certificat de Robert du Boussey, conseiller et chambellan du Roy, lieutenant des Mareschaux de France, contenant comme Jehan de Percy, escuyer, s'estoit comparu suffisamment monté et armé pour servir le Roy, ainsi qu'il est contenu audict certificat donné à Estampes le 7e jour de décembre 1411.

ITEM s'aident d'une autre lettre passée devant Jean Baudain, tabellion à Tour, contenant comme Collin Carrey d'Engranville print en fief plusieurs héritages de Jehan de Percy, escuier, sieur de Formigny, cy-dessus nommé, sellon qu'il est contenu en la dictte lettre, en dabte de l'an 1421, le onzième jour de mars.

ITEM s'aident et produisent un extrait des registres de Jean Desmares, tabellion, contenant comme noble homme Raoul de Percy, chevalier, sieur de Juetz, bailla en fief à Collin Le Caval, certains héritages contenus en icelluy extraict, en dabte du 14e jour de septembre l'an 1424.

ITEM s'aident d'une autre pièce d'escripture en quoy y a plusieurs baux afferme, comme plusieurs personnes prindrent plusieurs terres afferme de Jehan de Percy, escuyer ; à chascun d'iceux est mis et desnommé escuyer ainsi qu'il appert par la dite escripture en dabte de l'an 1424.

ITEM s'aident d'un autre extraict de registre dudict Jean Desmares, tabellion, à Bayeux, comme Messire Raoul de Percy, chevallier, bailla en fief à Messire Gervais Quetisseux certains héritages, contenus audict extraict, en dabte du 20e novembre l'an 1424.

Item s'aident d'une autre lettre en forme de partage de la succession de Jean de Percy, en son vivant escuyer, sieur de Formigny et de Longueville, faictz entre lesdictz Guillaume et Robert et autres frères sellon qu'il est porté par lesdictes lettres passées devant Rogier de Loucelles et Ogier Noël, tabellions, en dabte du 19e jour de septembre 1466.

Item s'aide d'une autre lettre passée devant Guillaume et Jean dictz Gallehault, faisant mention comme Philippin Néel avoit un procèz allencontre de noble homme Robert de Percy en son vivant sieur de Formigny père dudict Jacques et comme Michel et Noël filz dudict Philipin avoit faict appoinctement avec ledict Robert de Percy, sellon qu'il faict apparoir par ladicte lettre en dabte du dernier jour de décembre l'an 1477.

Item s'aide d'un adveu baillé en la Chambre des Contes à Paris par ledict Robert en son vivant escuyer, père dudict Jacques de son fief et sieurie de Formigny sellon qu'il appert par icelle lettre en dabte du 10e jour de septembre l'an 1484.

Item s'aident et produisent de la coppie de la garde en quoy y a deux feuilletz de parcheming sans la couverture, avec trois autres coppies le tout deuement collationné et signé Gallehaut, tabellion en un mandement donné à Jacques Artur lieutenant du Viconte de Bayeux et signé Le Cavé en ladite garde est contenu comme ledit Jacques de Percy, à présent vivant, avait esté mis à la garde du Roy par la mort et trespas dudict Robert son père, sieur dudict lieu de Formigny ainsi qu'il est par icelle rapporté par plusieurs notables personnes ainsi qu'il appert par ladicte garde.

Produict et baillé aujourd'huy 29e jour de juin l'an 1523.

De Percy d'Asqueville, avant 1012

Inventaire des lettres et escriptures, en enseignementz que baille, met, et produict noble homme Anthoine DE PERCY, seigneur de la Seigneurie d'Asqueville, assis à Englesqueville et partout où il s'extend, fils et héritier de deffunct noble homme Thomas DE PERCY, en son vivant sieur dudit lieu, icelluy Thomas, filz d'autre Thomas en son vivant escuyer, et icelluy Thomas ayeul dudict Anthoine, fils dudict Guillaume DE PERCY, en son vivant sieur Formigny et Englesqueville et Longueville, bisayeul dudict Antoine ; le dit Anthoine fils de Robert DE PERCY, en son vivant escuyer, sieur comme dessus dudict Anthoine à présent vivant, lequel produict et s'aide de la production parmy laquelle ceste présente est attachée, baillée par lesditz Jacques et Henry, dictz DE PERCY, escuyers, cousins germains et de tiers en tiers dudict Anthoine, lesquelz inventaires produittes et baillées par devers Messieurs les Elleuz à Bayeux, commissaires du Roy nostre Sire en ensuyvant le commandement à eux envoyé par ledit sieur.

Par lesquelles productions il atteste que lesdictz DE PERCY, sont naiz, extraictz, procéés et issus et descendus de noble et antienne lignée tant de père, ayeul, bizayeul, doolo *(sic)* qu'autres leurs prédécesseurs et ancestres de tel et si longtemps qu'il n'est mémoire du contraire.

Et le dict de Percy, outre lesdittes lettres et escriptures qu'il produit il est lesdites Jacques, Henry et leurs prédécesseurs ont esté parcy-devant et sont encore de présent francs, quittes et exempts de toutes coustumes et ne payer aux foires et marchez par quelconque denrée de marchandise que se soit vendre ou apcheter pour eux ou à leurs noms comme il est dit au livre du Roy autrement appellé le livre pellu et mêmement attendent et acceptent toutes enquestes que l'on voudrait fair contreux par genz notables et non suspectz, pareillement tous les registres du baon et arrière baon du Roy, tout en précédent de deux cenz ans que du depuis qu'il et ses prédécesseurs ont esté au Service du Roy, suivant les guerres et ordonnances et s'il est question de faire apparoir que autrement qu'il y aict en outre de la lignée du nom de Percy en son vivant chevallier, icelluy Anthoine portant nom et armes, en luy donnant temps compétent se submet de faire apparoir par les escriptures qu'il en pourra recouvrer tant aux croniques, livre des armairies que en autre papier ou registres antiens dont aucuns desdittes lettres il s'aid à présent pour autant que le terme, et assignation de faire apparoir de sa généalogie a été très bref sans y avoir intervalle que de deux ou trois jours desquelles escriptures sera faict cy après mention, dont ledict Anthoine s'aide outre la production des lettres et escriptures desdicts Jacques et Henry et mesmement s'aide les dits Jacques et Henry de la production dudict Anthoine.

ET PREMIÈREMENT,

S'aide ledict Anthoine d'un roole en parchemin d'antienne escripture en dable de l'an 1331, le sabmedy après la Saint-Martin, contenant comme Jourdain du Moustier-le-Viel, confessa tenir par foy et hommage de Robert DE PERCY, en son vivant, quatorze acres de terre sellon ledict roolle et iceluy dodo (*sic*) dudict Anthoine.

ITEM s'aide d'un autre Chartrier en parchemin d'antienne escripture en quoy y a huict feuilletz faisant mention tant du fief et sieurie de Formigny que dudict fief et sieurie Denglesqueville et entre autres choses est contenu en icelle comme Pierres Barret (?) confessoit tenir par hommage de Guillaume DE PERCY, escuyer, filz, successeur dudict Robert devant dict bisayeul dudict Anthoine, c'est assavoir une vavassorie continante cinq acres tenue du fief d'Asqueville dont ledit Antoine est à présent sieur.

ITEM s'aident d'un autre adveu comme icelluy Perrot Baril (?) confessoit tenir par foy et hommage de Thomas DE PERCY, en son vivant escuier, filz dudict Guillaume, ayeul dudict Anthoine, la vavassorie devant dicte en dabte du 24e janvier l'an 1412.

ITEM plus s'aident lesdictz Jaques, Henry et Anthoine de Percy d'un certificat coutenant comme Jean Labbey, procureur du Roy, commissaire d'icelluy en ceste partie, avoit notifié et tesmoigné comme Guillaume de Percy, escuyer, luy avoit baillé desnombrement de ce qu'il tenoit dudict sieur, sellon le dict certificat en dabte du 15e jour de septembre 1482.

ITEM s'aide d'un mémorial ou acte donné de Jean Callochi, lieutenant du Viconte de Bayeux et commissaire du Roy en ceste partye, contenant comme Guillaume de Percy, escuyer, bisayeul, avoit baillé adveuz et desnombrementz de ce qu'il tenoit neument et sans moyen du Roy nostre Sire, desquelx adveuz et desnombrement les coppies sont attachées audict acte, le tout qui peut appartenir, dabté du 29e jour de novembre 1389.

Produict et baillé par moy ledict Anthoine, cejourdhuy premier jour de juillet 1523.

Lesdicts Jacques et Henry dictz DE PERCY, s'aide de la production, lettres et escriptures dudict Anthoine, dont cy dessus est faict mention et signe pareillement le dit Henry.

De Percy (1)

Jean, Charles et Lambert, fils Michel, fils Anthoine, fils Jacques et damoiselle de Canivet, à Englesqueville, sergenterie de Vez.

Charles-François Jean fils Jacques, fils Jean, fils Pierre, fils François et de Catherine de Mussy, paroisse de Marchessieux, sergenterie d'Aubigny, élection de Carentan.

Robert, fils Charles, fils Robert, fils François, paroisse d'Enfréville, élection de Valognes.

Lanfran, fils Jean fils Jean, fils Pierre, paroisse de Montchamps.

Jean-Baptiste, fils André, fils Pierrè, fils Jean, fils même Pierre.

Lanfran, épouse le 2 oct. 1675, damoiselle Anne Darclays de Montamys.

(1) Recherche de Chamillart, 1666 et années suivantes.

Le Vaillant

S'ARME :

D'azur
au hareng d'argent
posé en fasce
au chef d'or.

Vivants l'an 1680. *Election de Bayeux.*

Claude D'ARCLOIS, Seigneur de Monboscq, fils de Jacques du nom et de damoiselle Jacqueline de la Broise, épousa l'an 1690, damoiselle Marie Le Vaillant.

Il servit dans l'arrière-ban de Normandie et parut à l'armée en 1696.

Il eut pour enfant un fils nommé Henry.

Le Vaillant [1]

Sieurs de Lignerolles, de la Ferrière-Hareng, du Val, du Tourneur, etc..., avant 1360.

C'est la desclaration de la généalogie, extraction et dérivation de noble lignée, de noble homme Pierre Le Vaillant, seigneur de Lignerolles assiz en la paroisse de Damjan et illec environ, de la franche vavassorie Harenc, assiz en la paroisse de la Ferrière-Harenc et Saint-Martin-de-la-

(1) Recherche des Elleuz de Bayeux, 1523.

Besaze et illec environ, natif et résident en icelle paroisse de la Ferrière-Harenc.

PREMIÈREMENT,

Richard Le Vaillant, escuier, en son vivant natif de la paroisse de la Ferrière-Harenc, sieur dudit Lignerolles et franche vavassorie ont espousé damoiselle fille du Gentilhomme surnommé le Haranc, lequel Harenc avoit esté sieur dudit lieu de la Ferrière-Hareng.

D'icelluy Richard et damoiselle est dessendu et derivez par loyal mariage Guillaume Le Vaillant, escuier, sieur desditz lieux de Lignerolles et Ferrière-Harenc, lequel Guillaume ont espousé damoiselle Margueritte du Val, fille de noble homme Gilles du Val, sieur de Cormellain, Grosmesnil et dudict lieu du Val.

D'iceluy Guillaume Le Vaillant et damoiselle du Val est sorti et derivey par loyal mariage Collin Le Vaillant, escuier, sieur des dittes sieuries de Lignerolles, Ferrière-Hareng et dudict lieu du Val, qui demeuroit soubaagé héritier desdictz Guillaume et damoiselle du Val et qui épousa damoiselle Guillemette de Juvigny, fille de noble homme Richard de Juvigny, sieur dudict lieu de Juvigny en la Conté de Mortain, Saint-Nicolas-sur-Brécy et Saint-Mor-des-Bois.

D'icelluy Collin Le Vaillant et damoiselle de Juvigny, sont sortis et dérivez Thomas et Jean dictz Le Vaillant.

Duquel Thomas Le Vaillant, sieur dudict fief Harenc et demeurant en icelluy fief de la Ferrière-Harenc et de damoiselle Jacqueline Nautier, fille d'ung nommé Nautier, sieur de la Boulengère et de Callipel assiz en la Viconté de Vire est sorty et dérivé Girard Le Vaillant, sieur dudict fief Harenc, natif et demeurant en icelle paroisse de la Ferrière-Harang, qui ont espousé damoiselle Jacqueline Boullaye (*sic*) en son vivant escuier et sieur du Vivier et de damoiselle Caterinne de Lamberville (*sic*) sieur dudict lieu, de Le Bezeu, Land... et Buret.

D'iceux Girard Le Vaillant et damoiselle sont issus et dérivez en loyal mariage ledit Pierre LE VAILLANT à présent vivant, natif et demeurant en icelle paroisse de la Ferrière-Harenc, lequel a épousé damoiselle Anne DE MÉHÉRENC, fille de Philippe DE MÉHÉRENC et Nicolas LE VAILLANT, frère d'icelluy Pierres, à présent demeurant en la paroisse de Livry en la sergenterie de Briquessard ; Lequel a espouzé d[lle] Jeanne MARGUERIE, fille de noble homme François Marguerie, sieur de Forges et d[lle] Guillemine de Manneville.

Lequel Pierre LE VAILLANT pour monstrer la probation de son antienne noblesse, monstre par antienne coppie de Chartres escriptes sur papier, en laquelle avec collation faicte et signée de Pierre Barbey, faisant mention comme Guillaume LE VAILLANT, escuier, rendit et advoua tenir à foy et hommage de Révérend père en Dieu, Mgr l'Evesque de Bayeux une vavassorie assize en la paroisse de la Ferrière-Harenc, continante cent cinquante accres de terre, en laquelle y a plusieurs hommes et tenanz subjectz en rentes, reliefs et hommages envers le dit Vaillant.

ITEM ledict Vaillant monstre deux chartes anciennes, non approuvées faisantes mention de la dite vavassorie et escriptes en parcheming, en quoy on ne peut lire, fors qu'il apparoist en l'une qu'elle est dabtée de l'an 1360, faisant mention de la dite franche vavassorie.

ITEM monstre plusieurs adveux faisantz mention de plusieurs personnes qui avoient confessé tenir en foy et hommage de Collin LE VAILLANT, escuier, sieur de la Vavassorie Haranc, c'est assavoir Thomas Hubert establissant et faisant for pour Jehan Le Febvre soubaagé devant Richard Soudent, lieutenant du Seneschal de ladite Baronye de la Ferrière-Harenc, le 13e jour de juing l'an 1433, signés et scellés dudit signe et sceau dudict lieutenant.

ITEM une autre tenement rendu par foy et hommage audit Collin LE VAILLANT, sieur de ladítte vavassorie Harenc, par Martin Sanson ou le soubzaagé de faire audit escuier Harenc, par Martin Samson ou le soubaagé de faire audit escuier 3 solz et 3 boesseaux de fourment, 3 journées, 3 pains, 3 gellines chascun an de rente rendu devant Soudent lieutenant du Séneschal de la dite baronnie de la Ferrière-Hareng, le 9e jour de juing 1469 et signés dudit Malherbe (*sic*).

ITEM monstre icelluy Le Vaillant une coppie d'un tenement faisant mention comme Thomas LE VAILLANT escuyer, rendit par escript une vavasserie nommé la Franche Vavassorie-Haranc à Monseigneur le Patriarche de Hierusalem, evesque de Bayeux parlaquelle coppye appert comme en ladite vavassorie y a plusieurs hommes tenanz dudit le Vaillant en foy et hommage et subjections en plusieurs rentes et services, ensemble ledit Le Vaillant a droict és boys et forestz de mon dit sieur l'Evesque de Bayeux de son aide et aménagement ; icelles signées et collationnées par ledict sieur Malherbe, le 3e jour de Juing 1476.

ITEM monstre icelluy Pierre LE VAILLANT, escuier, à présent sieur de ladite Vavassorie, un tenement faisant mention comme Bertrand le Comte, confessa tenir en foy et hommage dudit Le Vaillant à cause de sad. Sieurie de Harang plusieurs terres à la subjection de luy en faire plusieurs rentes tant en deniers, guelinnes, suivant 3 journées, icelluy adveu et tenement rendu aux pledz de ladite Baronnye Harenc, devant Thomas Le Vaillant escuier lieutenant de ladicte baronnye et Séneschal, du 3e jour de febvrier l'an 1512 et signés dudit Thomas Le Vaillant.

ITEM monstre et faict apparoir icelluy Le Vaillant sieur de Lignerolles d'une attaincte donnée en l'an 1447, le dernier jour de may, faisant mention comme Collin LE VAILLANT escuier, segond ayeul dudit Pierre LE VAILLANT, fut gagé et attainct par sentence définitive de sa noblesse antienne et les genz des comptes du Roy à Rouën sçavoir est le Roy Henry pour lors intitulé Roy de France et d'Engleterre, allencontre des paroissiens de la Ferrière-Hareng ; icelle attaincte faicte du précédent d'icelle atteinte, signées sur le repli Bodin et scellée à double queue.

ITEM autre tenement rendu audit Pierre LE VAILLANT faisant mention comme Morel Picquart confessa tenir en foy et hommage d'icelluy à cause de sa franche vavassorie Harenc contenant une pièce de terre deux vergées en subjections entre autre de faire audict sieur deux livres de poivre.

Icelluy tenement rendu et advoué és pleds de la dite baronnye de la Ferrière-Hareng tenus par ledict Thomas Le Vaillant le 3e jour de febvrier 1512 à subjection dudit Thomas Le Vaillant.

ITEM monstre icellui Pierre LE VAILLANT escuier, un tenement rendu devant Jean Le Bouvier Seneschal de la Sieurie de Lignerolles en dabte du 8e jour de novembre l'an 1498, faisant mention comme Raoulin Auvray confesse et advoue tenir par foy et hommage d'icelluy Le Vaillant à cause de sadite sieurie de Lignerolles plusieurs tenementz à subiection de faire et payer audit Le Vaillant plusieurs rentes tant en deniers, chappons, œufs, éspérons, reliefs, traiziesmes, aides coustumières, obéissance de court et usage et autres choses.

Produit par ledict Le Vaillant le 2e jour de juillet 1523.

Le Vaillant, Sr du Val au Tourneur, avant 1360.

Jean LE VAILLANT, escuier, l'aisné, de présent demeurant en la paroisse du Perron en la Viconté de Bayeux, sergenterie de Thorigny et Jean LE VAILLANT, escuier, le jeune filz aisné dudit Jean et de damoiselle Perrine FUMÉE son espouse, fille de noble homme Mre Pierre Fumée en son vivant sieur de Banneville, de présent demeurant en la paroisse de Lamberville en la Viconté de Bayeux et sergenterie de Thorigny.

Icelluy Jehan l'aisné, filz de deffunct noble homme Jehan Le Vaillant en son vivant sieur du Val demeurant en la Viconté de Vire en la paroisse et sergenterie du Tourneur et damoiselle Melline du Guay, fille de noble homme Richard du Guay, sieur de Méré et du Pontescoullant.

Icelluy Jehan LE VAILLANT deffunct seigneur dudict lieu du Val fiz légitime et naturel de noble homme Collin LE VAILLANT en son vivant sieur de Lignerolles et de la Franche vavassorie Harenc et de damoiselle Guillemette de Juvigny, en la conté de Mortain, Saint Nicolas-sur-Brécy et Saint Mor-des-Boys.

Iceux JEAN et JEAN dictz LE VAILLANT convenu et adjourné devant vous Messieurs les Elleuz à Bayeux par le faict de leur généalogie et noblesse comme les autres nobles.

DICT que noble homme Pierre LE VAILLANT, sieur de Lignerolles et franche vavassorie Harenc en ladicte sergenterie de Thorigny, viconté et ellection dudict lieu de Bayeux a baillé par desclaration ce jourd'huy sa généalogie et extraction est que en outre ce que dessus est escript ilz ne pouvoient bailler parce que le dit sieur de Lignerolles, mesmement Thomas Le Vaillant sieur du Val demeurant en ladicte paroisse et sergenterie dudict du Tourneur et viconté de Vire sont saisiz comme aisnez de Chartes et escriptures faisant mention de leur dite noblesse et qu'ilz sont tous les dictz Le Vaillant sortiz dudict Collin LE VAILLANT aieul dudict Jehan l'aisné.

Faict et baillé par ledict LE VAILLANT, escuier l'aisné et Jehan LE VAILLANT escuier son fils aisné, aujourd'huy le deuxième jour de juillet l'an 1523.

Frère de Pierre Sieur de Lignerolles.

Nicollas LE VAILLANT, escuier, filz et héritier, filz tiers légitime et naturel de deffunct Girard Le Vaillant, en son vivant escuier, sieur du Fief Harang, natif et résident de la paroisse de la Ferrière-Harenc en la Viconté de Bayeux, sergenterie de Thorigny et damoiselle Jacqueline Boullaye, fille et héritière de Jehan Boullaye, vivant escuier, sieur du Vivier et de damoiselle Catherine de Lamberville iceluy Nicollas Le Vaillant à présent demeurant en la paroisse de Livry en la Vte de Bayeux et sergenterie de Briquessart sur les terres et héritages qui furent à deffunct Guillaume de Manneville en son vivant escuier, de Briquessard sieur Bourg-renard avec damoiselle Jenne Marguerie espouse dudict Nicollas Le Vaillant et fille de noble homme François Marguerie, sieur des Forges et de damoiselle Guillemine de Manneville, auquel Nicollas et ladite damoiselle les ditz héritages ont été donnez par ledict Sieur des Forges et ladite damoiselle Guillemine son espouze, en mariage faisant entreux lequel Le Vaillant convenu et adjourné devant vous, Messieurs Les Elleuz à Bayeux pour le fait de sa noblesse ainsi que les autres nobles de ladicte Ellection.

Dict que noble homme Pierre Le Vaillant, sieur de Lignerolles et Franche vavassorie Harenc, son frère aisné en ladite paroisse de la Ferrière-Harenc en la sergenterie de Thorigny et Viconté de Bayeux a baillé par desclaration présentement sa généalogie, extraction et dérivation, outre que ilz ne sauront bailler et que à icelle Ils persistent. Faict et baillé par ledict Nicollas Le Vaillant le 2e jour de juillet m vc xxiii.

Lors de la recherche de Chamillart 1666 et années suivantes. Les Le Vaillant produisirent les mêmes filiations augmentées naturellement des personnes qui les avaient continuées pendant les 143 ans écoulées.

En 1758 Le Sr Le Vaillant reçoit du Roy une commission de capitaine d'une compagnie garde coste, détachée de Langrune dans la capitainerie garde coste de Bernières, dont le titre est entre nos mains.

Bernières.

S'ARME :

D'or
à la bande
d'azur chargée
de 3 croisettes d'argent
et accostée de deux
filets de gueules.

Vivants l'an 1682. *Election de Falloize*

Jean D'ARCLOIS sieur du lieu et de Monboscq, fils de noble homme Jacques D'ARCLOIS Sr dudit lieu de Monboscq et des Besaces et de damoiselle Jacqueline DE LA BROISE, espouse damoiselle Marie de Bernières fille de Antoine de Bernières Sr du Parc et de damoiselle Anne Picard de la paroisse des Rotours, Vté de Faloize.

Sieur de Sainte-Honorine et du Parc, maintenu le 5 avril 1666.

Ellection de Fallaize et vicomté dudit lieu.

(1) Voir dossier de Tournebu.

De Sarcilly, S[r] d'Ernes

S'ARME :

Escartellé au 1 et 4
d'argent à une hermine
de sable, aux 2 et 3 d'argent
à 3 fasces de gueules
accompagnées de six
merlettes
de sable 3, 2, 1.

Vivants l'an 1715. *Election de Faloise.*

Jean-Gisles-François Darclois, 2e fils de Jehan Darclois, seigneur de Montamys et de noble dame Marie le Coustellier de Beaumont a épousé Marie-Jeanne-Charlotte de Sarcilly d'Ernes le 28 février 1713.

Il étoit chevalier de Saint-Louis dès la fondation de l'Ordre.

La Maison DE SARCILLY (1) originaire du Duché et païs de Bretagne.

Diverses pièces et généalogies font foi de cette origine.

Une autr'autres une où l'auteur de la filiation, Messire Charles de Sarcilly Chevallier, seigneur dudit lieu est aussi qualifié de Baron de Ros et de Pleine-Fougères au païs de Bretaigne et est dit époux de Madame Marie Thibault, sa femme, fille de Messire Guillaume Thibault, chevalier.

Archives du Calvados, Bibliothèque nationale. Archives de la famille.

L'écu entouré du collier de l'ordre du Roy est accosté de deux lions timbré d'un casque avec ses lambrequins, surmonté d'une Aigle éployée.

La filiation indiquée dans cette pièce qui comprend les « armes des familles qui ont pris alliance avec la maison de Sarcilly » est la suivante :

1360 — Guillaume de Sarcilly, fils puisné dudict Messire Charles et de lad. Thibault, venu du païs de Bretaigne en Normendie y espousa damoiselle Binette Dumont, dame d'Ernes.

1420 — André, fils dudit Guillaume qui espouza Marguerite Osmont fille de Michel Sr de Mézières.

1471 — Jehan fils André espouza Catherine La Pallu fille de Guillaume Sieur de Méhendin.

1500 — Henry fils dudit Jehan espouza Françoise de Bains fille du Sr de la Frésengère.

1550 — Jehan fils de Henry espouza damoiselle Catherine de Lorraine.

1580 — Charles fils dudit Jehan espousa Prégente d'Assy fille de François d'Assy, chevalier.

1619 — Claude fils Charles espouza Anne de Quesnel fille de Nicollas de Quesnel chevalier. Capitaine de 50 hommes d'armes des ordonnances du Roy.

Cette filiation s'arrête naturellement à l'époque où elle a été établie ; d'autres productions permettent de la continuer jusqu'à nos jours dans ses diverses branches, en particulier celle du Coisel.

De Claude de Sarcilly et de damoiselle Anne de Quesnel sont issus le 13 nov. 1635 : Georges et Pierre de Sarcilly qui ont produit leurs preuves devant Mre de Marle l'an 1666.

---

(1) La Maison de Sarcilly a été reconnue noble d'ancienneté par de Marles, intendant de la généralité d'Alençon en 1666.

Elle a aussi été maintenue le 25 mai 1667.

Elle est mentionnée dans le catalogue de la Province de Normandie de Chevillard.

PIERRE épousa damoiselle Caterinne d'Alençon 1640.

GEORGES DE SARCILLY (1) chevalier, seigneur du Chastel d'Ernes et du Fresnes épousa damoiselle Anne Le Gay ou Le Guay, fille de Guillaume Sr de Folleville l'an 1677.

THIMOLÉON-AUGUSTE chevalier, fils du précédent épousa Marie-Hélène de Marguerie.

PIERRE-GEORGES chevalier, fils du précédent épousa Gabrielle-Marthe Morel de Secqueville.

GASPARD-AUGUSTE, chevalier, fils du précédent épousa Marie-Louise-Agathe du Filleul.

Les seigneuries possédées par les différentes branches de la maison de Sarcilly sont nombreuses, parmi elles on peut citer : Ros, Plaine-Fougères, Sarcilly, Ernes, Les Jarrotz, Le Chastel, Combray, Saint-Sylvain, Miribec, Montgaultier, Mézières, Cauville, Séran, Acqueville, Brucourt, Chandeville, Anfernet, Laisnerie, la Ruaudière, Le Coisel en Burcy, etc., etc.

JEAN-BAPTISTE DE SARCILLY, fils puisné de Thémoléon-Auguste, Sr de la Ruaudière, de Laisnerie et de Belle-Croix, chevalier, épousa Noëlle de Voisvenelle. Il mourut le 14 avril 1796 et fut inhumé à Plaine-Fougères.

AUGUSTIN DE SARCILLY fils des précédents, chevalier, épousa le 3 fév. 1764 damoiselle Marie-Françoise de Couespel, fille du Seigneur de Candisac, ils eurent six enfants.

EDMOND-GEORGES-FRANÇOIS, chevalier, seigneur de l'Aisnerie et de Claire-Fougères épousa le 8 janvier 1800 Julie-Rose de la Rivière fille d'Antoine Jouvin de la Rivière. Ils eurent 6 enfants parmy lesquels Edmond-Théodule qui habitait en Autriche et y est mort l'an 1909.

(1) C'est sa fille Marie-Anne-Charlotte qui épousa l'an 1713 le 28 fév. Jean-Gilles-François d'Arclois fils du Sr de Montamys.

Tableau généalogique de la Maison de Sarcilly, Branche du Coisel

Georges DE SARCILLY, Sr du Coisel en Burcy. [né le 15 septembre 1776].

|

AUGUSTIN-GEORGES, né le 28 fév. 1725, + 9 juillet 1771, ép. Marie Couespel, 3 fév. 1764.

|

Jean-Charles, curé de Burcy
Charles, Sr de la Graverie
Augustin, Sr de Bellecroix
} frères. JEAN-BAPTISTE, Sr de la Ruaudière, + 14 avril 1736, ép. Noëlle de Voisvenel, 10 janvier 1712.

|

Jean-Baptiste
Thomas
} frères 1666. DANIEL, Sr de la Ruaudière, Gouverneur de Vire, né le 7 Juillet 1603, + le 6 fév. 1684 ép. Françoise Porret, 3 Janvier 1662.

|

Charles-Nicolas 1603. } frères. Philippe II, Sr de la Graverie, ép. Marie Le Houx, 7 fév. 1622.

|

François, frères. PHILIPPE I, Sr de la Graverie, ép. Marie de Foucqueville.

|

Jehan, ép. Caterinne de Lorraine 1550.
Philippe et Anthoine.
} frères. HENRY II de Sarcilly, ép. Barbe Noël.

|

HENRY I DE SARCILLY, ép. Françoise de Bains.

|

JEHAN DE SARCILLY, ép. Caterine La Pallu.

|

ANDRÉ DE SARCILLY, ép. Marguerite Osmont.

|

GUILLAUME DE SARCILLY, ép. Binette du Mont.

|

CHARDES DE SARCILLY, venu de Bretaigne, l'an 1360, ép. Marie Thibault.

Nombre de documents par lesquels se justifient les filiations précitées existent aux archives du Calvados, aux Archives et bibliothèque nationales dans les archives du Coisel et celles de la famille de Sarcilly.

On y trouve l'acte de délibération exercée au baillaige de Caën du 14 mars 1557 pour élire des tuteurs aux enfants mineurs de noble homme Jehan de Sarcilly Seigneur des Jarrotz et de damoiselle Caterinne de Lorraine qui « fust esleue tutrice des dits mineurs en attendant le don de « garde noble qui lui fut accordé ». Par les dites lettres de Garde-noble signées du Roy Henri II en faveur de laditte Caterine de Loraine veufve de Jehan de Sarcilly seigneur des Jarrotz le 7 fev. 1557.

L'enterinement des dittes lettres en la chambre des comptes de Normandie a eu lieu le 21 avril 1553.

Les traités de Mariage de nobles personnes suivantes justifient aussi cette alliance des Sarcilly.

Charles de Sarcilly fils Jehan et Caterine de Lorraine, épouse damoiselle Préjente d'Assy.

Marguerite de Sarcilly, sa sœur, fille d'honneur de la Reine de France ép. Messire François Raquier, Sr des Migennes, en la présence de tous les Princes et Princesses de la Maison de Lorraine qui dotent la ditte Caterinne le 5 décembre 1573.

Louise de Sarcilly, sœur puisnée, épouse noble homme André Gaultier Sr de Foucqueville, capitaine de 100 hommes d'armes des ordonnances du Roy. Le 23 juillet 1589.

Du mariage de Charles de Sarcilly et de damoiselle Préjente d'Assy est issu Claude de Sarcilly. Le 23 novembre 1619 ce seigneur épousait damoiselle Anne de Quesnel fille de Nicollas du nom, chevalier des Ordres du Roy, gentilhomme ordinaire de sa chambre, capitaine de 50 hommes d'armes de ses ordonnances. A ce mariage assistaient et donnaient leur consentement « Haute et très Illustre et Puissante Princesse Madame « Marguerite Chabot Duchesse d'Elbeuf, haut et Puissant et Illustre Prince

« Monseigneur Charles de Loraine, duc d'Elbeuf, pair de France, Conte
« de Harecourt et Lillebonne, seigneur de Rochefort et de Rieux ; Haute
« et Puissante et Illustre Princesse Madame Caterine Henriette légitimée
« de France Duchesse d'Elbeuf ; Haut et Puissant Prince Monseigneur
« Henry de Lorraine ; Haut et Puissant seigneur Messire Georges de
« Brancas, marquis de Graville » etc., etc.....

Autres pièces justificatives de la grandeur de cette Maison :

Transaction passée au Chatelet de Paris le 1er mai 1624 entre haulte et puissante dame Marguerite de Sarcilly, dame d'atours de la feüe Reine Louise de Lorraine épouze du feu Roy Henry III, la dicte dame veufve de Messire François Raquier chevalier des Ordres du Roy, baron des Migennes, premier maistre d'hostel de la feüe Reyne et Messire Charles de Sarcilly, seigneur d'Ernes et des Jarrotz... etc... etc...

Acte du 16 Juillet 1625 portant quittance pour Messire François Raquier chevalier de l'Ordre du Roy, baron des Migennes tant en son nom que comme procureur de Haute et Puissante dame Madame Margueritte de Sarcilly sa mère, veufve de Messire Raquier etc... dame d'atours de la feüe Reyne..., etc....

Transaction et sentence du 5 avril 1559 entre Philippe de Sarcilly et Caterine de Loraine veufve de Jehan de Sarcilly, escuier, Sr des Jarrotz, et autres sentences et significations relatives à cette affaire.

L'an 1786 le mardi 28e février,... sur la réquisition de Messire Gaspard-Auguste de Sarcilly, marquis de Sarcilly, Sr d'Ernes et autres lieux et de dame Marie-Louise-Agathe du Filleul, son épouse, demeurant ordinairement dans leur chateau d'Ernes en Normandie, présentement à Saint-Germain-en-Laye, rue des Ursulines, sont comparus devant nous, mondit sieur Marquis et madite dame lesquels nous ont dit... etc... etc.....

Il est dit à la fin : mondit sieur Marquis et dame Marquise de Sarcilly ont signé etc....

Mariage de Marie-Anne-Charlotte de Sarcilly et de Jean-Gisles-François d'Arclais, Sr de Saint-Cellerin (1)

Le 28 février mil sept cent treize, la dispense des deux bans accordée à Jean-Gisles-D'ARCLAIS, par Monsieur Dufour, archidiacre de Bayeux et celle de deux bans accordée à Marie-Charlotte-Anne DE SARCILLY, par Monseigneur l'évesque de Séez, ayant été mises aux mains du prieur, curé d'Ernes, l'une en dabte du 25 fév., l'autre en dabte du 22 dudit courant, après les fiançailles faites dans les formes ordinaires par nous soussigné Louis D'ARCLAIS, prestre, en présence et à la prière du sieur prieur curé d'Ernes nous avons marié ledit sieur Jean-Gilles-François D'ARCLAIS, escuyer, sieur de Saint-Cellerin, fils Jehan d'Arclais, vivant escuyer, seigneur et patron de Montamys, du Bosc-poisson, de Saint-Cellerin, Lesnault et de noble dame Marie Le Coustellier ses père et mère d'une part de la paroisse et du manoir de Montamys, diocèze de Bayeux et damoiselle Marie-Anne-Charlotte DE SARCILLY, fille de Messire-Georges de Sarcilly, seigneur et patron d'Ernes et du Fresne et de noble dame Anne Le Guay, ses père et mère d'autre part, de notre dite paroisse d'Ernes, tous deux légitimement autorisés de leurs parents, ainsi que nous en ont assuré les quatre tesmoings soussignés.

(1) Archives de la commune d'Ernes.

Brébisson, S[R] des Aulnay

S'ARME :

De gueules
au lion
rampant
d'argent.

Vivants l'an 1698. — *Election de Bayeux.*

Anne d'Arclais de Monboscq, fille de Claude du nom, Seigneur de Monboscq et des Besaces fut mariée à Loüis Robert de Brébisson, seigneur des Aulnay.

De Brebisson [1]

Michel de Brébisson de la paroisse de Saint-Symphorien, sergenterie de Thorigny, élection de Bayeux.

Michel, fils Loüis, fils Geoffroy, fils Margerin, épouse damoiselle Anne de la Ville, l'an 1657.

Loüis, épouse Marie Mahéas, l'an 1629

Marguerin, épouse Anne du Guey, l'an 1557

A été classé parmi les nobles qui ont prouvé leurs quatre degrés sans annoblissement connu.

(1) Recherches de Chamillart 1666 et années suivantes.

Guillard,
Sʳ de la Madeleine et de Berville

S'ARME :

De gueules à deux mains de justice d'or jointes en abysme cantonnées de 3 monts de six copeaux d'argent posés 2 et 1.

Vivants l'an 1701 — *Election de Caen.*

Jean-Joseph d'Arclois, seigneur de Montamis, fils de Jean du nom et de damoiselle Le Cousteiller, épousa l'an 1701 damoiselle Marie-Françoise Guillard de la Madeleine fille de Didier Guillard, conseiller du Roy et de Françoise Maloisel.

Il servit le Roy en ses armées, comparut à l'arrière ban, l'an 1702 et fut à La Hogue en 1703 avec les autres gentilzhommes commandés pour se défendre des Anglais.

Il eut entr'autres enfants Didier-François et Nicolas-Joseph qui tous deux furent seigneurs du fief de Montamys.

C'est en faveur de ce dernier que le dit fief a été érigé en Comté l'an 1769.

Guillard.

Dans les Archives de la MAISON D'ARCLAIS on trouve la note suivante concernant la maison Guillard.

« Les titres compris dans cette liasse au nombre de sept en parchemin sont pour la famille des Guillart ou Guillard escuyers, dont Marie-Françoise Guillard née à Saint-Pierre de Caen l'an 1682, fille de Didier Guillard escuyer et de damoiselle Françoise Maloiselle, ses père et mère fut mariée à Jean-Joseph D'ARCLAIS escuyer, seigneur et patron de Montamys, le mariage fut faict à Caën à l'église Saint-Pierre le 21 décembre 1701.

Cette liasse comprend les pièces suivantes :

1° Un jugement rendu és assises et pleds ordinaires du Comté et haute justice de Thorigny, le 23 Janvier 1693, entre Richard Auvray sieur des Parcs, d'une part... et Me Didier Guillard, escuier, advocat en parlement, créancier dudit sieur de Grouchy.... etc,, etc.... 1693.

2o Un extraict du registre des baptêmes et mariages en l'église de Saint-Pierre de Caën pour l'année 1632, disant que le 15 a été baptisée Marie-Françoise Guillard âgée de deux jours, fille de Me Didier Guillard escuier et de damoiselle Françoise Maloiselle, etc...

3o Autre extraict, du 4e jour de novembre, du mariage en l'année 1679 après consentement de noble homme Didier Grillard fils de noble homme Michel Guillard et de damoiselle Thomase Postel d'une part et damoiselle Françoise-Marie de Maloisel fille de Isaac de Maloisel escuier Sr de Boutemont et de damoiselle Barbe d'Aumesnil de cette paroisse... etc....

4o Acte de vente et adjudication du Samedi 13e de février 1679 à Thorigny, s'est comparu en personne Me Didier Guillard, escuyer, Sieur de la Magdelaine escuier, advocat en parlement fils et héritier en sa partie de feu Michel Guillard vivant escuier Sr de la Madeleine et de Berville, etc...

5o Autre mandement és pleds de Thorigny.

6° Extrait des registres des baptêmes de l'église de Conches diocèze d'Evreux éllection dudit Conches, du baptême de Michel Guillard fils de Antoine Guillard, ecuier, Sr de Berville et lieutenant criminel à Conches ce jourdhuy 30 décembre 1640.

7° Un extraict des registres du Conseil d'Estat du Roy en dabte du 10 aoust 1669, Contenant comme avoient été poursuivis et condamnés et sur nouvelle instance et rappel et productions nouvelles, « Le Roy en son « Conseil faisant droit sur l'instance a déclaré et déclare ladite dame « Campion femme dudit feu Antoine Guillart veufve d'un gentilhomme « et maintenu et gardé maintient et garde lesdits Alexandre et Jean Guillart « sieurs de la Motte et de la Vacherie, leurs successeurs enfans et postérité « nez et à naistre en légitime mariage en la qualité de noble et d'écuyer « a ordonné... etc., etc... ».

Cet Antoine Guillard et sa femme Anne de Campion paraissent avoir eu neuf enfants :

Louis	né	le	13	septembre	1640
Erasme	né	le	5	mars	1642
Jean	né	le	5	février	1643
Louis	né	le	3	juin	1644
Françoise	née	le	14	janvier	1646
Nicolas	né	le	6	mai	1644
Magdeleine	née	le	15	octobre	1648
Louise	née	le	10	mars	1653

On trouve que :

Jean de Juvigny	a épousé	Marie Guillard	l'an 1664
Jean de Billeheust	—	Anne Guillard	l'an 1553
Abel Chaslon	—	Pilippine Guillard	l'an 1621

La FAMILLE GUILLARD est originaire du Maine.

Un membre de cette famille vint s'établir en Normandie vers le XIVe siècle. Il y fit souche, sa descendance se fixa à Conches.

Lors de la recherche faite au sujet des Usurpations du titre de noblesse, ils avaient été tout d'abord débouttés par l'Intendant de Marles. Ayant appelé de ce jugement au Conseil du Roy ils présentèrent quantité de pièces établissant leur qualité de noblesse indiscutable.

Ces moyens sont relatés dans le jugement du Roy en son conseil en démontrent que Louis Guillard au premier degré existoit en 1390.

Charles [1420], dont sont sortis : Jean Sr de Berville, verdier de la Forest de Conches, Noël Sr de Berville, et Louis dont sont issus :

Alexandre, Robert, Claude.

D'Alexandre I est issu Alexandre II lieutenant à Conches.

De Robert est issu Anthoine Sr de Berville épouse d'Anne Campion.

De Claude est issu Jean Sr de la Vacherie.

Tous sont qualifiés : NOBLE HOMME et par suite ont droit de se dire nobles gens et de noblesse certaine.

Il existe un certificat en parchemin de Messire Loüis GUILLARD chevalier de l'ordre du Roy, gentilhomme ordinaire de sa chambre, et grand Chambellan de Navarre, baron de l'Isle-Arci et Saint-Clément, contenant « qu'il a toujours tenu pour certain et très véritable que Jean Guillart « Sr de Berville demeurant en Normandye en la ville de Conches étoit son « parent portant mêmes noms et mêmes armes, dessendu et sorti de la « vraie tige de sa race et maison et ayant entendu de père à fils, ses « prédécesseurs qu'ung nommé Charles Guillart de sa maison étoit party « du païs du Maine, lieu de sa demeure et de ses prédécesseurs, avoit « pris femme en Normandie et demeuré près Louvierre ensuite à Conches, « dont étoit sorti Jean GUILLART Sr de Berville ». Ce certificat est daté du 29 avril 1613.

Il a été produict aussi nombre de pièces, aveux, convocations et certificats de service au ban et arrièreban sur lesquels s'appuie l'arrest du Roy rendu en son Conseil le lundy 19e aoust 1669, en faveur du maintien de cette famille en sa qualité de noblesse.

Didier-François d'Arclais, Sgr de Montamys

S'ARME :

De gueules
au franc quartier à senestre
d'or, tranché d'une bande d'azur
et 3 molettes d'argent, posees
2 et 1 ; la segonde du
chef brochante sur la bande
au chef de Hiérusalem

Vivant 1702-1765. *Election de Vire.*

Didier-François d'Arclais, seigneur de Montamys fils ainé de Jean-Joseph du nom et de damoiselle Marie-Françoise Guillard naquit le 10 oct. 1702 à Caën, et fut baptisé à l'église de la paroisse Saint-Pierre. Il ne se maria pas.

Il fut attaché successivement aux personnes de deux ducs d'Orléans. [Louis, fils du Régent, 1703-1752]. [Louis-Philippe, son fils, 1725-1785], comme aide de camp, gentilhomme ordinaire de la Chambre, ou 1re maistre de son hostel.

Il fut pourvu de cette charge de premier maistre d'hostel par Louis-Philippe, d'abord en survivance de l'amiral Claude Elizée de la Bruyère, qui la détenait, puis après la mort de ce dernier, il lui succéda à titre définitif le 22 aout 1752.

Il reçut à ce propos de nouvelles lettres de nomination.

Il mourut le 9 févr. 1765 au palais Royal à Paris et fut inhumé en l'église Saint-Eustache, sa paroisse.

Chevalier de Saint-Loüis et des ordres de Saint-Lazare et Hiérusalem en 1762, il avoit été obligé de faire et produire des preuves d'âge et de noblesse devant Phelippeaux Comte de Saint-Florentin, administrateur des Ordres Royaux.

L'original de ces preuves ainsi que la lettre de nomination sont aux archives de la famille.

Pour des raisons qui sont restées inconnues, il avait vendu le 30 janvier 1759 son domaine de Montamys au duc Louis-Philippe d'Orléans, mais le domaine fut clamé à droict de Lignage, par son plus jeune frère, le chevalier de Montamys, Nicolas-Joseph, et par suite retenu par luy et racheté au prix de 100.000 livres.

C'est en sa faveur que peu d'années après il fut érigé en Comté.

Grâce à ce moyen, cette terre qui est de temps immémorial transmise héréditairement dans la même maison, s'y trouve encore pendant les XIXe et XXe siècles.

En l'année 1903, il a fallu le rachat fait par le commandant d'Audeteau arrière petit-fils de Nicolas-Joseph et l'aîné des enfants mâles descendants de cette Maison d'Arclais pour conserver au lignage un domaine si anciennement possédé « par ses ancesseurs qu'il n'est mémoire du contraire. »

Cairon, Sr de Saint-Vigor

S'ARME :

De gueules
à 3
coquilles
d'argent
posées 2 et 1.

Vivants l'an 1705. *Election de Caen.*

Michel d'Arclais fils de Jehan d'Arclais Seigneur de Montamys et de noble dame Marie Le Cousteiller a épousé Marie-Françoise de Cairon de Saint-Vigor.

Il était né à Bretteville-l'Orgueilleuse le 16 mai 1681. Marie-Françoise était fille de Jean de Cairon Sr de Saint-Vigor, Seigneur et patron dudit lieu de Cairon et de noble dame Magdelaine Hubault de laditte paroisse de Bretteville (1).

De Cairon originairement Pérotte. (2)

Olivier, Michel, Daniel frères, fils Michel, fils Gisles, fils Jean. Gisles avait deux frères ; l'ainé : Centurion, le puisné ; Philippe-Michel avait un frère Pierre

(1) Contrat de mariage du 15 janvier 1703. Reconnu l'an 1706.

(2) Recherches de Chamillard année 1666 et années suivantes.

Michel DE CAIRON, S^r^ des Maizerets demeure en la paroisse d'Airel, élect. de Bayeux. Olivier Sr de la Fontaine. Daniel demeure aussi à Airel.

Jean de Cairon	épouse	Françoise Costard	1569
Gisles	—	Jeanne d'Anisy	1609
Michel fils Gisles	—	Jeanne Rouault	
Michel fils Michel	—	Madeleine Heust	

Nicolas

Jacques — Jean — Guillaume

Jacques : Philippe

Philippe : Guillaume

Jean : Charles — Jean

Charles : Nicolas — François

Jean : André — François — Auguste

Nicollas DE CAIRON, sieur de Cardonville. François, Sr de Saint Laurent, André, sieur de la Garende, François, sieur de la Pigacière, Auguste, sieur de Guières, demeurent en la paroisse de Bretteville-l'Orgueilleuse élection de Caën, sergenterie de Cheux sont de la religion prétendue réformée.

Nicolas	épouse	Agnès de Perthou de Monsecret	
Jean fils Nicolas	—	Caterine de la Mariouze	
Jean fils Jean	—	Anne Le Sens	1613
Nicolas fils Charles	—	Marie Le Mière	1629
François fils Charles	—	Anne Costard	1638
André fils Jean	—	Jacqueline Radulph	1633
François fils Jean	—	Isabelle de Sainte Marie	1641
Auguste	—	Anne du Boys	1641

Nicolas

Nicolas Jean Girard Guillaume Jacques Estienne Olivier

Jean Jacques François

André Gilles Paul François

André de Cairon, sieur de l'Orière, Gilles, sieur du Val demeurant à Putot.

André fils Jacques	épousa	Marguerite Cornet	1648
François fils Guillaume	—	Caterine du Boys	1572
Gilles fils François	—	Anne Cousin	1621

Charles, Jean, Charles frères, fils Guillaume, fils Philippe fils Jacques.

Charles de Cairon, sieur de Saint-Vigor demeure en ladite paroisse de Saint Vigor des Mezeretz, sergenterie de Saint Jehan-le-Blanc. Jean, sieur de Saint-Vigor demeure à Paris. Charles, sieur d'Arclais (1) demeure en la paroisse de Saint Marc-d'Ouilly, sergenterie de Saint Jean-le-Blanc, elect. de Vire.

Jacques	épouse	Isabeau Boutin	1556
Philippe	—	Marie d'Angerville	1600
Guillaume	—	Antoinette de la Villette	1629

Cette famille dont l'importance était déjà considérable dans la province a été annoblie par lettres patentes du mois de février 1454. Elle a aussi obtenu des lettres de Changement de nom le 5 aoust 1472 : Pérotte en celui de Cairon, du fief dudit nom qui lui appartenait.

On la retrouve alliée à nombre de familles normandes des plus distingués.

Dans les Archives de la Maison de Tournebu, nous voyons que les

(1) Arclais près Cahan Pont-d'Ouilly et non pas le fief d'Arclais près Monchauvet et Montamys.

Cairon ont pris alliance non seulement avec ces Seigneurs, mais avec les Allain famille elle-même alliée aux Tournebu.

Du mariage de Charles de Cairon et de Louise Marquier sont issus :

1° Marguerite de Cairon qui ép. Olivier de Bonnefous le 23 aoust 1700

2° Etienne de Cairon qui ép. Marguerite Allain le 7 juillet 1700

Marguerite Allain était fille de Nicollas Allain Sr de Barbierre et de Bombanville et de damoiselle Marthe Morel fille elle-même de Guillaume Morel, chevalier, et de damoiselle Claude de Catinat, sœur du Mareschal, qui a signé au Contract l'an 1783.

Léon-René de Cairon reçoit l'aveu du fief de Bombanville, il parait être fils ou petit-fils d'Estienne de Cairon et damoiselle Margueritte Allain.

Tant dans les archives de la maison de Tournebu que dans celles d'Audeteau de Montamys, que celles du Calvados, se trouvent de nombreux aveux relatifs aux fiefs que possédait cette famille, ainsi que des brevets de nomination à des charges militaires signées du Roy et contresignées de divers dont Phélippeaux et autres ministres sécretaires d'Etat ou personnages marquant, ou certificats, dont le suivant :

« Nous Marie-François-Henri de Franquetot, Duc de Coigny, pair « de France chev. des Ordres du Roy et grand bailli d'épée du bailliage « de Caën, Certifions à tous qu'il appartiendra que Mre Léon-Nicolas-Urbain « de Cairon, capitaine d'Infanterie a été admis à voter dans l'ordre « de la noblesse dans l'assemblée des trois ordres du bailliage de Caën, « tenue par nous le 16 mars de la présente année des autres jours suivants. « En foi dequoi nous avons signé le présent et fait contresigner « par le secrétaire de l'Ordre ».

Donné à Caen ce trente mars mil sept cent quatre vingt neuf

Signé : le Duc de COIGNY.

Par Mr le Grand Bailly,

Grandin de la Gaillonnière,

Secrétaire de l'Ordre de la noblesse.

Nicolas-Urbain DE CAIRON ép. Alexandrine Anne de Montpinçon 1786. De ce mariage sortit Hortense de Cairon, dame de Tournebu, et trois autres filles qui furent :

Mesdames de Fontaines, de Grimouville et de Montfleury,

Son fils unique nommé Alexis est mort sans alliance.

De ce qui précède on peut reconnaître les liens qui relient cette Maison aux héritiers de Nicollas-Joseph d'Arclois.

1° Elisabeth Patry inhumée à Vaux-la-Campagne le 18 aout 1779 âagée de 60 ans était mariée à Augustin de Cairon, S^r^ et patron dudit Vaux-la-Campagne.

Elle eut pour enfants :

Louis-Augustin DE CAIRON, baptisé le 16 nov. 1745, qui épouse le 10 mai 1781 Marie-Victorine de Cairon d'Hudières sa cousine d'où une fille : Adélaïde de Cairon	N. DE CAIRON.

née en 1786 décédée à Barbeville le 28 mars 1847 qui a épousé : Jacques-Louis de Courseulles Vte de Barbeville né le 7 juin 1778 audit Barbeville.

Ils eurent plusieurs enfants dont Alexandre-Maxime, capitaine d'infanterie, marié le 17 fév. 1863 à damoiselle Adrienne de Savignac des Roches, sœur puisnée de dame Louise d'Audeteau, née de Savignac des Roches.

De ce mariage est née Elisabeth qui épousa Roger vicomte Le François des Courtils : dont postérité.

2° La mère de dame Marie Le Coustelier de Beaumont femme de Jehan VI d'Arclais de Montamys 7° ayeule de René-Louis d'Audeteau est damoiselle Marie-Anne DE CAIRON, comme le démontre les contracts de mariage de 1641 entre Jean-Jacques Le Coustellier de Beaumont et ladite Anne de Cairon et celui du 12 décembre 1669 d'entre Jehan VI d'Arclais et ladite Marie Le Coustellier.

3° Raoul d'Audeteau, fils du précédent, a épousé le 26 mai 1903

Marie-Françoise de Tournebu petite fille de damoiselle Françoise de Cairon de Barbières femme de François-Victor de Tournebu capitaine de Cuirassiers (1).

Aux Archives du Calvados se trouve un document des plus intéressants pour cette maison de Cairon.

C'est un cartulaire de Breteville-l'Orgueilleuse et Cairon, magnifique volume relié en maroquin, à fermoirs. Il porte les armes des Cairon qui sont : de gueules à 3 coquilles d'argent posées 2 et 1.

Il est composé de 518 pages in-8, en parchemin sur la couverture se voit le titre suivant : « *Cartulaire de Breteville-l'Orgueilleuse commencé en « 1460 par Colin Pérotte dont les successeurs en 1469 prirent le titre de seigneurs « de Cairon* ».

On y relève beaucoup de pièces concernant des ventes et achats, donations de terre, et de nombreux détails relatifs à d'autres familles de Normandie.

Le nom et les alliances de cette Maison se voient dans quantité de documents ayant trait à cedit pays.

Parmi lesquelles nous citerons les suivantes :

Lorette de Cairon	ép. Rauld Leffault	1450
Le Landais	ép. Suzanne de Cairon	1591
De Lesseline	ép. Jeanne de Cairon	1573
Jehan Vouziens	ép. Guillemette de Cairon	1509
J.-Jacques Le Cousteiller	ép. Anne de Cairon	1641
Robert de Croisilles	ép. Anne de Cairon	15
Guillaume Danseray	ép Françoise de Cairon	1660
Pierre Néel	ép. Anne de Cairon	1626
Anne-Hélène Néel	ép. Jacques-Sébastien de Cairon	1725
Michel d'Arclais	ép. Marie-Françoisede Cairon de St Vigor	1705
Jean de Vatteville	ép. Marguerite-Françoise de Cairon	1734

(1) Voir Recherches sur la maison de Tournebu du même auteur.

J.-B. Charles de Cairon	ép. Marie-Elisabeth Le Boucher de Cresnes	1753
Elisabeth Patry	ép. Augustin de Cairon	1779
Jacques-Louis de Courseulles	ép Adélaïde de Cairon	1786
Robert de Sainte-Marie	ép. Isabelle-Gabrielle de Cairon	1787
François-Victor de Tournebu	ép. Hortense de Cairon	1818
François-André de Buor en Bas-Poitou	ép. Maria-Charlotte de Cairon Merville, fille d'Estienne-Philippe	1783

Lambert

S'ARME :

De Gueules
au chevron d'argent
accompagné de 2 croissants
montants d'or
en chef
et d'une estoille de mesme
pointe.

Vivants l'an 1722 — *Election de Bayeux*

Henry d'Arclais Seigneur de Monboscq fils de Claude du nom et de damoiselle Marie Le Vaillant épouse l'an 1722 damoiselle Marie-Louise Lambert.

Il servit le Roy comme les autres nobles de la Province et mourût l'an 1745, laissant un fils : Jean-Loüis et une fille, qui fut mariée en 1735 à Messire Philippe de Croisilles [1].

Lambert [1], avant 1450.

En suict par desclaration, la généalogie et extraction de noblesse, dont est dessendu et dérivé Jacques Lambert, escuier, sieur de la Durandière qu'il baille à Messieurs les Elleuz à Bayeux.

(1) Voir : Recherches sur la maison de Tournebu du même auteur.
(1) Recherche des Elleuz de Bayeux. 1523.

PREMIÈREMENT

De deffunct noble homme Jehan Lambert Sieur de la Ville-Hubert, de Saint-Pierre-Laugier, de Champvertu et la Carbonnière, et de damoiselle Jehanne Bourreau (ou Bourren ?) dame de Boys-Feran et du fief Mancel, fille de deffunet Nicollas Bourren sieur dudict lieu du Bois-Féroult, Mancel et cappitaine du Mont-Saint-Michel dérivé et procréé en loyal mariage de noble homme Jehan Lambert sieur et patron de la paroisse de Camprepus en bailliage de Costentin.

Duquel Jehan Lambert, filz desditz mariez et de damoiselle Cardine de Saint-Gilles, dame du Fief du Buret, fille de deffunet noble homme Henry de Saint-Gilles Sieur dudict lieu de Saint-Gilles, dérivé et procréé en loyal mariage de noble homme Ambroise Lambert, Sieur dudict lieu de Camprepus et dudit Fief Buret assiz à Campan.

Duquel Ambroise Lambert et damoiselle Françoise Cloustier dame du Fief de la Durandière, fille de deffunct noble homme Raoul Le Cloustier Sieur de Saint-Cristophe, de Jaiollet assiz en la Viconté de Falloize et dérivé et procréé et dessendu dudit Jacques Lambert sieur de la Durandière. Et pour cognoistre facilement les choses dessus dictes, ledict Lambert s'aide des escripts cy mentionnés cy après.

PREMIÈREMENT

Le dict Lambert dict, monstre et faict apparoir d'un contrat devant Allain Hardy tabellion à Bayeux le 29e jour de mars l'an 1450, faisant mention comme noble homme Henry de Saint-Gilles sieur du lieu et de Aulacain, donna en mariage faisant de noble homme Jehan Lambert et de damoiselle Cardine de Saint-Gilles, le Fief, terre et seigneurie de Buret avec dix livres tournois de rente pour don héréditai et comme le dict Jehan Lambert, l'aisné Sieur de la Ville Huchet donna par advencement de succession, audict Jehan Lambert son filz, le fief, terre et Seigneurie de Champrepus, tant en domayne, moullin rente et revenus quelzconques et autres choses contenues aud. contract en quoy ils sont tiltrés nobles personnes.

ITEM monstre et faict apparoir par lettres passées devant Jehan Michel tabellion à Villedieu le 12ᵉ febvrier 1453, ledit Lambert sieur de la Villehuchet bysayëul dudict Jacques pour luy et establissant pour damoiselle Jenne Bourren son espouze, sieur et dame de Camprepus, comme il bailla en fieffe à Guillaume Paturel certains héritages assiz en fief à la Carbonnière appartenant ausdictz mariez par en faisant traize solz tournois de rente seigneurialles qui sont deues d'antienneté ausditz mariez, esquelles lettres ilz sont tiltrés nobles personnes.

ITEM monstre une lettre passée devant ledict Jehan Michel tabellion, le 22ᵉ jour d'apvril après Pasques l'an 1454, faisant mention de l'appoinctement faict par entre nobles personnes Jean Lambert escuier, l'aisné et damoisselle Jeanne Bourren sa femme d'une part et Jean Lambert escuier, le jeune leur filz d'autre, du procèz qu'ilz avoient en semble pour la terre et seigneurie de Camprepus que lesditz mariez avoient baillez par advance de succession audit Jean Lambert le jeune en traictant et faisant le mariage de luy et damoiselle Cardine de Saint Gilles, par lequel appoinctement, il accepte jouir dudict fief et revenu d'icelluy par moictié, par lesquelles lettres lesditz Lambert et leurs dictes femmes sont intitulés nobles personnes.

ITEM faict apparoir d'un extraict du registre donné dudict Michel tabellion le unzᵉ jour de juillet l'an 1454 faisant mention comme noble personne Jean Lambert escuier et damoiselle Jehanne Bourren dame de Camprepus vendirent à Robert Ramée bourgeois de Villedieu debvoir à noble personne Jehan Lambert et damoiselle Jehanne Bourren son espouse la somme de LXV livres tournois, en quoy ilz sont tiltrés nobles personnes.

ITEM un autre extraict dudict jour et an devant les dictz mesmes tabellions contenant comme noble homme Jehan Lambert et damoiselle Jenne Bourren son espouse rattiffièrent et approuvèrent l'assiette de 25 livres tournois de rente par ledict sieur avoir été baillée à Pierre Poisson escuier

Sr de Crennes et à damoiselle Marguerite Lambert son espouse [1] fille des dicts Lambert et damoiselle à prendre sur le fief Mancel, enquoy comme dessus ilz sont tiltrés nobles.

Item d'un adveu en dabte du 7e de Juillet l'an 1466 signé et scellé de Jehan Le Liepvre, lieutenant du Seneschal de Champrepuis, comme Collin Rogier confessa tenir par foy et hommage un tenement dont il est l'aifné, ledict Lambert sieur dudict lieu de Camprepuis, duquel tenement a un mémorial annexé donné dudict jour et scellé dudict Lelièvre, contenant comme icelluy Rogier bailla ledict tenement, enquoy ledict Lambert est tiltré noble comme dessus.

Item faict apparoir d'une lettre passée devant Girot-Morin tabellion à Coustances, le 18e jour de Juillet 1457, comme noble homme Jehan Lambert le jeune, ayeul dudict Jaques et filz dudict Jehan l'aisné d'une part et Jehan Le Franc d'autre, firent charge et promesse de leur descord et procèz sur noble homme Ambroise de Varenville Sieur de Beauchamp et Jehan Durand, en quoy il est tiltré noble homme comme dessus.

Item faict apparoir d'une lettre passée devant Guillaume Le Poictevin et Bernard Le Bel tabellions, en la Viconté de Granville le 20e jour de l'an 1481, faizant mention comme noble homme Ambroise Flambart, procureur de noble personne Lucas (?) du Fresne et damoiselle Cardine de Saint-Gilles, mère dudict Ambroise, dame du Fief terre et sieurie du Bret [2], son espouze, assiz à Rampan, baillèrent à tiltre de ferme à Guillaume Le Jollys, l'aisné........ le fief terre et seigneurie du Bret (?) noblement tenu à court et usage avec iceux appartenances, esquelles lettres il est tiltré noble homme.

Item un acte donné en Jehan Masson, escuier, lieutenant de Monsieur

(1) Père et mère de Gilette Poisson qui épousa Jehan D'Arclais et porta la terre de Montamys de la maison d'Arclay.

(2) De Buret.

le Bailli de Caën aux assizez de Torigny le VIIIe jour de may dernier, comme François Le Cloustier escuier, héritier de deffunct Le Cloustier escuïer sieur de Maizières (?) fut mis en amende par jugement vers ledict Jacques Lambert en la deppendance de l'ajournement qu'il avoit faict faire ledict Lambert audict Françoys pour lui rendre compte de l'entrevue qu'avoit eue ledict Me Renault de ses biens et revenus comme son meneur, ensemble pour lui restituer touttes lettres, escriptures et enseignementz appartenantz audict Lambert qu'il disoit iceluy, n'avoir peu retrouver ne avoir dudict Le Cloustier quy lui a refusé icelle rendre comme il dict, et ainsi l'estre juré et affirmé par laquelle amende par jugement le dict Jaques est tiltré escuyer.

Et sauf audit Lambert s'aider de plusieurs lettres, chartes et enseignementz et escriptures dont il dict n'avoir eu la recouvrance vers son dict gardain ou hérittier d'icelluy, sans encore d'autres lettres qu'il a par dever luy qui en font mention, ensemble à desclarer sa généalogie, aprouvé que dessus et à la vérifier sy mestier est par protestation.

Faict et produict et baillé par ledict Lambert le jeudy dixième jour de Juillet l'an 1523.

Lambert [1]

Jacques
|
Jean
|
Jean
|
Thomas
|
Jacques

Jacques Lambert, Sr du Fresne, demeure à Saint-Malo de Bayeux.

Jacques,	épousa	Anne Vaultier.	
Jean,	—	Blanche Ester.	1554
Jean,	—	Anne Vaultier.	1583
Thomas,	—	Perette de Sallen	1611
Jacques,	—	Caterine Morel,	1645

Leurs armes sont : de gueules au chevron d'argent accompagné de deux croissants d'or et une estoile aussi d'or en pointe.

(1) Recherche de Chamillart, 1666 et années suivantes.

De Croizilles

S'ARME :

De sable
à trois croisettes
recroisettées d'or
posées : 2 et 1.

Vivants l'an 1722. *Election de Bayeux.*

Marie-Louise D'ARCLAIS DE MONBOSC, fille de Henry d'Arclais, seigneur de Monbosc et des Besaces, fut mariée à Jacques-Philippe de Croisilles, en l'année 1722.

Croisilles, Seigneurs de Bretteville

La Maison DE CROISILLES est ancienne en Normandie où elle a possédé de nombreuses seigneuries parmi lesquelles, celle de Bretteville-sur-Bordel, qu'elle a hérité par une alliance avec l'antique maison de Bretteville, tombée en quenouille au XVIe siècle.

Marie et Magdelaine DE CROISILLES, seules héritières de Bretteville, épousèrent :

La première, Guillaume de Croisilles.

La seconde, Marin du Boys.

Ces mariages eurent lieu avant 1550, les enfants qui en sortirent furent cousins germains et se nommèrent Guillaume de Croisilles d'une part et Jacques du Boÿs, de l'autre.

(1) En l'année 1557, ils procédaient au partage des biens de leurs parents et en particulier de la terre de Bretteville, sur laquelle leurs mères avaient conservé des droits indivis.

Guillaume DE CROISILLES, étant l'ainé et lui-même sorti de l'ainé prit par droit de Choisie, le premier lot et ledit Jacque du Boÿs comme représentant la branche cadette eut pour son partage le segond lot, Lequel était tenu en parage du premier lot, choisi comme il vient d'être dit par Guillaume de Croisilles en conséquence de son droit d'ainesse.

Depuis cette époque les deux familles vécurent porte à porte, chacune en une partie du chateau, simplement séparées par un mur, et se dirent : « Seigneurs de Bretteville ».

De longs procès s'élevèrent entre eux au sujet des préséances à l'église et de ce droit de se dire : « Seigneurs de Bretteville », l'aisné prétendant seul à ce titre, et tout au plus n'accordant que la « Seigneurie en partie à son parager », ainsi que le droit de patronage « Alternatif ».

L'an 1600 Robert DE CROISILLES, escuier, conseiller du Roy au présidial de Caën était seigneur et patron de Breteville.

Robert du Boys tenait sa part de ladite seigneurie à cette même époque.

Cette situation fut la cause de nombreux procès, les archives des Tournebu actuellement (1910) habitants Breteville, sont remplies de pièces se rapportant à ces discussions de voisinage et de préséances.

La généalogie suivante démontre les liens qui rattachent ces familles et par leur auteur il est facile de les relier à l'estoc de Bretteville.

(1) Archives de la Maison de Tournebu.

Giot, Jacques de Breteville son fils

Marie de Brettville épouse Guillaume de Croisilles.	Sœurs	Magdeleine de Bretteville, ép. Marin du Boÿs.
Guillaume de Croisilles, épouse Louise de Tournebu.	1577	Jacques et Bertrand du Boÿs.
Jean de Croisilles.	1620	Noël du Boÿs.
Robert de Croisilles, épouse Anne de Cairon.	1656	Robert, Jacques et Guillaume du Boÿs.
Le Président Jean-Claude de Croisilles, ép. Jeanne Gillain.	1730	Jean Dubois.
Sa sœur Magdeleine, épouse : 1° J.-B. de Tournebu, 20 nov. 2° J.-J. de la Bigne.	1678	Pierre et Jean Claude du Bois.
Jean-Jacques de Tournebu, ép. Magdeleine de Beaussein.		Dame de Gouville, fille et seule héritière.
François-Jean de Tournebu, ép. Claire de la Bigne.	1749	
Pierre-François de Tournebu, ép. Charlotte de Bernières-Fallet.		
François-Victor, ép. Hortense de Cairon.		
Ludovic de Tournebu, ép. Blanche de Saint-Pol.		

On peut voir dans les Archives et le dossier de Tournebu le détail des difficultés résultant de cette situation, entre les habitants de Breteville jusqu'au jour où le domaine entier vint entre les mains de la seule maison de Tournebu héritière des Croisilles.

Robert de Croisilles a été inhumé au centre du chœur de l'église de Breteville.

Les sœurs du Président de Croisilles, étaient au nombre de 4.

1 L'ainée Caterinne épousa le S[r] d'Orval-le-Bédé.

2 La cadette Françoise, Gaspard de Panthou.

3 La 3e Magdeleine épousa : 1° Jean-Baptiste de Tournebu, ainsi que nous venons de le voir, et 2° Jacques-Joseph de la Bigne.

4 La 4e épousa Guillaume de Beausein, dont la fille Magdelaine épousa en secondes noces son cousin germain Jean-Jacques de Tournebu fils de Jean-Baptiste et de Magdeleine de Croisilles sus-nommée.

On voit dans la recherche des Elleuz à Baieux de l'année 1523, que les Sieurs de Bretteville sont seigneurs dudit lieu dès avant l'an 1205. Missires Rogier et son filz Guillaume possédaient dès lors le Fief qui a été transmis à leur descendance, parmi lesquels est nommé Guiot ou Giot de Bretteville qui avoit épousé une fille de la maison de la Luzerne et fut l'ayeul desdittes Marie et Magdeleine de Breteville dont est question plus haut.

Les Croisilles ont été reconnus par Montfault l'an 1463. Leurs descendants le furent par Roissy en 1599 et par Chamillart en 1667. Ils sont classés par ce dernier parmi les nobles ayant prouvé leur noblesse d'ancienneté sans annoblissement connu.

Pierre de Croisilles, fils Marin, fils Gilles, fils Guillaume.

Pierre Sr de Mutrécy, élect. de Caën a épousé damoiselle Margueritte de Barquencourt. Marin ép. damoiselle Marie Baulard l'an 1612.

Gilles : Marguerite du Barqué. Guillaume, Marie de Batteville.

Henri Sr de Préville et Robert dictz de Croisilles, Seigneur et Patron de Bretteville, conseiller au bailliage de Caën y demeurant âgé de 45 ans.

Le dit Robert de religion catholique.

Pierre	ép.	Raouline Malherbe.	
Jean fils Colin	—	Jeanne Du Breuil.	
Guillaume	—	Marie de Bretteville.	1545
Henri	—	Caterine De Royers.	

Jean — Claude de Bonnefons.

Robert — Anne de Cairon.

De ces deux derniers sont nés cinq enfants.

1° Claude de Croisilles, président au présidial et bailliage de Caën qui épousa damoiselle Gillain de Bénouville et mourut sans postérité.

2° Caterine qui fut dame d'Orval le Bédé.

3° Françoise qui fut dame Gaspard de Panthou.

4° Magdeleine qui fut 1° dame J.-B. de Tournebu et 2° dame de la Bigne.

5° Margueritte qui fut dame de Beaussein.

Comme il a été déjà expliqué.

A l'Etat civil de Bretteville on relève la note suivante : « Robert de « Croisilles esc. fils de n. h. Jehan De Croisilles et de damoyselle Claude « de Bonnefons a été baptisé par moy curé et nommé par Robert de « Bonnefons esc. Sr de Chouan et par damoiselle Marie Josselin femme de « Pierre de la Pigassière au 5e jour de Juillet 1625 ».

Malherbe

D'hermines
à six besans
de gueules

Vivants l'an 1727. *Elect. de Thorigny.*

Françoise D'ARCLAIS, fille de Claude du nom S[gr] de Monbosq et de damoiselle Marie LE VAILLANT, a épousé Messire Jacques-André DE MALHERBE, Sr de Vaucelles, le 23 mai 1727, en la paroisse de Saint-Martin-de-la-Besace.

Malherbe (1)

Charles MALHERBE, Jacques-André, sieur de Neuilly Le Malherbe, du Fresne, de la Vaucelle, Amanville, Grandcamp, de la Boisselière, de la Pastinière, de Taymes, du Jardin, de Saint-Jehan-des-Essartiers.

Acte consécutif au traicté de mariage de Charles Malherbe et de damoiselle Juliane d'Arclais. (2)

Du Jeudi 1er jour d'apvril, l'an 1700, furent présens Charles MALHERBE, escuyer, de la paroisse du Fresne et damoiselle Julianne

(1) Archives du Calvados.

(2) Voir au premier mariage.

d'Arclais, son épouse de luy autorisée, lesquels ensemblement reconnurent avoir eu et reçu en or et en argent ayant cours à l'édit du Roy, de Claude d'Arclais, escuier, sieur de Monboscq présent, la somme de deux mille livres pour extinction et amortissement de onze cent livres deux solz quatre deniers de rente hipotèque, constituée par ledit sieur de Monbosq pour la dot de la ditte damoiselle Julianne d'Arclais sa sœur, par le traité de mariage d'entre ledit sieur Malherbe et Icelle passé devant le Chartier et son adjoint le 9e jour de juillet 1671 savoir la somme de 250 livres le 6 mars 1698, suivant le billet dudit sieur Malherbe et de ladite damoiselle son épouse lequel leur a été présentement rendu et la somme de 1.750 livres le jour de lundy dernier avec la somme de 160 livres pour les arrérages et prorata eschus à ce jour de ladite rente de laquelle somme de 2.000 livres ledit Malherbe a fait remplacement au bénéfice de ladite damoiselle d'Arclais, son épouse, sur tous et chacuns de ses biens suivant et aux termes du contract de mariage d'entre eux, lequel remplacement lad. damoiselle a eu pour agréable reconnaissant icelluy bon et suffisant pour quoy ledit contrat de mariage à été présentement forcé de la ditte somme de deux mille livres dont ledit Sr de Monboscq demeure quitte en principal et arrérages consentant lesdits Sr et damoiselle que la minutte dudit contract de mariage soit émargée, touttes fois et quantes eux présens ou absens à laquelle fin le présent vaudra en procuration du nombre de laquelle somme de 1.750 livres cy-dessus. Ledit sieur de Monboscq a reconnu qu'il luy en a esté payé la somme de 1.200 livres par Jean-Joseph Le Vallois escuier, qu'il a sur luy constituée en 66 livres 13s 4d de rente. Consentant ledit Sr de Monbosc que pour la plus grande assurance d'icelle rendit ledit Le Vallois soit et demeure subrogé l'hipothèque et privillège desd. Srs et Delle Malherbe promettant, etc........ Faict et passé à Caumont présence de Me Charles-Richard Lair sieur de la Mothe et Jullian Bures de la paroisse de Cahaingnes, etc........

2e *Mariage Malherbe et d'Arclais.* (1)

Ce 23e jour de mai 1727 par moi soussigné en l'église de Saint-Martin de la Besace par moi soussigné, a été célébré par moi curé dudit lieu avec la dispence de parenté de Rome et la dispense des bans obtenue de l'évêché de Bayeux, le mariage de Jacques-André de Malherbe, escuyer, sieur de la Vaucelle, fils de feu Charles Malherbe et de noble femme Julianne d'Arclais de la paroisse du Fresne et damoiselle Françoise d'Arclais, fille de feu Claude d'Arclais, escuyer, Sieur de Monboscq et noble femme Marie Le Vaillant ses père et mère d'autre part et les deux dispenses dont le Sieur Malherbe ont été controllées et insinuées, à Bayeux le 18 de ce mois tant en présence de dame Marie Le Vaillant et dame Marie-Louise de Saint-Lambert, Henry d'Arclais, Jacques Le Chartier Sieur de la Varinière, Jean-Marie-Estienne Hébert et plusieurs autres.

(Signatures.)

Ce 23e jour d'aoust 1728 a été baptisé par moi soussigné prestre de ce lieu Messire Charles de Malherbe né d'hier au matin, sorty du mariage de Jacques-André de Malherbe escuyer, Sieur de la Vaucelle et de damoiselle Françoise d'Arclais son espouse, nommé Charles par noble homme Charles de Malherbe escuyer, assisté de damoiselle Marie Le Vaillant de cette paroisse.

(Signatures.)

Comptes faits entre Jehan de Malherbe et Jean-Louis d'Arclais sieur de Monbosc. (1)

Compte a été fait ce jourd'huy 19 décembre 1761 entre Messires Jean Malherbe écuyer Sr d'Amanville, Louis-Gabriel de Malherbe écuier, Sieur de Grandchamps et Louis-Dominique Malherbe écuier, chevalier

(1) Archives de Saint Martin de la Besace.

(1) Archives du Calvados. Fonds d'Arclais 3e liasse.

d'Amanville tous les trois frères et héritiers de feu Jacques de Malherbe vivant ecuier, seigneur de Grandchamps leur oncle et Messire Jean-Louis d'Arclais, écuier, Sr de Monboscq héritier aux propres paternels de feüe noble dame Louise-Aimée d'Arclais en son vivant veuve dudit Sieur de Grandchamps et autorisé à faire vider les débiteurs à la succession de la ditte dame de toutes les sommes dont ils pouvaient être redevables ainsi qu'il est plus emplement dit par l'ordonnance rendue à Faloize le 19 aoust 1758, scavoir :

1° De quinze années d'arérages écheus au jour du décès de lad. dame de 116 solz 8 deniers de rente viagère dont lesdits Srs de Malherbe luy estoient redevables conformément à la transaction soussignée faite entre feüe noble dame Anne-Jehanne De Courcelles, mère et tutrice desdits Srs de Malherbe et ladite dame veufve du sieur de Grandcamp le 24 Juin 1743 pour les causes contenues en ladite transaction.

[Suit le règlement desdits arrérages, le tout assez compliqué et confus]....

.... Dont du tout lesd. Srs de Monboscq et de Malherbe sont demeurés d'accord et contents ce dit jour et an que dessus.

Signé en encre verte par tous les comparans.

Marguerie, S[gr] d'Ifs

S'ARME :

D'azur
à 3 margueritttes d'argent
2 et 1 tigées de sinople
et œillées de gueules.

Vivants l'an 1746. — *Election de Bayeux.*

Magdeleine Darclais, fille de Jean-Joseph du nom, seigneur et patron de Montamys et de Marie-Françoise Guillard, a épouzé le 1er octobre 1746, Messire Marguerie, Chevalier, seigneur d'Ifs et de Bretteville-sur-Laize.

Marguerie [1]

Seigneur d'Estreham le Perreux, d'Ifs, de Tour, du Chastelet, de Tournières, de Vacqueville, Forges, la Motte d'Airel, Bernières-sur-Mer, Tourteval, Berrolles, du fief-Pouchin, Houtleville, Russy, Colleville, Sainte Honorine et autres lieux.

Pour fournir à l'ordonnance de Messieurs les Elleuz à Bayeux commissaires du Roy, nostre Sire en ceste partie, Guillaume Marguerie escuyer, sieur d'Estréam-le-Perreux, dit qu'il est aisné naturel et légitime

(1) Recherches des Elleuz à Bayeux l'an 1523.

de deffunct Guillaume Marguerie en son vivant escuyer sieur dudict lieu d'Estreham, icelluy Guille fils et héritier aisné de deffunct Missire Gautier Marguerye, chevallier, sieur dudict lieu, icelluy Mre Gaultier fils segond de deffunct Michel Marguerie escuyer par semblable sieur de Tour et dudict lieu d'Estréam, ledit Michel fils de feu Guillaume Marguerie en son vivant escuyer, sieur de Tour et du Chastellet, de Tournières, Vacqueville, d'Estréham-le-Perreux, Forges, la Motte-d'Airel, Bernières-sur-Mer, Torteval, Berrolles, du Fief-Ponchin, Housteville, Russi, Colleville et Saincte-Honorine. Duquel Michel assurent Jean Marguerie l'aisné icellui Mre Gaultier, Mre Michel Marguerie et Pierre Marguerie le jeune auquel Jean l'aisné demeura le fief, terre et Sieurie de Tour, avec les antiennes Chartes et lettres et escriptures concernantes et regardantes les privilèges et droictures des ditz frères et leurs prédécesseurs touttefois et d'autant que le dict sieur d'Estréam en peut recouvrer s'ayde et produict ce qui en suit :

PREMIÈREMENT

Une antienne lettre passée devant Jean d'Escrametot, tabellion à Bayeux, le premier jour de mars l'an 1495, comme Guillaume Le Clerc de Colleville vendit à Guillaume Marguerie escuyer, quattre boesseaux de fourment et une gueline de rente à prendre sur Robin Hamon, à cause de son mesnage.

Item d'une antienne lettre passée, devant Guillaume Travel tabellion à Tour, le 9e jour de mars 1402, comme Jehan Heuse et sa femme d'Estreham-le-Perreux vendirent à Guillaume Marguerie, escuyer, trois boisseaux dorge à prendre par la main de Thomas Du Fort.

Item d'un antien adveu baillé audit Michel Marguerie sieur de Tour et d'Estréham par Jehan Potier, son homme, tenant une vavassorie, contenant 12 acres de terre escript au dos d'icelluy : 1436.

Item d'un autre adveu à luy rendu par Jean Hubault du fief de Jehan Ollivier.

ITEM d'une lettre passée devant Allain Hardy tabellion à Bayeux le 25e d'apvril 1439 comme Thomas Belamy vendit audit Michel Marguerie, escuyer, huict solz tournoiz et une gueline de rente à prendre sur ses héritages.

ITEM d'une autre lettre passée devant ledit Hardy le 27e de febvrier 1444, comme Henry Le Boursier vendit à Jehan Marguerie Sieur de Tour en croissement de son Fief d'Estréham quarante solz taxe de rente à prendre par la main de Henri Le Boursier le jeune.

ITEM s'aide des lotz et partages faictz et passez par entre ledict Messire Gaultier, Chevallier, Messire Michel et Jehan dictz Marguerie le jeune enfans et héritiers puisnez dudict deffunct et Michel Marguerie, par l'estat desquelz ledict Missire Gaultier l'aisné en icelle partye, print la terre Fief en sieurie d'Estréham, Colleville et autres choses contenues et ledict Mre Michel les Fiefs de Forges et de Berrolles, avec le Fief-Ponchin et autres héritages et choses illecques mentionnées et audit Jehan Marguerie le jeune, le Fief terre et sieurie de la Motte d'Airel avec le patronage de la grande portion de Mons, le Fief Bernières-sur-la-Mer, Houtteville et Russi avec autres rentes et choses illecques mentionnées, sellon lesdictes lettres passées devant Jehan Desmares, tabellion à Bayeux, le 25e jour de febvrier 1455, iceux lothz passés en la présence de Jehan Marguerie, escuyer, sieur de Vacqueville leur oncle et autres.

ITEM d'un antien adveu rendu au dit Messire Gaultier, chevallier, par Martin Bougon, le 13e jour de Janvier 1462.

ITEM d'un autre adveu à luy rendu par Jehan Gillet le 24e jour de Janvier 1458, devant Robert de Fontenil, lieutenant du Séneschal de ladite sieurie.

ITEM d'un autre adveu rendu le dit jour et an par Jehan Le Breton.

ITEM d'une autre lettre passée devant Guillaume d'Esquetot et Jehan Revel, tabellions à Bayeux, le dernier jour de Novembre 1493, des lotz et partages faictz par icelluy Gilles Marguerie père dudit Guillaume à présent, et Guillaume Marguerie son enfant et héritier d'icelluy deffunct Mre Gaultier Marguerie, Chevallier.

ITEM d'une lettre passée devant Me Robert Le Briand et Jean de la Lande, tabellions à Caen, le 3e jour de may 1494 faisant mention du traicté de mariage qui faict avoit esté par entre leds deffunct Missire Gaultier et Monsieur Anne De Varignies (*sic*), en son vivant escuyer, sieur de Cagny et de Blainville dont appoinctement avoit esté faict avec noble homme Gaultier de Varignies Sieur dudict lieu de Cagny et de Blainville.

Protestant ledit sieur d'Estréham en plus outre produire, fournir et veriffier sy mestier est.

Faict et produict et baillé aujourd'hui le 29e jour de Juing 1523, après la collation faicte des dittes escriptures produites au Greffe par ledict Guillaume lesdits jour et an, ainsi signé G. Marguerie.

Marguerie, Sieur de Bérolles.

Nobles personnes François Marguerie Sieur de Forges et Jehan Marguerie Sieur de Bérolles Frères, cousins remuez de Germain dudit Sieur d'Estréham disent qu'ils s'aident de la généalogie et escriptures dudict sieur d'Estréham cy dessus mentionné disent qu'ilz sont filz naturelz et légitimez de deffunct Michel Marguerie en son vivant escuyer, sieur de Forges et de Bérolles et du Fief Ponchin et de damoiselle Guillemine des Varinières fille de deffunct Robert des Varinières en son vivant escuyer sieur de Cagny, de Blainville, de la Motte et de damoiselle Caterine Desmaretz dame de la Potherie. Icelluy Michel, fils naturel et légitime de Michel Marguerie en son vivant escuyer, sieur de Tour et d'Estréham, Castellet, Bernières et la Motte-d'Airel et de damoiselle Caterine Raillard, fille de feu noble homme Jean Raillard sieur du lieu père et mère.

Le dict Michel père dudict Michel, filz naturel et légitime de feu Guillaume Marguerie en son vivant escuier sieur des sieuries de Tour et Couvert et de damoiselle Jeanne Malherbe fille de feu Richard Malherbe en son vivant escuyer.

Les dicts François et Jean dictz Marguerie, mariés, assavoir ledict François à damoiselle Guillemine Marguerie fille et héritière de deffunct Guillaume Marguerie en son vivant escuyer sieur de Caudon, maire (?) de Briquessart et sieur du Boscq-Renard.

Le dît Jean marié à damoiselle Françoise Fortin fille de Guillaume Fortin sieur de Dussi, d'Esson et Coullebœuf.

Faict et baillé aujourd'hui dernier jour de Juin l'an v^c^ xxiij par les dictz frères audict greffe, ainsi signé : F. Marguerie et J. Marguerie, Sieur de Forges, deux signes et deux paraphes.

Levesque

S'ARME :

De gueules
à l'agnus Dei d'argent
La croix enrubannée d'azur
au chef d'azur chargé
d'un besan à dextre
d'argent.

Vivants l'an 1750. *Ellection de Mortain.*

Marie-Anne d'Arclais fille ainée de Jean-Joseph Darclais Seigneur et Patron de Montamys, Saint-Cellerin, le Boscpoisson et Monchauvet et de damoiselle Marie-Françoise Guillard a épousé n^e^ h^e^ Levesque, avocat au bailliage de Mortain.

Levesque.

Est une vieille famille de l'Ellection de Mortain qu'on retrouve dans de nombreux actes et documents anciens.

Elle a pris alliance dans les maisons les plus nobles de Normandie.

Nous relevons, entre autres les suivantes :

Cardine Levesque	ép.	Jacques Godefroy	1547
Jeanne Levesque	—	François De Mons	1645
Charlotte Levesque	—	Thomas Beauquet	1628
Suzanne Levesque	—	Charles Allain	1580
Margueritte Levesque	—	Jean de Cheux	1550
Elisabeth Lévesque	—	Gabriel de Grosourdy	1576

Etc. etc........

Ponche, S[r] des Moulins

S'ARME :

D'azur à
3 coquilles d'or
posées 2 et 1
et une sauterelle de mesme
en abysme.

Vivants l'an 1750. *Ellection de Bayeux.*

Marie Darclais fille de Jean-Joseph du nom seigneur de Montamys et de Marie-Françoise Guillard a épousé Messire Ponche S[r] des Moulins, chevalier de Saint-Loüis, major de Cavalerie aide de camp du Mareschal de Coigny.

Guy de Cordier a épousé Margueritte Des Moulins 1543

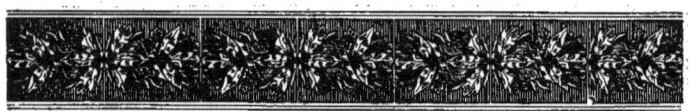

De Chal, S^R de Poncié et du Buat

S'ARME :

D'Azur
à 3
huchets
d'or
posés 2 et 1
et cordonnés de
gueules.

Vivante l'an 1759. *Election de Maule.*

Nicolas-Joseph D'ARCLAIS, Comte de Montamys, baron de Mont-Chauvet, 4e fils de Joseph et de noble dame Marie-Françoise Guillard de la Magdeleine, a épousé l'an 1759, le 21 février, à la paroisse Saint-Benoist de Paris, noble damoiselle Marie-Jeanne De Chal, fille de Philibert de Chal et de damoiselle Moussaye.

Il était né et fut baptisé à Thorigny, église Saint-Laurent le 8 d'avril 1710.

Il mourut à Montamys le mercredy 12 may 1790 muni des sacrements de l'église et fut inhumé dans le cimetière.

Il avoit servi le Roy dans ses guerres.

Etant le plus jeune des frères de Didier, enfans de Jean-Joseph Darclais et de Marie Guillard, il portait le titre de « Chevalier de Montamys ».

Le 1er Janvier 1743, il obtenait de Sa Majesté l'autorisation de lever et commander une Compagnie de chevaux-légers dite de nouvelle levée.

Ensuite sa compagnie ayant été versée dans le régiment de Cavalerie de Bellefonds, il y fut capitaine puis major le 21 may 1748. Ce régiment prit vers cette époque le nom de Chartres-Cavalerie.

Blessé grièvement à la bataille de Landfeldt l'an 1747, à laquelle assistait aussi son frère Didier comme ayde de camp de S. A. S. Monseigneur le Duc d'Orléans, il fut obligé de quitter le Service et reçut du Roy une pension de 500 livres, portée ensuite à 1000 livres, ainsi que le marque une lettre de Monseigneur le Duc de Choiseuil.

C'est Nicolas-Joseph qui clama à titre de lignage le Fief de Montamys, vendu par Didier au duc d'Orléans pour la somme de 100.000 livres, le 30 Janvier 1759, devant les notaires au Chastelet de Paris.

C'est encore Nicolas-Joseph qui en récompense de ses services et de ceux de ses prédécesseurs obtint de sa Majesté le Roy Loüis XVe, les lettres patentes portant érection du domaine de Montamys en Comté, telles que ses descendants les possèdent encore aujourd'hui.

De son mariage avec damoiselle Marie-Jeanne DE CHAL naquirent cinq enfants :

1° Didier (filleul de son oncle Didier), né le 16 décembre 1759, + 1765 S. P.

2° Louis-Philippe filleul de S. A. S. le Duc d'Orléans et de S. A. S. la Princesse de Monaco, + 1817 S. P.

3° Marie-Joseph filleul de S.A.S. la duchesse de Chartres. S.P. + 1816.

4° Marie-Louise qui épouse le marquis Pierre de Savignac des Roches cap. de cavalerie, née le 28 décembre 1760, à Montamys, mariée le 18 septembre 1760, 14 may 1777, au château du Buat, près Maule, +e le 15 mai 1833, à Niort.

5° Magdelaine qui épouse Auguste Le Pelletier de Molandé cap. de frégate née le 28 juin 1762, mariée le 22 janvier 1791, à Montamys, +e le 19 août 1814.

De Chal.

La maison de Chal est d'ancienne noblesse.

Elle a occupé des emplois, tant dans le bailliage de Beaujollais établi à Villefranche qu'à Paris.

Plusieurs brevets de nomination à des charges ou emplois de magistrature ou d'Inspection générale des mines du Royaume de France, les reçus de Messire De Chal pour la survivance des Charges possédées par Mre De Maupas, Conseiller Auditeur en la Chambre des Comptes de Paris, décédé le 1er novembre 1725, conformément à l'édit du mois de décembre 1709, quittances du trésorier des revenus du Casuel et du trésorier général du marc d'or des Ordres du Roy, Lettre patente pour bénéfice d'age, en font foi.

Les membres de cette famille se qualifiaient : Seigneurs de Chal, de Fonscrenne, de Poncié et du Buat.

Divers extraits de baptême de mariage et d'inhumation complètent un dossier qui a été produit pour monter dans les carosses du Roy et pour faire entrer Louis-Philippe D'ARCLAIS à l'Ecole militaire et Royale, pour mettre la preuve en règle.

On y trouve une généalogie incomplète par suite de la destruction partielle de certaines pièces, en raison de l'humidité.

Marie-Jeanne DE CHAL, fille de Messire Philibert De Chal Conseiller auditeur ordinaire en la chambre des Comptes du Roy à Paris, et de dame Elisabeth Moussaye est née le 10 oct. 1778. Elle a épousé le 21 fév. 1759 Messire Nicolas-Joseph, Comte d'Arclais de Montamys, capitaine de Cavalerie, chevalier de Saint-Louis dont elle a eu cinq enfants :

1° DIDIER né le 16 décembre 1759 + 1765
2° Louis-Philippe né le 6 may 1764 + le 11 Juillet 1817 S. P.
3° Marie-Joseph né le 6 sept. 1769 + le 9 Juillet 1816 S. P.

4° Marie-Louise née le 18 sept. 1760 + le 15 mai 1833
Qui a épousé le 14 mai 1777 Pierre de Savignac des Roches :

5° Magdeleine-Françoise née le 28 Juin 1762 +^{e} le 19 août 1814.
Elle a épousé le 22 Janvier 1791 Jean-Auguste Le Pelletier de Molandé.

Marie-Jeanne de Chal contesse d'Arclais de Montamys est décédée en 1805.

N^{e} h^{e} François Moussay frère de dame Elisabeth-Antoinette Moussay épouse de Messire Philibert De Chal père et mère de Marie-Jeanne De Chal, comtesse de Montamys, était garde du corps du Roy il est qualifié escuyer, S^{r} des Frisches dans son acte de mariage avec damoiselle Thibault Marie.

Le mariage de Marie-Louise d'Arclais de Montamys avec Pierre De Savignac des Roches a été fait, au chateau du Buat, paroisse de Maule, évêché de Versailles, par Marie-Louis-François Darclais de Montamys ancien curé de Condé-sur-Noireau et de Montamis etc., ainsi qu'il est dit à l'acte de mariage cy-avant relaté.

Néel.

S'ARME :

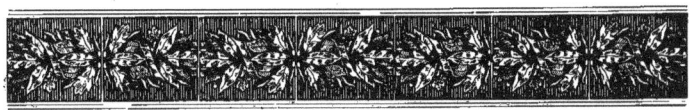

D'argent à
3 bandes
d'azur
alias : à 3 bandes
de sable.
au chef
de gueules.

Vivants l'an 1759. *Election de Bayeux.*

Jean-Louis d'ARCLAIS seigneur de Monboscq et des Besaces fils de Henri du nom et de damoiselle Marie-Louise de Lambert, fille de Jacques de Lambert et de Caterine-Elisabeth de Gallet a épousé le 7 octobre 1759, Marie-Pétronille Néelle fille de Gabriel Néel Sr du Buc et de Jeanne-Michelle de Cussy.

De ce mariage est issu Gabriel-Jean-Louis d'Arclais qui fut capitaine des chevx. légrs. de la garde ordinaire du Roy et chev. de Saint-Loüis.

Les armes des Néel accolées à celles des Darclays sont gravées sur une fontaine de cuivre rouge repoussé, qui existe à Montamys.

Elles se disent : d'azur à 3 bandes d'argent au chef de gueules.

On les rencontre plus communément d'argent à 3 bandes de sable au chef de gueules.

Ces modifications paraissent être des brisures de cadets.

D'autres familles Néel ont des armoiries complètement différentes, elles ne paraissent pas se relier à celle-ci dont les membres sont seigneurs du Büe ou du Bue, d'Orbois, de Tierceville, Neufville, Brémoy, Sainte-Marie Laumont, Monbray, Coulombiers, se titrent barons de Valencé, chastelain de Tracy et du Fay, d'Anisy, de Noyers, de la Provostière, etc... etc........

Néel est d'ancienne chevalerie normande.

Aux xe xie xiie et xiiie siècles cette maison figure parmi celles qui possèdent des fiefs militaires relevant directement du Roy.

Au xve siècle Jehan Néel prend parti pour le Prince d'Orléans. Robert Néel Seigneur de Tierceville, baron de Valencé Chastelain de Tracy et du Fay épouse damoiselle Marthe de Bauldre l'an 1550. Il mourut en 1554.

L'an 1756 Marie-Jeanne-Pétronille Néel fille de noble homme Gabriel Néel Sr du Büe et de Jeanne Michel de Cussy, épouse en la paroisse d'Orbois, Jean-Louis d'Arclois chevalier, Seigneur de Monbosc et des Besaces fils de Henry d'Arclais Seigneur des mêmes lieux, chevalier, et de Marie-Loüise Lambert fille de noble homme Jacques Lambert Seigneur de Cahan et de Thury.

La signature des Néel parait dans nombre d'actes intéressant les maisons Darclais, de Cussy, de Grimouville et les Guerpel. Une procuration de S. A. S. la princesse Adélaïde de Bourbon Duchesse de Chartres à Marie-Pétronille, l'autorise à représenter cette Princesse comme marraine de Marie-Joseph d'Arclais de Montamys 2e fils de Nicolas-Joseph comte d'Arclais de Montamys et de très noble dame Marie-Jeanne de Chal comtesse d'Arclais de Montamys.

Le Duc de Chartres représenté par Jean-Louis d'Arclais Sr de Monbosc son mari.

Des pièces du dossier communiqué par Mr le comte de Morel habitant aujourd'hui le Chateau de la Provostière, de celles des archives d'Audeteau d'Arclais de Montamys et de celles du Coisel, ressortent un certain nombre de renseignements qui se rapportent surtout aux xvie xviie xviiie siècles.

Ces documents s'appliquent non seulement à la maison Néel, mais aussi à celle des Daniel Seigneurs de Moult et des Colheu, Seigneurs de Longpray.

Les Daniel et les Colheu sont leurs alliés comme ceux des Darclais.

On retrouve en effet une alliance des Daniel avec les Darclays Jean-Joseph-Michel Darclays (fils Michel et cousin germain de Nicolas-Joseph) brigadier des Gardes du Corps du Roy, Chevalier de Saint-Louis a épousé Marie-Charlotte Daniel fille de noble homme Henri Daniel escuier et de noble damoiselle Jeanne Colheu de Longpray.

Il est assez difficile de séparer les documents relatifs à ces diverses familles, parcequ'il est question des unes et des autres dans la plupart des pièces relevées.

Il en sera parlé aux articles de ces familles et nous prions le lecteur de se reporter de l'une à l'autre.

Un grand nombre d'aveux sont rendus à Thomas-François Néel maréchal-des-logis des gendarmes du Roy mestre de Camp de sa cavalerie, qui a épousé le 3 octobre 1758, noble dame Caterine Daniel de Moult.

(1) En 1613 « Messire François Néel baron de Valencé, chevallier de « l'Ordre du Roy, nostre Sire, gentilhomme Ordinaire de sa Chambre, « cappitaine de cinquante hommes d'armes de ses ordonnances Seigneur « de Tierceville et autres seigneuries, constitue et establit pour son « procureur »... etc... etc.....

(2) L'an 1608 « François Néel Sieur de Tierceville ayant épousé damoiselle Dangerville, au précédent veufve de feu noble homme Jacques de Lonnat sieur de Boisuzet et tutrice ayant la garde noble des enfants Soubzaagés dudit deffunct et d'elle, confesse avoir receu de Mre Pierre le Paintoux... etc... etc... Ce reçu est signé :

F. NÉEL.

---

(1) Archives du Coisel.

(2) Mêmes archives et dossiers Tournebu pour Dangerville.

Avec cette mention : pour la somme de quatre cens cinquante livres et plus bas est escrit : cette sy et les précédentes ne servent que pour une.

En 1610 un arrest des registres de la cour de Parlement de Rouën approuve les comptes présentés par le sieur de Tierceville au subjeet de la tutelle des enfans soubzaagés sortis du premier mariage de sa femme.

Un contrat de mariage d'entre Olivier Néel Sr de la Mulotière et de feüe Jacqueline Paynel et damoiselle Anne Le Sens fille de Jacques Le Sens escuier et de feue damoiselle de Catinat, fait ce 9e jour de Janvier 1669.

Mémoire des fondations faittes en l'église de Parfourru par feu Charles Néel Seigneur de la Provostière et par Olivier Néel Sr de Saint-Aignan.

Obits de 3 messes, chacun an, chaque obit à 3 messes à notes avec matines.

Olivier Néel Sr de Saint-Aignan a fondé aussi dans l'église de Parfourru le 17 fév. 1678, deux services de chacun 2 messes à notes, avec un mortuaire Laudes et un Libera à la fin dudict Service etc... messes basses tous les premiers lundys de chaque mois... etc...

Olivier Néel Sr de Saint-Aignan était mort, sa veufve damoiselle Anne Le Sens fille de Jacques Le Sens, avait épousé en 2e nopces un un nommé Jacques Paslot. Ce mariage n'avait certainement pas été vu d'un bon œil par ses enfants, d'où contestation au sujet de la succession d'Ollivier et débats qui se terminent le 30 juin 1696 par un appointement déterminant les droits des uns et des autres et en particulier de Gilles Néel Sr de Neufville, fils et héritier du feu Sr de Saint-Aignan. Enfin de compte, il est stipullé que ledit Jaques Paslot ne demeurera point dans les paroisses de Dussy, Parfourru, le Quesnay, Livry, Saint-Martin, etc ,. »

Cette pièce est signée Anne-Françoise Le Sens. G. Néel et Jacques Cornet.

Le Cornet « ami commun des Parties » est de la maison Cornet

Sr de Saint-Martin-le-Viel près Bayeux, qui se retrouve dans le dossier de la Maison de Tournebu. Une fille de cette maison avait en effet épousé Robert de Tournebu Sieur des Jardins avant l'an 1500.

Le 23 février 1708 Gilles Néel Sieur de la Neufville fils de Ollivier Néel Seigneur de Saint-Aignan tant en son nom que comme tuteur de Thomas Néel son frère, faisait transport de 10 livres de rente.

Thomas Néel était né et fut baptisé en l'église de Parfourru-Lesclin le 17 Janvier 1689, son parrain est son frère aisné Gilles, sa marraine sa sœur Margueritte.

Dans le contrat du mariage de sa sœur Anne, du 3 may 1720, avec Joachin Le Foullon, devant les tabellions de Thorigny, il paroit comme gendarme de la garde du Roy et se qualifie de Sr de la Neufville et de la Provostière, escuier.

Il est de même qualifié en un appointement au sujet d'une rente hypotèque de six mille livres dont en qualité de fils et héritier de feu Ollivier Néel Sr de Saint-Aignan il étoit redevable... etc. etc......

Thomas Néel s'est marié deux fois :

1° En 1737, avec damoiselle Jeanne-Marie De Cours. Contrat du 25 décembre 1737.

2° en 1742, avec damoiselle Caterine Daniel de Moult. Contrat du 20 décembre 1741.

Le mariage eut lieu le 8 Janvier suivant.

Dans les pièces communiquées, il ne réste aucune trace de postérité du 1er mariage.

Du 3e mariage est né : Antoine-François Néel le 14 Juillet 1752 ; parrain Antoine Le Maistre Sr de Beaumont officier de l'hostel royal des Invalides, assisté d'Anne Néel « parin et marenne » lesquels ont signé. Etc...

Thomas Néel mourut le 13 may 1764 et a été inhumé dans l'église paroissiale de Parfourru-Lesclin diocèze de Bayeux aagé de 75 ans.

En 1761 le 24 septembre Messire Thomas Néel escuyer, Sieur de la

Neufville, chevalier de l'Ordre royal et militaire de Saint-Loüis, maréchal des Logis des gendarmes de Sa Majesté, mestre de camp de sa Cavallerie, demeurant en sa terre de la Provostière paroisse de Parfourru-Lesclin, vendait volontairement d'accord avec ses beaux-frères : (Henri-Louis de Marguerie ayaut épousé noble dame Jeanne-Elisabeth Daniel de Moult, Jean-Joseph D'Arclais ayant épousé noble damoïselle Charlotte Daniel de Moult, Messire Jean D'Agier de Parfourru ayant épousé noble damoiselle Jeanne-Marie Daniel de Moult), tous héritiers de Messire François-Gabriel de Moult leur père ainsi que noble dame Caterine-Jeanne Colheux de Longpray leur mère et veufve dudit Henry Daniel de Moult.

Guillaume Henry Néel escuyer Sr de Moult gendarme de la garde du Roy demeurant à Caen rue Saint-Jean, vend et transporte... Etc....

Constitution de rente viagère au profit de Messire Antoine-François Néel Sr de la Provostière, ecuyer, gendarme de la garde du Roy demeurant au chateau de la Provostière, près de Parfourru-Lesclin

Amortissement de 600 livres de rente viagère par Messire Antoine-François Néel de la Provostière, escuyer, capitaine de Cavalerie demeurant en la paroisse de Parfourru-Lesclin. Etc.....

L'acte du mariage fait le 8 Janvier 1742 entre Messire Thomas Néel ex-sieur de la Neufville, chevalier de l'Ordre royal et militaire de Saint-Loüis gendarme de la garde du Roy et damoiselle Caterine Daniel de Moult se voit à l'article Daniel.

Généalogie produict par Mr de Monbosc

André NÉEL, esc., Sr d'Anisy, ép. dlle Marie DES BOYS.

- Jacques Néel, Sr d'Anisy, ép. Jacqueline Le Vavasseur.
  - Pierre, ép. Anne de Cairon 1626
    - Jacques, Sr de Cairon, ép. Anne de Bunel 1665
      - Pierre, Sr de Cairon.
  - Thomas, Sr du Bûe, inhumé dans l'église d'Orbois, 15 mars 1637, ép. Olive Le Vavasseur, après 3 ans d'abjuration.
    - André Sr du Bûe, inh à Orbois, 28 juillet 1670, ép. dlle Le Roux, 1651.
      - Marin Joseph, Sr du Bûe, ép. dam. de Lozier.
        - Gabriel Néel, sieur du Bûe, né le 5 mars 1699, ép. Jeanne Michelle de Cussy.
          - Marie-Pétronille Néel, ép. Jean-Louis d'Arclais, esc. Sr de Monbosc, le 16 nov. 1756, en la paroissc d'Orbois.
- Jean Néel, Sr des Noyers, esc., avocat à Caën, ép. Jeanne Le Clère 1592-1598.
  - Jean, Sr de la Bouillonnière, avocat du Roy en l'élection de Caën, ép. Jacqueline Vaultier, 1649.
    - Marie, ép. Louis Bonnel, Sr de Cantebrun, 1620.
      - Nicolas | Michel | Jean
      - Marianne | Etienne
      - Louis-François
    - Michel, Sieur de la Bouillonnière, fugitif en Hollande, pour cause de religion, né en décembre 1643.
      - Etienne, mineur, inh. à St-Estienne de Caën, le 5 février 1689.
- André Néel, Sr de Fontenay.
  - Michel Néel.
    - Marie, + S.P. Zudith, + S.P. et saus laisser de biens à leur famille.

Filiation fournie pour mettre la Preuve en règle.

1er DEGRÉ. — Robert-Constantin Néel, écuyer Seigneur et patron de Sainte-Marie Laumont, élection de Vire Diocèze de Constances et de Bernières, demeurant audit lieu, Généralité de Caën, province de Normandie, donna au Roy en sa Chambre des Comptes à Rouen le 2 octobre 1699, son adveu et desnombrement de la dite terre de Sainte-Marie Laumont dite de Chasteaubriant mouvante de Sa Majesté pour un plein fief de Haubert, des domaines, Chastellenie et Viconté de Vire. Et de son mariage accordé le 7 septembre 1700 avec Jeanne Huë, fille de Thomas Huë, escuyer, Seigneur de Vermanoir, de Semilli de la Haulle, de la Mare-du-Dezert etc... et de Françoise de Saint-Martin, il eut plusieurs enfans dont laditte Jeanne Hüe obtint la garde noble le 13 avril 1727. Et entre autres Robert-Pierre Néel de Sainte-Marie né le 28 mars 1731, en conséquence des titres représentés alors et qui justifient que ledit Robert Constantin Néel eut pour père et mère :

2e DEGRÉ. — Jean Néel escuyer, Seigneur et Patron de Sainte-Marie et Marie De Breslai qu'il épousa le 29 Juillet 1666, lors veufve de Jacques Poilvillain, sieur de Montchauveau et fille de Charles de Breslai, Seigneur de la Roche et du Plessis et de Margueritte de Segrais.

Le dit Jean fils de noble Seigneur :

3e DEGRÉ. — Gédéon Néel seigneur de Corbigny, de la Haulle et de Sainte-Marie, et d'Elisabeth Le Cervoisier, mariés le 10 aoust 1638, fille de noble homme Jaques Le Cervoisier, Sieur de la Maloizelière et de damoiselle Françoise De La Broise ; que ledit Gédéon Néel auquel Jeanne d'Angerville, sa mêre, fit donation de la terre et seigneurie de Corbigni le 13 avril 1637 « pour luy donner moyen de faire voyage et s'entretenir » suivant sa qualité et condition » eut pour frères, Robert Néel écuyer Sieur de Tierceville et Loüis Néel écuyer sieur de Tresli, et qu'il fit avec eux une transaction le 30 mars 1635 sur le partage des biens de leur père nommé : noble Seigneur.

4e DEGRÉ. — François Néel Seigneur de Tierceville, chevalier de l'ordre du Roi, Gentilhomme ordinaire de sa chambre, capitaine de 50 hommes d'armes de ses ordonnances et gouverneur de Coutances, lequel épousa le 12 aoust 1599, ladite Jeanne d'Angerville lors veufve de noble Jaques Louvat (ou Louvet) sieur des Bossuzes et fille de noble homme Charles Dangerville, Sieur de Treslé, de Valencé, de Corbigni, etc... et de Claude de Rabodanges ; le dict François Néel fils de noble homme :

5e DEGRÉ. — Pierre Néel sieur de Neufville, de Fontenai, de Virei, de Tierceville, l'an 1539 et de Catherine De La Bigne, dont le mariage fut accordé le 19 avril 1559 et laquelle après la mort de son mari, obtint du Roy la garde noble de ses enfans le 22 septembre 1568.

Portent : D'argent à 3 bandes de sable et un chef de gueules.

Commission de Mestre de Camp

Au sieur Néel de Neufville, maréchal des logis en la compagnie des gendarmes du Roy, pour tenir rang de mestre de camp de Cavalerie.

LOUIS par la Grace de Dieu, Roi de France et de Navarre, à notre cher et bien amé le Sr Néel de Neufville, maréchal-des-logis en la compagnie de deux cents hommes d'armes de nos ordonnances servant à la garde ordinaire de notre personne, Salut. Mettant en considération les services que vous nous avés rendus dans toutes les occasions qui se sont présentées et voulant vous en témoigner notre satisfaction. A ces causes et autres à ce nous mouvant, nous vous avons commis, ordonné et établi, comettons, ordonnons et établissons par ces présentes signées de notre main, pour prendre et tenir rang de mestre de camp dans nos troupes de Cavalerie, du jour, datte de ces présentes, et ce, sous notre autorité et sous celle de notre très cher et bien amé Cousin le Prince de Turenne, colonel général de notre cavalerie légère et du Sr marquis de Béthune, mareschal de camp d'icelle. La part et ainsi qu'il vous sera par nous et nos lieutenants généraux commandé et ordonné pour notre service. De ce faire nous donnons pouvoir, commission, autorité et mandement spécial. Mandons à tous qu'il appartiendra de vous recevoir et faire reconnaître en la ditte qualité et qu'à vous en ce faisant soit obéi. Car tel est notre plaisir. Donné à Versailles le 29e jour de marz, l'an de grâce 1750 et de notre règne le Trente-cinquième.

Par le Roy.

de Voyer d'Argenson

Louis

Daniel, Sr de Moult

S'ARME :

Ecartelé
aux 1 et 4 d'argent
au pal de lozanges de sable,
aux 2 et 3 d'azur
à la bande d'argent
chargée de 3 molettes
d'esperon de gueules accompagnée
de deux lions d'or l'un en chef
l'autre en pointe.

Vivants l'an 1759. — *Généralité de Caen.*

Jean-Joseph-Michel D'ARCLAIS, fils de Michel d'Arclais Sr de Bretteville-l'Orgueilleuse et de noble damoiselle Marie-Françoise de Cairon, brigadier des Gardes du Corps du Roy, chevalier de Saint-Loüis, a épousé, l'an 1759, damoiselle Marie-Charlotte-Félicité DANIEL fille de Henry Daniel Sr de Moult, chevalier, et de noble dame Caterine Colheu de Longpré.

Ils eurent une fille, Caterine-Félicité d'Arclais qui naquit le 6 Juillet 1761 et épousa Messire Joseph-Antoine-Olivier Patry, Sr de Saint-Lambert, le 11 avril 1783 (1).

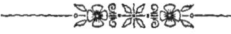

(1) Archives du Calvados.

Daniel du Moult

Cette famille est originaire de la Généralité de Rouen où elle a occupé des charges considérables, elle s'est alliée entr'autres avec Jacques de La Motte que Marie Daniel a épousé en 1625, en 1644 Anne Daniel épousait Thomas Michel Sieur d'Ozeville, et Jean Colheu de Longpré gentilhomme de la Maison du Roi.

On la trouve comme il suit, établie dans l'armorial de 1738, dans sa branche principale qui portoit de gueules et non d'azur comme les seigneurs de Moult, à la différence de l'aisné et les molettes de gueules au lieu de sable.

Claude III du nom, ecuyer, Seigneur du Bois d'Annemetz né le 3 décembre 1706 fut reçu l'un des Ecuyers de la Reine. Au mois de Janvier 1733, sur les preuves de sa noblesse certifiées à Sa Majesté par le Juge d'Armes de France en conséquence des titres représentés à cet effet, lesquels justifient que Claude Daniel eut pour père et mère :

Claude DANIEL II du nom écuyer, seigneur du Bois d'Annemetz et de Fours demeurant dans la paroisse de N.-D. d'Auteverne, élect. de Gisors, Diocèze et généralité de Rouen, Province de Normandie et Margueritte-Louise LE PRINCE qu'il épousa le 15 mars 1702, fille de Louis Le Prince, conseiller du Roi, lieutenant en l'élection d'Andeli et de Margueritte de Cherences, que ledit Claude II et Jean-Paul son frère aîné, reçu page du Roi dans sa petite écurie le 28 aoust 1672, étoient enfans de :

Claude DANIEL I du nom, ecuyer, Seigneur du Bois-d'Annemetz-d'Auteverne, de Cantiers etc., et de Magdeleine du Framez-l'Evesque, sa femme, mariée à Paris le 9 septembre 1651 et fille de Pierre Du Framez, ecuyer, et de Marie De Mauviel. Que le dit Claude Daniel, fit hommage au Roi en sa chambre des comptes de Normandie le 16 Juillet 1663, à cause de ses terres et seigneuries du Bois-d'Annemetz, d'Auteverne et de Cantiers, mouvantes pour un plein fief de Hauber, du Comté de Gisors et qu'il étoit fils de :

Jean-Paul DANIEL Seigneur du Bois-d'Annemetz, capitaine d'infanterie dans le régiment de la Meilleraye, par commission du 12 aoust 1615 et de Marie d'Espinoi sa femme et que le dit Jean-Paul Daniel fit un partage le 13 Janvier 1595 avec Nobles hommes Jacques-Philippe, Gédéon, et Nicolas Daniel, ses frères, écuyers, et Marthe Le Comte leur mère des biens qui leur étaient échus par la mort de Noble homme :

Jaques DANIEL III du nom, leur père, Seigneur du Bois d'Annemetz, du Veneur et du Viennois, Conseiller au grand Conseil, grand rapporteur en la Chancellerie de France l'an 1568, Lieutenant du Grand maitre de l'artillerie par commission du 29 mars 1590. Il est qualifié noble et puissant Seigneur dans un aveu à lui rendu le 15 déc. 1573 et il eut pour père et mère :

Jaques DANIEL II du nom, Seigneur du Bois-d'Annemetz de la Heaumerie, du Viennois et de Neuvillette, Conseiller puis président au Parlement de Rouën, pourvû le 7 septembre 1555 et Jeanne de Marle sa femme, qu'il épousa à Paris le 27 Janvier 1524 fille de noble personne Germain de Marle Secrétaire du Roi, général des Monnoies et de Marie de Campanges.

Que le dit Daniel étoit fils de :

Jaques DANIEL I du nom, seigneur du Bois-d'Annemetz et de la Heaumerie, Conseiller au parlement de Paris, reçu l'an 1490 et d'Anne de Mustrecolle sa femme, laquelle était remariée le 6 Juin 1527 avec Raoul de Hacqueville Seigneur d'Attichi, et que ledit Jaques Daniel eut pour père et mère, Noble homme :

Michel DANIEL Seigneur des Foretz et du Bois-d'Annemetz et Isabeau Daguenet sa femme. Que le dit Daniel comparut à cause de ses Fiefs, accompagné d'un Archer et d'un page à la monstre des Nobles du bailliage de Rouen, Caux, Gisors, suivant un certificat daté du 13 mars 1469 donné par Jean de Hangest, Seigneur de Genlis, chevalier Conseiller Chambellan du Roi et Commis pour ce.

Loüis-Philippe,
Comte d'Arclais de Montamys

S'ARME :

De gueules au
franc-quartier à senestre
d'or, tranche d'une bande
d'azur et 3 moletes
d'argent posées
2 et 1, la segonde du chef
brochante sur ladicte bande.

Vivant de 1764-1817. *Election de Vire.*

Louis-Philippe D'ARCLAIS, comte d'Arclais de Montamys, baron de Monchauvet, Seigneur de Boscpoisson et autres lieux, naquit le dimanche 6e jour de may 1764, du légitime mariage de Messire Nicolas-Joseph d'Arclais, chevalier, Seigneur et Patron de Montamys, Comte d'Arclais de Montamys, baron de Monchauvet, chevalier de l'ordre royal et militaire de St-Loüis, cy-devant major du régiment de Chartres-Cavalerie, Pensionné de Sa Majesté, et de noble dame Marie-Jeanne DE CHAL, son épouse.

Il fut baptisé à Montamys : le parrain Son Altesse Sérénissime Monseigneur le Duc d'Orléans, premier prince du sang représenté par Messire Loüis d'Arclais, curé de ce lieu, oncle de l'enfant et la marraine Son Altesse Sérénissime Madame la Princesse de Monaco, représentée par noble damoiselle Marie-Louise d'Arclais, sœur de l'enfant.

Louis-Philippe fut admis à monter dans les carosses du Roi et fit ses débuts à la Chasse de Sa Majesté l'an 1783, comme ses parents avaient eux-mêmes jouis des mêmes privilèges et présentations en 1772.

Elève de l'Ecole militaire, sorti garde de la marine, promu garde du

Pavillon, puis Enseigne sur la Frégate l'Iris, Lieutenant des vaisseaux du Roy, il émigra en Angleterre au moment de la révolution et fit toutes les campagnes sur les côtes, tant dans la Manche que dans les parages de Belle-Isle et de l'Ile-d'Yeu, lors de l'expédition qui y fut dirigée.

Rentré en France à la fin du Consulat, il fut impliqué dans une conspiration contre le nouvel Empire ; arrêté et conduit sous bonne escorte au chateau de Lourdes, il y fut tenu enfermé pendant 43 mois.

Ce qui restait de ses biens, avait été confisqué.

Mis en liberté, sous la surveillance de la Haute police, il lui fut interdit de s'approcher de Paris de plus de 40 lieues,

Sa demeure était fixée à Niort chez son beau-frère Pierre de Savignac des Roches.

A la Rentrée des Bourbons, il lui fut permis de revenir à Montamys qui lui fut rendu ; mais en réalité, ruiné, de fortune et de santé, il put à peine obtenir de ses Princes pour lesquels il s'était sacrifié, la confirmation de sa nomination comme Chevalier de Saint-Loüis reçue en 1793 à Edimbourg, et une nomination tardive de Capitaine de Frégate suivie de la mise à la retraite.

Ayant fait preuve dans les circonstances les plus tragiques et en face des infortunes imméritées qui l'ont accablé, des qualités les plus remarquables, d'énergie, de commandement, de dévouement même et de résignation chrétienne, il mourut le 11 Juillet 1817 à Montamys, sans postérité, ayant institué pour son légataire universel Achille De Savignac des Roches fils ainé de Pierre De Savignac des Roches et de sa sœur ainée, Marie-Louise d'Arclais.

Par son testament, il donna à la paroisse de Montamys avec l'Eglise et le Presbytère qui touchent le Chateau, la ferme de Mesnilhubert représentant environ 1500 livres de rente à charge de dire pour le repos de son âme et de celles de ses aïeux, des prières déterminées et à jour fixes, dispositions qui ont été mises à néant par la loi dite « de séparation ».

De Savignac des Roches

S'ARME :

D'azur
à la fasce
d'argent accompagnée
de 3 estoilles d'or
posées 2 et 1.

Vivants l'an 1777. *Election de Niort.*

Pierre DE SAVIGNAC DES ROCHES, Mousquetaire du Roy dans les compagnies noires, Lieutenant de Nosseigneurs les Mareschaux de France, capitaine de Cavalerie, Chevalier de Saint-Loüis, épousa le 14 mai 1777 noble damoiselle Marie-Louise d'Arclais de Montamys, fille de Nicollas-Joseph, Comte d'Arclais de Montamys et de damoiselle Marie-Jeanne de Chal.

Ce seigneur était de l'ancienne Maison de Savignac originaire du midi de la France, dont plusieurs branches se sont répandues en diverses provinces, et ont pris des armes différentes, ainsi qu'il ressort des pièces produites au dossier de cette maison.

De Savignac

La maison DE SAVIGNAC fort ancienne parait originaire du midi de la France ; Elle s'est répandue dans différentes provinces où se retrouvent des traces de son existence, soit par des familles qui portent le nom orthographié souvent d'autre façon quelque peu différente, soit par des lieux et domaines portant ce même nom.

Elle s'est divisée en 3 branches principales, qui sont d'Auvergne, du Rouergue et du Poitou.

Ces indications sont fournies par Malartic en 1774, Le Père Anselme et Renouard dans l'appendice relatif à la condamnation des chevaliers du Temple et à l'abolition de leur Ordre en 1312.

Il passe pour constant que la Branche du Poitou a habité Le Perche avant de s'installer dans cette province.

Un chateau de SAVIGNAC se trouve près de la route de Balac à Berneuil, une paroisse de ce nom existe près de Périgueux, un fief du nom de SAVIGNAC se trouve dans le Comté de Foix et parait être le berceau originaire de cette illustre famille.

Il en est fait mention dans l'histoire des grands officiers de la Couronne.

Le 30 septembre 1269, intervenait entre Fontanier de Comminges et Aimery son frère un accord par lequel Aimery donnait le choix d'une part du château de Monpézat et du Pré de Savignac dont jouissait Bernard de Comminges leur père.

Par partage de septembre 1281 Amable de Narbonne obtint un très grand nombre de terres parmi lesquelles un domaine du nom de Savignac.

Jehan De Savignac fut nommé à l'Archevêché de Bourges.

Dans les pièces justificatives du procès intenté contre l'ordre des Templiers aboli l'année 1312 par le pape Clément V, on voit Acol De Savignac détenu par Ordre de Philippe Le Bel pendant l'espace de quatre semaines. Il ne fut pas torturé, mais retenu au pain sec et à l'eau (1).

L'an 1491 Savignac DE MONA prit part à l'assemblée des gens nobles de guerre, qui eut lieu à Libourne le 27 aoust 1491, en exécution des lettres patentes du Roy Charles VIIIe.

---

(1) Interrogatoire des Cardinaux, page 247, Renouard.

Le ban et l'arrière-ban de la ditte province ayant été convoqués à Bordeaux par Gaston De Foix comte de Caudaule, grand Séneschal de Guienne, la notification fut faite à Libourne et à Saint-Emilion le 7 du mois de septembre. Le lieu de rassemblement fut indiqué à Guitres sous le commandement de Monseigneur le baron de Duras, chargé de conduire et mener eulx à la guerre pour le service du Roy. Les enfants du Seigneur DE SAVIGNAC en Fronsadois et de Lescours près Libourne fournirent chascun un archier.

Gaillard de Fronsac aussi de noble race du païs donna aussi un bon Archier.

Dans diverses assemblées du Corps de la ville de Nyort on trouve : ces assemblées ont esté tenues le 14 et 28 Juin, 17 Juillet et 1er aoust de l'an 1493 par André Jean licentié ès loix, maire et Capitaine de la Ville. Parmy les nobles qui furent présens on voit les noms de honorable homme et sage Messire Jehan Laidet licencié ès Loix, Pierre de Savignac, Guillaume Chalmot, Michel du Bourdet, Etienne Thibault, Jehan Chevallier, André Brochart licentié ès loix, par lesquelz il a été conclu, sur les lectres envoyées par le Roy nostre Sire et par le Séneschal du Poitou pour avoir l'artillerie de laditte ville et vestir trente ou quarante gentils compagnons d'habits, brigandines et autres habillementz de guerre... etc... etc.....

Dans les roolles des bans et arrière-bans de la Province de Poitou tenus et convoqués en l'an 1467 et 1491, sont représentés des membres de la famille de Savignac, comme hommes d'armes archers ou brigandiniers.

Du 7 Janvier 1628 : le Sr DE SAVIGNAC Gentilhomme Gascon fut blessé au siège de la Rochelle, dans une sortie qu'il fit de la ville avec le Sieur de la Grossetière.

Ceci est tiré des choses mémorables qui se passèrent audit Siège.

En 1562 lors de la révolte de Toulouse, Agrippa d'Aubigné raconte que le jeune de Savignac y fust tué et que l'aisné Savignac le premier et quelques autres massacrèrent force réformés. Il rapporte aussi que le

« vieux baron de Savignac paralétique et impotent depuis les cuisses « en bas qu'il n'avait pas touché du pied la terre il y avoit 10 ans » retrouva ses jambes pour monter à cheval en tel état et occasion de combattre... Etc...

Les ancestres du nom DE SAVIGNAC de la Branche du Poictou depuis Jehan De Savignac marié en 1541 avec noble damoiselle Marie LUCASEAU jusqu'à Hilaire du nom, avoient tous été élevés dans la religion Calviniste.

Pierre DE SAVIGNAC seigneur de la Brumaudière après avoir assisté à des conférences contradictoires entre les ministres de la religion catholique et ceux de la religion prétendue réformée, se convertit à la foy catholique entre les mains de Messire Armand-Loüis Bonnin Sr de Chalucet prestre, abbé commandataire de l'abbaye des Vaux-de-Cernay, qui lui a donné l'absolution... Etc. Etc.....

L'an 1323, Othon DE MONTAUT, damoiseau seigneur de Montaut, épousa par contract passé à Mérin près Agen, le 31 juillet, Marguerite DE SAVIGNAC, veufve de Bertrand IIe du nom, damoiseau, seigueur de Faudoas et fille de Bertrand DE SAVIGNAC, chevalier, seigneur de Savignac.

Elle mourut le 25 septembre 1336.

L'an 1410, Jehan DE SAVIGNAC, baron de Bel-Castel en Rouergue, avait pour femme Anne DE LAUTREC, fille de Pierre, vicomte de Lautrec. chevalier, seigneur de Montredon et de Margueritte de Pestel. Contrat du 1er janvier.

L'an 1451, Claude DE CLERMONT, marié le 28 janvier 1451, se dit Sieur de Savignac.

L'an 1472, Jehan DE SAVIGNAC, baron de Bel-Castel, épousa Marie d'Astarac, veufve de Charles d'Albret, seigneur de Bazeille. Elle était fille de Jehan d'Astarac IIe du nom, Seigneur de Chasteauneuf, comte d'Astarac, chevalier banneret, vivant en 1421, + en 1458 et de sa seconde femme Jehanne de Coarraze.

L'an 1517, Savignac DE MONA, du second district du diocèze de Combès en Languedoc ; Sécille sa fille, fust femme de Bertrand de la Barthe, Sr de Giscaro, elle fust mère de Jehan de la Barthe, Sgr de Savignac.

L'an 1545, Marie DE SAVIGNAC, fille de Jehan de Savignac, susnommé, seigneur de Bel-Castel en Rouergue et nièpce du Comte Jehan d'Astarac, étoit la 1re femme de Jehan Daure, viconte de Larboust, Seigneur de Cardaillac, etc....

L'an 1550, contrat de mariage de la baronnie d'Authon, en date du 2 mars passé devant Jehan de la Chassaigne, tabellion, au petit Perche, d'entre noble homme, Mathurin Chabot fils aisné de feu noble homme Loüis Chabot, escüier et damoiselle Charlotte Raquier... et noble damoiselle Anne de Savignac, fille de noble homme Jehan de Savignac, escuier, Sr de la Guillerie, paroisse de Saizai et de damoiselle Riou.

L'an 1560, Margueritte de Lambès, fille de Armand Guillen de Lambès, Seigneur de Savignac, épousa le 6 juin 1560, Frédéric Alain Dornesau, etc...

L'an 1560 Jehan DE SAVIGNAC, Sr de Saint-Priés et plusieurs autres gentilzhommes, assista comme parent au contract de mariage de François De La Laurencie, passé au chateau d'Orfeuille de Prissé, ressort de Niort le 21 avril 1560 avec damoiselle Sidonie De Vauquelin.

L'an 1624 François MOUTAUT Sr de la Roque épousa le 25 Juillet Hélène De Savignac dont naquit postérité.

Jehan DE SAVIGNAC baron dudict lieu et de Lambès épousa damoiselle Caterinne De Rochechouart de la branche de Saint-Amand-Faudoas.

Il fut père de Jeanne-Angélique de Lambès dame de Savignac qui veufve du baron de Bazillac fut mariée en 1639 à Jean-Loüis De Pardaillan marquis de Montespan et de Paule qui fut dame de Saint-Larg de Bellegarde.

Jacques d'Aubusson fils de Grégoire de SAVIGNAC et de Caterine de Saint-Chamans, fut abbé.

Les puisnés de la Maison d'Aubusson se qualifient : Seigneurs de SAVIGNAC.

Dans les procès-verbaux de la réforme de la Coustume du Poictou on lit les noms de deux gentilhommes dictz DE SAVIGNAC qui assistèrent aux séances avec les autres nobles de la Province, assemblés pour traicter de cette réforme.

Dans Nombre de tenues, monstres et assemblées de la noblesse du Poictou on voit des gentilzhommes du nom de SAVIGNAC.

Les armoiries de ces diverses branches ont varié suivant les temps et les lieux, quelques-unes se disent : d'argent au chevron de gueules accompagné de 3 trèfles posés 2 et 1.

D'autres : d'azur à 3 roses d'argent posés 2 et 1.

La branche de Poitou porte : d'azur à la fasce d'argent accompagnée de 3 estoilles d'or, posées 2 et 1.

Filiation tirée du Mémoire Généalogique, dressé par Messire Pierre de Savignac des Roches, escuier, Sieur du Vieux-Fourneau, ancien mousquetaire du Roy et lieutenant de Nosseigneurs les Maréchaux de France au département de Niort.

Jehan DE SAVIGNAC escüier, épouse par contract du 11 may 1506 Jeanne Prévoust fille de Jehan Prévoust escuier Sr de la Roche et de dame Françoise De Quérai.

Il avoit pour père feu noble homme Pierre DE SAVIGNAC escuyer, Sr du Vieux-Fourneau et pour mère, Catherine Fouchier, dame de la Mormartin-lès-Aiffres.

Sans enfants de ce mariage, Jehan DE SAVIGNAC épousa noble damoiselle Jehanne Lucaseau, dont il eut deux enfants : Pierre et Barbe.

Pierre II DE SAVIGNAC escuier, fut marié deux fois :

1º Le 1er mars 1560, il épousa damoiselle Margueritte THIBAULT fille de noble homme Pierre Thibault de Laudemarière, sa cousine Germaine [fille de noble dame Bienvenue Roy]. Il eut un enfant, mort S. P.

2° Il épousa noble damoiselle Loüise Coyaud, fille de noble homme Pierre Coyaud, escuyer ; de ce mariage sont issus trois enfants :

1° Estienne De Savignac Sr du Vieux-Fourneaux + S. P.

2° Marie qui épousa le Sr de Laubinière, Loûis Chalmot en 1590.

3° Pierre De Savignac qui continue.

Pierre III de Savignac épouse le 27 mars 1594 damoiselle Barbotin fille de noble homme Jacques Barbotin. De ce mariage sont issus :

1° Louise. 2° Pierre + S. P. 3° Caterine. 4° Estienne + S. P. 5° Marie née en 1603. 6° Renée 1604, qui épousa n. h. Jacques De Superville. 7° Pierre né en 1606 + S. P. 8° Jean né en 1607. 9° Rose décembre 1707. 10° Louise. 11° André qui continue.

André Ier de Savignac, né le 18 juin 1601. a épousé damoiselle Gabrielle Manigaud, fille du Seigneur de Houmeau, le 15 juin 1633.

De ce mariage sont issus :

1° Gabriel, + S. P.

2° André II, seigneur du Vieux-Fourneau qui a épousé damoiselle Frère.

Il fut grand maistre des eaux et forests aux départements d'Angoumois, de Xaintonge, de Hautes et Basses Marches.

« Ce dit André de Savignac, était un seigneur très distingué et du « plus grand mérite. A Paris, il était lié avec des personnes d'une société « on ne peut plus intéressante et distinguée, telles que Mesdames de la « Sablière, de Scudéri, M^r le Duc de la Vieuville, Ménage, M^r le chevalier « de Méré dont on a des ouvrages écrits avec beaucoup de politesse. »

A Versailles, il était reçu dans l'intimité de Madame de Maintenon, dont l'enfance s'était passée en grande partie au chateau de Mursay, près Niort, chez sa tante de Vilette-Mursay, femme du Lieutenant-général de la marine de ce nom.

Devenue gouvernante des enfans de France en l'année 1669, elle passa par Niort et fut à la baronie de Surimeau [qui avait appartenu aux d'Aubigné], au retour d'un voyage aux Pyrénées ; on lui fit grand accueil.

André DE SAVIGNAC, a été, peut-on dire, le promoteur et l'organisateur des fêtes dont elle fut honorée.

Dans son mémoire généalogique, Pierre DE SAVIGNAC, donne les plus intéressants détails, sur la famille, la naissance, la jeunesse, l'éducation et les mariages de Françoise d'Aubigné qui devint Madame de Maintenon et tint une si grande place près du Roi Loüis 14e.

3° Gabriel né le 17 févr. 1638 + en bas aage.

4° Jean Savignac né le 2e Juillet 1639 : + le 15 aoust 1678.

5° O. Savignac + S. P. en bas-aage.

6° Pierre De Savignac né le 5 septembre 1640 qui continue.

Pierre De SAVIGNAC, Sr de la Brumaudière, épousa le 19 Juillet 1663 damoiselle Françoise POIGNAND, fille de n. h. Joseph Poignand escüier, Sr de la Séguinière et autres lieux.

Il est à remarquer que cette famille Poignand porte les mêmes armes que les Poignand de Normandie, dont une fille Alix avait épousé vers 1400, Jehan IV, baron de Tournebu (1).

Un certificat de service du 27 Juillet 1674, constate la présence de Pierre de Savignac à une monstre qui avait lieu à Lusson.

Un de ses fils avoit été tué au service de Sa Majesté, étant lieutenant au régiment de la Châtre-Infanterie. Un autre était, en 1690, garde marine.

Du mariage de Pierre de Savignac et de damoiselle Françoise Poignant sont issus 10 enfants :

1° André. Lieutenant d'Infanterie, tué à l'ennemi le 20 avril, 1688. S. P.

---

(1) Voir dossier de Tournebu. Recherche sur la Maison de Tournebu du même auteur. Jouan, Editeur à Caen et la maison de Tournebu par Fierville.)

2° Renée-Françoise +e à 1 an 1667.

3° Elisabeth-Françoise + à 2 ans 1669.

4° Renée-Marie, née le 15 aoust 1669, son parrein fut Mre Philippe De Valois Seigneur de Vilette Mursay.

5° Gabrielle ces deux filles furent religieuses.

6° Françoise, née le 27 septembre 1676 épousa le 1er Juillet 1699 Charles Rogier escuyer, Seigneur de Rothémon.

7° Marie-Elisabeth 17 fév. 1672, religieuse.

8° Claude S. P. + en bas-aage.

9° Olivier Charles, + en bas aage 1680.

10° Joseph-Hilaire, né le 11 aoust 1673 qui continue. Il était frère jumeau de Gabrielle.

Joseph-Hilaire DE SAVIGNAC, Seigneur DES ROCHES, épousa le 10 juin 1701, damoiselle Caterine Thibault, fille de noble homme Jacques Thibault. Il avait été à l'Ecole des jeunes gentilzhommes d'Indrette. Il fut à sa sortie nommé, par brevet du 5 janvier 1689, garde-marine à Brest. Sa vie se passa en navigations et en combats contre les anglais. Morts en 1768, inhumés en l'église St-André de Niort, dans notre sépulture.

Du mariage de ce seigneur avec damoiselle Thibault de la Gaschère, sont issus :

1° Margueritte-Françoise, 1701, +e 1764, non mariée.

2° Margueritte-Caterine, 1702, religieuse.

3° André-Pierre, 1703, garde-marine périt à Québec dans le naufrage du vaisseau Le Chameau sur le fleuve Saint-Laurent.

4° Jeanne-Louise, 1706, +e en bas aage.

5° Jean-Jacques, 1707, prèstre-prieur de la paroisse de Beauvais. + en 1769, inhumé à St-André de Niort dans notre sépulture qui était placée à côté de l'hostel de la Vierge, près l'épître.

6° Antoine-Ursule, 1709, religieuse à la Trinité de Poitiers.

7° Caterine, 1712, +ᵉ 6 avril 1790, inhumée dans notre sépulture.

8° Françoise-Ursule, 1716, +ᵉ 1795 « fut un exemple des vertus les plus rares ».

9° Pierre V de Savignac de Roches, 1704, qui continue :

PIERRE V DE SAVIGNAC DES ROCHES, fut marié deux fois. La première avec damoiselle Anne Bodillon, veufve de Messire Armand de Saint-Marcq, capitaine de Cavalerie ; La seconde, le 21 décembre 1740 avec noble damoiselle Marie Piet, fille majeure de Jean Piet, escuier, officier de la maîtrise des Eaux-et-Forêts.

Pierre V fit partie de la revue qui eut lieu à St-Jean d'Angeli le 14 juin 1758, de la noblesse de ce pays, sous le commandement de Messires Le Mareschal de Sénectaire et de Chasteigner.

De son mariage il ne sortit qu'un fils, nommé Pierre.

Pierre VI de Savignac des Roches, né le 26 mai 1742, prit part avec son père à la susdite reveüe des gentilzhommes du Poitou et de la Xaintonge à peine agé de 16 ans.

L'année suivante, il entra dans la compagnie des Mousquetaires noirs, destinée à la Garde de sa Majesté.

En 1779, il fut pourvu de la Charge de lieutenant de N. N. S. S. les Mareschaux de France au département de Nyort (*sic*).

Il a toujours occupé cette charge, jusqu'au moment où il a pleu au Roy de supprimer ce tribunal.

Il avait été fait chevalier de l'ordre Royal et militaire de Saint-Loüis.

Il épousa le 14 mai 1777 noble damoiselle Marie-Louise D'ARCLAIS de Montamys le 31 décembre 1760, fille de Haut et Puissant seigneur Messire Nicolas-Joseph d'Arclais, Comte d'Arclais de Montamys, ancien major au régiment de Chartres, pensionné de Sa Majesté, chevalier de Saint-Louis et de noble dame Marie-Jeanne De Chal.

De ce mariage sont sortis 14 enfants dont 8 garçons et 6 filles. Plusieurs sont nés pendant l'émigration à Bruxelles ou à Londres, ce sont :

1° Caterine-Justine née 1778 +e jeune.

2° Louis-Philippe-Joseph né en 1779, qui eut pour parrain très excellent Prince monseigneur Philippe-Joseph d'Orléans duc de Chartres, et pour marraine la Duchesse femme dudit Prince. + en bas âge.

3° Louis-Philippe-Joseph né en 1780 qui eut les mêmes parains et maraine. + aussi en bas âge.

4° Aimée-Marie-Louise née 1781 Parrain Louis-Philippe d'Arclais comte de Montamys officier de Marine, maraine : sa tante damoiselle Simonneau de Girassac.

5° Adélaïde 1784.

6° Achille-Pierre-Louis De Savignac né le 4 novembre 1785. Parrain Louis-Philippe comte d'Arclais de Montamys, maraine sa tante Magdeleine d'Arclais, chanoinesse de l'Argentière.

7° Frédéric-Louis né le 22 septembre 1787. Parrain le même, maraine Anne-Marthe Simonneau de Monfrebœuf sa tante.

8° Angelle née 1789.

9° Jacques-Adolphe-Ferdinand 1791. Parrain Jacques Thibault Sr de Neufchaise officier d'Infanterie de Marine, marraine : Caterine-Avice de Mougon cousins de l'enfant.

10° Auguste-Ernest né 1794 à Bruxelles. Parrain : Jean-Auguste Le Pelletier de Molandé son oncle.

11° Louise-Ernestine née 1796 à Londres, a épousé Abel De Maubué.

12° Henri-Jean-Joseph né à Londres 1796. Parrain : Marie-Joseph d'Arclais, chevalier de Malte, maraine Henriette de Beaucorps dame du Fay.

13° Marie-Noémi, née à Niort 1803.

14° Un enfant + en naissant.

De ces enfants quelques uns seuls eurent postérité.

De l'examen des pièces contenues aux Archives de la famille, de la Ville de Niort et à celles de Montamys, Il résulte :

1° Que Achille DE SAVIGNAC aîné, devint par testament de l'année 1817 fait par Louis-Philippe d'Arclais Comte d'Arclais de Montamys son oncle, propriétaire du dit domaine de Montamys.

Qu'il épousa dame Avice De Mougon.

Qu'il n'eut pas d'enfant mâle, mais une fille : Camille qui épousa Charles vicomte de Cugnac, dont sont sortis trois filles : Marie, Antonine et Alice.

Marie mourut jeune. La seconde épousa Henri THIBAULT baron de Neufchèze, la troisième Henri vicomte de La Roque-Latour.

C'est à cette dernière qu'échut le domaine de Montamys par héritage de sa mère.

2° Que Frédéric DE SAVIGNAC des Roches, cadet d'Achille épousa demoiselle Elisa ROUGET de Gourcez dont il eut cinq enfants :

1° Louise, qui épousa Charles d'Audeteau.

2° Caroline, qui épousa Charles de Goulard d'Arsay.

3° Eugénie, qui fut religieuse.

4° Adrienne, qui épousa Maxime de Courseulles, cap. d'infanterie.

5° Charles-Ernest, marquis de Savignac des Roches, + 1901 S.P.

3° Que Ernest DE SAVIGNAC DES ROCHES, épousa demoiselle Aglaé BROCHARD DE LA ROCHE, dame du Theil et du Fontenioux dont il eut 3 enfants :

1° Ernestine, qui épousa Henri Louveau de la Règle.

2° Hervé, + agé de 25 ans. S.P.

3° Sidonie, qui épouse Hervé de Molandé son cousin, issu de germain, petit-fils de Jean-Auguste de Molandé, époux de Magdelaine d'Arclais, sœur cadette Marie-Louise.

Du 1er mariage sont sortis : 1° Raoul Louveau de la Règle, qui épouse Louise d'Availles, dont postérité.

2° Marguerite, qui épouse Raoul, marquis de Ste-Hermine, S. P.

De Sidonie et Hervé de Molandé est sortie :

Thérèse qui a épousé le comte René de Monti de Rezé, dont postérité.

De son mariage avec Charles d'Audeteau, Louise DE SAVIGNAC DES ROCHES a eu 2 enfants :

1° Charles, né en 1843, + jeune.

2° Louis, né 1845.

Louis a épousé damoiselle Marie-Antoinette Le Pelletier d'Angoville, petite-fille du poëte de Chenedollé, et en a eu 3 enfants :

1° Renée, qui a épousé le Vicomte des Grées du Loû, officier d'infanterie, d'où postérité.

2° Charles, + S. P., officier d'infanterie.

3° Raoul, qui a épousé Marie-Françoise de Tournebu, d'où postérité.

De son mariage avec Alexandre Maxime de Courseulles, Adrienne de Savignac des Roches à eu deux enfants :

1° Adrien, + jeune, S. P.

2° Elisabeth, qui a épousé Roger le Vicomte le François des Courtis, d'où postérité.

Dans l'église de St-André de Niort, se voient en un vitrail, représentant Saint-André et Sainte-Caterinne, les armes accolées des familles de Savignac des Roches et d'Arclais de Montamys.

Plusieurs des enfants de Pierre VI de Savignac des Roches ont servi dans les gardes du Corps du Roi, ainsi que l'attestent les certificats y relatifs.

Ce sont : Frédéric, Ernest, Ferdinand et Henri./.

Patry, S[gr] de Saint-Lambert

S'ARME :

De gueules
à 3
quintefeuilles
d'argent
posées 2 et 1.

Vivants l'an 1783. *Election de Caën.*

Catherinne-Félicité Darclays fille de Jean-Joseph-Michel d'Arclais Sr de Bretteville-l'Orgueilleuse, Brigadier des gardes du Corps du Roy, chevalier de Saint-Louis, et de damoiselle Marie-Charlotte-Félicité Daniel de Moult a épousé le 11 avril 1783, Messire Joseph-Antoine-Ollivier Patry officier au régiment de Beaune fils de Messire Loüis Patry chevalier, Sieur de Banville et Villiers-le-Sec, et de noble dame Louise-Françoise Germain de la Conté.

Le mariage eut lieu le 13 may de ladilte année en la paroisse de Bretteville-l'Orgueilleuse.

Traité de mariage d'Olivier Patry et de Charlotte Félicité d'Arclais

Pour parvenir au mariage qui au plaisir de Dieu sera fait et célébré en face de notre mère sainte Eglise catholique, apostolique et Romaine entre Messire Joseph-Antoine-Olivier de Patry, officier au régiment de Beaune, fils de Messire Louis Patry, Chevalier, sieur de Banville et de Villiers-le-Sec et de noble dame Louise-Françoise de la Conté demeurant en la paroisse de Villiers-le-Sec, diocèze de Bayeux, généralité de Caën d'une part et noble damoiselle Caterine-Charlotte-Félicité Darclais fille de feu messire Jean-Joseph-Michel Darclais, brigadier des gardes du Corps du Roy, chevalier de l'Ordre Royal et militaire de Saint-Loüis et pensionnaire de Sa Majesté et de noble dame Marie-Charlotte de Daniel, dame Chastelaine de la Lande et du Fief de Villemare en Romois, diocèze de Rouën, ses père et mère de la paroisse de Bretteville-l'Orgueilleuse, élection de Caen, diocèze de Bayeux, d'autre part. Après que les parties du Consentement de leur père et mère et de Messire Charles-François D'Arclais ancien capitaine au régiment de Chartres-Cavalerie, chevalier de l'ordre Royal et militaire de Saint-Louis, Pensionnaire de Sa Majesté et Oncle paternel de la dite damoiselle et des parents et amis soussignés, se sont donnés la foy de mariage et promis s'espouser à la première réquisition l'un de l'autre. En faveur duquel mariage ledit Sr Patry père consent... Etc... Etc... (suivent des conditions de douaire et de donation).

Fait double à Bretteville-l'Orgueilleuse le onze d'avril 1783, signé Joseph-Antoine-Olivier, Charlotte-Félicité D'Arclais, Louis-Yves Patry, Louise-Françoise Germain de la Conté, Marguerìtte Germain du Fort, Marin Durozel, chevalier de Saint-Loüis, Louise Radulphe, de Mathan, Hüe De Mathan, D'Agier, d'Ingouville, Marie-Charlotte Daniel, Charles-François D'Arclais, Godard de Beaupigny, Darclais de Beaupigny, Loüis-Yves Patry, Desvault de la Neuville, Desvault de Marguerie, Dagier de Ruffosse, De Marguerie, Néel de la Provostière, Daniel Dagier, François-Auguste Patry, Michel Patry de Bernières, Dagier de Bernières, Darclais des Moulins, Dagier Margueritte, Victoire Patry, Ch. de Grimouville, Cairon La Mallerie, Jeanne Patry, Radiville, De Grimouville-Cairon, Henriette-Louise Patry, Chrysostôme Patry, Grimouville, Boucher Cairon, Pierre De Malherbe, chevalier de Saint-Louis, lieutenant-colonel de Cavalerie, Des Veaux-Borel, Lemaire-Grimouville, Jeanne-Louise Patry de Malherbe, Le Pelletier de Veaux, De Patry-Bristot, le Comte de Seillard-Harel, le Comte D'Arclais de Montamys, la Comtesse D'Arclais de Montamys,

Comtesse D'Arclais chanoinesse, Chevalier D'Arclais de Montamys et plusieurs autres.

Le mariage eut lieu le 13 may 1783, en la paroisse de Bretteville-l'Orgueilleuse, suivant un extrait des registres des actes de l'Etat-civil de ladite Commune dudit lieu, dans lequel Olivier Patry est dénommé officier d'Infanterie dans le régiment de Beaune.

Patry (1)

La Maison PATRY a été reconnue noble dès MONFAULT.

Robert, fils Robert, fils François, fils François.

Robert PATRY, sieur de Sully, François et Jacques PATRY, ses enfans.

François, fils Jean, et de damoiselle Rose d'Argouges, ép. Jeanne Le Dangie. 1511

François II,	épouse	Jeanne Laillet.	
Robert I,	—	Christiane Eustace.	
Robert II,	—	Marie Le Trésor.	1624
François, fils Robert II,	—	1° Marguerite Suhard.	1675
		2° Susanne de la Rivière.	1680

(1) Recherche de Chamillart, 1666 et années suivantes.

Le Pelletier de Molandé

S'ARME :
D'azur
à 3 lozanges d'argent
au chef aussi d'argent
chargé de 3 roses rangées
de gueules.

Vivants l'an 1791. — *Election de Vire.*

Magdelaine-Marie-Françoise d'Arclais fille segonde de Nicolas-Joseph comte d'Arclais de Montamys, baron de Monchauvet et de noble dame Jeanne de Chal, chanoinesse de l'Insigne Chapitre de l'Argentière, a épousé le 22 janvier 1791, noble homme Jean-Auguste Le Pelletier de la Fosse, seigneur, de Molandé, fils de Germain-Pierre-Louis du nom et de Génefviéfve Loir de Morfontaine.

Le contrat a été passé à Thorigny.

Magdeleine était née le 28 juin 1762. Elle fut chanoinesse de l'Insigne Chapitre noble de Largentière. Elle mourut à Caen, le 19 aoust 1814. Son mari mourut capitaine de frégate et chevalier de Saint-Louis

Elle eut une fille qui épousa Achille de Cussy et un fils Léopold-Louis-Auguste-Alexandre, né en 1797, + le 19 décembre 1873. Lieutenant de la Garde royale, chevalier de Saint-Louis et de la Légion d'honneur qui épousa en avril 1825 à Cottun près Bayeux, Pétronille-Charlotte Le Pelletier de Molandé, sa cousine germaine, fille de Guillaume-Hervé de Molandé et de Stéphanie d'Albignac fille du lieutenant-général de ce nom grand-croix de Saint-Loüis et de la Légion d'honneur [1].

(1) Archives d'Audeteau et de Monti.

Le Pelletier, Sieur de la Fosse et de Molandé.

Gaspard LE PELLETIER, Sieur de la Fosse, demeure à Brémoy Sergenterie du Tourneur, élection de Vire.

La paroisse de Brémoys jouxte le domaine de Montamys du coté des Besaces.

Ce seigneur vivant au 16e siècle avait épousé Renée EUDES.

Son fils Nicolas épousa Marie Eudes ou Heudes.

De cette origine est sortie la lignée qui se relie à la fin du XVIIIe siècle à la Maison d'Arclais de Montamys.

La maison Le Pelletier (ou Le Peltier de la Fosse) et de Molandé, car les noms s'écrivent des deux manières et a été annoblye par le Roy Henry IIIe en l'année 1587.

Avant cette consécration de sa position dans la Province de Normandie, elle avait déjà acquis une haute situation par les services rendus à l'Estat et au Roy au faict de ses guerres, par sa fortune et ses Alliances.

En réalité, elle était noble depuis bien des générations et agissait comme telle, vivant noblement, quand Sa Majesté lui adressa les lettres patentes qui constatent un état acquis plutôt qu'elles ne lui en concèdent un nouveau.

C'est ce qui résulte de nombre d'actes, pièces ou certificats et en particulier de deux attestations données par Monseigneur de Joyeuse qui font apparoir que Le Pelletier Sr de la Fosse était un vigoureux capitaine plein d'énergie et de « valleur », n'épargnant aucune peine et dépense quand s'agissait du service du Roy et se conduisant en tout et pour tout en vray gentilhomme.

Cette famille parait avoir possédé, de très longtemps, la Seigneurie de Brémoys.

Cette proximité des domaines de Brémoys et de Montamys amena l'alliance des familles.

En l'année 1791 le 22e jour de Janvier, Magdeleine Darclais 2e fille de Nicollas-Joseph, Comte d'Arclais de Montamys, sœur cadette de Marie-Loüise, dame de Savignac des Roches, épousait à Thorigny Messire Jean-Auguste Le Pelletier de Molandé, chevalier, lieutenant des vaisseaux du Roy au département de Brest. Il était fils de Messire Pierre-Germain-Louis Le Pelletier de Molandé, chevalier, et de feüe noble dame Géneviève Loir de Morfontaine.

Au moment de son mariage Jean-Auguste était âgé de 27 ans.

Marie-Magdeleine Darclais de Montamys, était chanoinesse de l'insigne et noble chapître de l'Argentière.

Elle était née le 28 Juin 1762 ainsi qu'il résulte de leur contrat de mariage.

Elle est décédée le 11 avril 1814, âgée de 52 ans.

Cette origine est encore vérifiée par le testament de Louis Le Pelletier de Molandé daté du 2 Juin 1742, dans lequel il dit : « je désire d'estre « inhumé devant le crucifix de la paroisse de Brémoys où est la tombe et le « lieu de sépulture de mes prédécesseurs, avec le moins de pompe inutile « que faire se pourra... etc... »

Elle est encore vérifiée par l'état des titres qui ont été produits devant Mr Chérin généalogiste des Ordres du Roy, par Messire Pierre-Germain-Loüis Le Pelletier, père de Jean-Auguste qui voulait entrer dans le corps de la marine Royalle, à la suite desquelles productions, ce jeune homme a été admis à l'école navale et nommé aspirant garde-marine.

1° Extraict baptistaire de Jean-Auguste Le Pelletier fils de Pierre-Germain-Louis Le Pelletier en dabte du 1er aoust 1764.

2° Extraict baptistère de Pierre-Jermain-Loüis Le Pelletier, escuier, Sr de Molandé fils de Hervé-Jean-François Le Pelletier ayeul de Jean-Auguste en datte du 3 mars 1721.

3° Extraict du mariage de Pierre-Jermain-Loüis Le Pelletier fils de Hervé-Jean-François et de noble dame Marie Borel de la paroisse de Brémoys et de noble damoiselle Géneviève Loir, fille de feu Ambroise Loir, escuier, Sr de Morfontaine et de noble dame Marie-Anne-Françoise De Bauldre de Colombelle, en dabte du 1er Juing 1759.

4° Un accord fait devant notaire entre Hervé-Jean-François Le Pelletier, écuier, Sr de Molandé et Pierre-Jermain-Loüis son fils en dat (*sic*) du 11 may 1759.

5° L'extrait baptistère de Hervé-Jean-François, fils de Jean-Loüis Le Pelletier, escuier. Sr de Molandé bisayeul de Jean-Auguste en dat (*sic*) du dernier octobre 1692.

6° Pièce singulière qui est la légalisation de l'extrait ci-dessus et qui légalise également l'extrait de mort dudit Jean-Loüis. Cette pièce est dabtée du 3 aoux 1771.

7° Extrait de mariage de Hervé-Jean-François Le Pelletier, escuier, Sr de Molandé avecque noble dame Marie Borel en dat (*sic*) du 20 avril 1717.

8° Une requestre présentée par Hervé-Jean-François Le Pelletier, escuier, Sr de Molandé à M. le marquis de Rastant, intendant de la Généralité de Caën, contre les paroissiens de Brémoy, qui constate la légitimité de sa noblesse et condamne lesdits paroissiens en 1.500 livres d'intérest enver (*sic*) le plaintif. Cette acte est en juillet 1727.

9° La grosse en parchemin du contract de mariage de Jean-Loüis Le Pelletier, ecuier, Sr de Molandé, commandant un bataillon au régiment de la Raine (*sic*) fils et héritier de feut Gaspard Le Pelletier, escuier, Sr de la Fosse et de noble dame Richard, avecque damoiselle Magdelaine Brasard fille de feut Jacques Brasard, ecuier, Sr de Sainte-Croix, passé devant Mathieu Furon, notaire à Cérisy, le 1er décembre 1683.

10° Une quittance de droits d'enregistrement des armoiries acquitté par Jean-Loüis Le Pelletier, le 27 avril 1697.

11° Reconnaissance devant notaire d'une rente deüe par Julien Bebry à Jean-Loüis Le Pelletier, ecuier, Sr de Molandé, lieutenant-colonel d'Infanterie, qualifié fils Gaspard Le Pelletier, en son vivant escuier, Sr de la Fosse ledit acte controllé à Vassy, le 13 mars 1708.

Ce Gaspard Le Pelletier est trisayeul de Jean-Auguste.

12° Sommation faicte requeste de Jean-Loüis Le Pelletier, écuier, à Gaspard du Hartel pour satisfaire à un arrêt rendu à Roüen dattée du 3 aoux 1685.

13° Extraict mortuère (*sic*) de Jean-Loüis Le Pelletier, ancien colonel d'Infanterie en dat (*sic*) du 1er janvier 1739 (inhumation en 1713 (*sic*).

14° La Grosse en parchemin du Contract de mariage d'entre Gaspart Le Pelletier ecuier, Sr de la Fosse, fil (*sic*) de deffunct Nicollas Le Pelletier en son vivant escuyer, Sr de la Fosse et damoiselle Anna Heudes, de la paroisse de Brémoys. Ce contrat est signé du 5 novembre 1622.

15° Letre (*sic*) du Roy qui défend à tous les créanciers de Gaspard Le Pelletier aide mareschal de Camp, de le troubler, lesdites lettres accordées au camp de Sainte-Foy le 22 may 1622.

16° Contract de Fief faicte par Gaspard Le Pelletier, écuier, Sr de la Fosse, de la paroisse de Brémoy, au bénéfice de Jullien Bellevy en dabte du 30 Janvier 1667.

17° Letres de noblesse en forme de Chartres accordées par Henry IIIe Roy de France et de Pologne à Nicolas Le Pelletier Sr de la Fosse et de Couvrechef et à sa postérité née et à naistre en légitime mariage pour mérite et services, en datte du mois de mars 1587.

18° Extraict de la cour des Aides, laquelle enregistre lesdittes letres de noblesse : le 20 octobre 1587.

19° Autre extraict de la chambre des Comptes portant enregistrement desdittes letres de noblesse de Nicollas Le Pelletier ecuier, en dabte du 24 juin 1587.

20° Cinq extraicts des roolles à la taille de la paroisse de Brémoys délivrés au Gref (*sic*) de la jurisdiction de Visre (*sic*) élection du lieu, le 1er en date de 1781, le second de 1752, le 3e de 1726, le 4e de 1719, le 5e de 1710, tous lesquels extraicts retranchent du nombre des taillables les Le Pelletier de chaque aage.

21° Inventaire des pièces, tiltres, et escriptures contenües en la présente liace ; autres actes par addition.

22° Le contrat de mariage de Pierre-Jermain-Loüis Le Pelletier ecuier, fil (*sic*) de Hervé-Jean-François Le Pelletier ecuier, Sieur de Molandé en date du 27 mars 1759, ledit Pierre-Jermain-Loüis Le Pelletier est père de Jean-Auguste.

23° Sentence de la haute-justice de Vassy en dat du 3 novembre qui caractérise ledit Pierre-Jermain-Louis père de l'aspirant de marine, de Messire, Chevalier et Seigneur de Molandé.

24° Contract de Fief faicte au bénéfice de Hervé-Jean-François Le Pelletier écuier, Sieur de Molandé [ayeul de l'aspirant]. Controlé et insinué le 11 décembre 1728.

25° Sommation faicte requeste de Hervé-Jean-François Le Pelletier écuier, Sr de Molandé des rentiers pour leur faire reconnaître une rente que ces mêmes rentiers avaient reconnu à noble dame Magdeleine Brasard veufve et héritière en sa partie de Jean-Louis Le Pelletier écuier Sr de Molandé, ledict acte fait le 27 juillet 1760.

26° Contrat primordial ou pour mieux dire sentence rendue au baliage de Thorigny au profit de Jean-Loüis Le Pelletier escuier, Sr de Molandé contre Messire d'Arclais, escuier, Sr de Monboscq rendue le 5 février 1690.

27° Autre contract de fief faicte par Jean-Louis Le Pelletier écuier, Sr de Molandé, capitaine au régiment de la Raine, de la paroisse de Brémoy en dat du 1er juin 1686. Aux pieds de ce contract est une reconnaissance faite à la dame de Molandé épouse dudit Jean-Loüis en dat du 15 octobre 1725.

Attestation donnée par Gaspard de Pellet

Nous, Gaspard de PELLET, Sieur de la Verne, baron de Montperoux gentilhomme ordinaire de la Chambre du Roy, lieutenant de Monseigneur de Joïeuse au Gouvernement des ville et chasteau de Caen ATTESTONS à tous qu'il appartiendra que Nicolas Le Pelletier, escuier, Sr de la Fosse, capitaine général des bourgeois, manants et habitants de la ville est très diligent en sa charge et y sert très fidellement le Roy et duquel depuis que nous sommes au gouvernement avons reçu de très bons rapports et importans advis tant pour la conservation de icelle ville en l'obéissance de Sa Majesté que pour le bien général de ceste province et lesquels nous avons referé au Roy et à Monseigneur de Joyeuse, lequel tient led. Sr de la Fosse pour très fidèlle et très affectionné au service de Sa Majesté enaïant jà expérimenté de très signalés effectz et lequel depuis peu au voyage lequel se debvoit faire en Picardie avons charge de Sa Majesté de lever et y conduire quatre centz arquebusiers à cheval faisant ledit Sr de la Fosse de très grandes dépences pour le service de Sa Majesté et sy emploie fort et lequel luy à faict de très bons et signalez services que nous ne pouvons plus partiquliérement exprimer par le menu pour la conséquenee d'iceux. En tesmoing de quoy nous avons signé le présent de nostre main et y fait aposer le cachet de noz armes au chateau dudit Caën le dernier jour de may l'an mil cinq cens quattre vingt sept.

Signé : LAVERNE.

(Cachet rouge.)

Certificat donné par Hervé de Longaulney

Nous, Hervé de LONGAULNEY, Sieur du Lieu, chevalier des Ordres du Roy, gentilhomme ordinaire de sa chambre, l'un des lieutenant-généraux pour Sa Majesté en l'absence de Monseigneur le Duc de Joïeuse Attestons à tous qu'il appartiendra avoir veu Nicollas Le Pelletier, escuier, Sieur de la Fosse, aulx armées de Saint-Lo, Carantan et Domphront pour le service du Roy au commencement desquelles il print le cappitaine Vouilly lieutenant de feu Comte de Montgommery et l'amena prisonnier en la ville de Caen. Mesme l'avoir veu aller à l'assaut dudit lieu de Domphront, où se porta en homme d'honneur et de valleur et de ce temps l'avoir mené et conduict par plusieurs à la guerre, aussi l'avoir veu emploiér en beaucoup d'entreprinses de Monsieur de Matignon, mareschal de France, pour lors gouverneur et lieutenant-général pour Sa Majesté en Normandie et de laquelle il s'acquittait très dignement, se servant ledit seigneur de Matignon dudict Sr de la Fosse tant pour la conservation de laditte ville en l'obéissance du Roy, dont il était cappitaine de l'un des quartiers, que même en beaucoup d'advis qu'il recevoit de luy grandements importants pour le service du Roy ayant ledit de la Fosse par le commandement de Mondict Seigneur le Mareschal et pour le service de Sa Majesté conduict, et mesmes à ses deppens, deux centz arquebuziers au voïage d'Anjou et du Maine lequel ledit Seigneur de Matignon y alla repousser le Sieur de Bussy d'Amboise qui y vouloit entrer audict païs et du depuis le Sr de Petitville estant mort, qui etoit cappitaine-général des bourgeois et habitants de laditte ville fut audict Sr de la Fosse donné ledict estat par Mr d'O, pour lors lieutenant-général pour Sa Majesté en ce païs tant par nous admis, du feu Sr Bailly de Caen que des habitants de la ditte ville ; mon dict Sr d'O se servant ordinairement dudit Sieur de la Fosse et lui aïant oüi dire par plusieurs foyes qu'il tenoit le capitaine de la Fosse pour homme de très grand services et duquel il recepvoit beaucoup de bons advis et advertissements pour le service de Sa Majesté et lorsque s'offrait quelque occasion pour faire sortir les habitants de la ditte ville pour aller à la guerre lui a tousiours esté adressé le commandement pour les mener et conduire tant par mon dict Seigneur d'O que par nous.

Nous estant beaucoup de foyes esté recitté pareille attestation dudict cappitaine de la Fosse tant par le deffunct Sr de Lagne de Saucourt par cy devant Lieutenant particulier au gouvernement des villes et Chasteaux de Caën.

Veu par le Sieur de la Pomme Lieutenant à présent de Mon Seigneur de Joyeuse audict gouvernement, aïant continuellement veu ledict Sr de la Fosse servir fort honorablement, bien monté et armé et avoir beaucoup dépencé pour le Service de Sa Majesté.

En tesmoing de quoy nous avons signé ce présent et à iceluy faict aposer le cachet de nos armes. Ce 2e jour de juing 1587.

Signé : LONGAULNAY.

Par Monseigneur,
Poisson.

(Cachet en cire rouge)

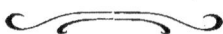

Jean-Auguste Le Pelletier de Molandé, fils de Germain-Louis étoit entré dans la marine.

En l'année 1791 étant lieutenant de vaisseau, il épousa le 22 janvier noble damoiselle Magdeleine-Marie-Françoise d'Arclais 2e fille de Nicolas-Joseph comte d'Arclais de Montamys.

Le contract de ce mariage existe aux archives d'Audeteau d'Arclais de Montamys.

Le mariage eut lieu à Montamys

Magdeleine d'Arclais est née le 28 juin 1762. Elle mourut à Caën le 15 aout 1814.

L'année qui suivit son mariage, Jean-Auguste pour éviter l'arrestation, partoit pour l'émigration laissant sa femme en France.

De ce mariage sont nés deux enfants : Léopold-Louis-Auguste-Alexandre et Zoé qui devint dame Achille de Cussy.

Jean-Auguste, chevalier de Saint-Louis, lieutenant des vaisseaux du Roy, par son mariage avec Magdeleine d'Arclais, devint le beaufrère de Pierre de Savignac des Roches, ancien mousquetaire du Roy qui avoit épousé Marie-Louise, sœur ainée de Magdeleine.

Son fils, Léopold-Alexandre, né en 1797, entra dans l'armée après les troubles révolutionnaires. Il était aide de camp du général d'Albignac pendant la campagne d'Espagne en 1823.

Il épousa en 1825 sa cousine germaine Coralie Le Pelletier de Molandé fille de son oncle Hervé de Molandé et de Stéphanie d'Albignac née en 1799. Le père de Stéphanie étoit le mareschal de camp d'Albignac.

En 1828 Léopold de Molandé donna sa démission et se retira à Coltun près Bayeux dont il devint maire, il y habita jusqu'à sa mort survenue le 19 décembre 1875 dans sa 76e année.

Sa femme Coralie est décédée le 3 janvier 1882 dans sa 80e année.

(1 Voir le tableau de consanguinité et de filiation.

De ce mariage sont nés trois enfants :

1° Hervé né en 1827 ;

2° Albert né en 1833 ;

3° Blanche née en 1836, le 24 novembre.

La fille de Jean-AUGUSTE et de Magdeleine d'ARCLAIS s'appelait Zoé, ainsi qu'il a été dit, elle épousa Mr Achille DE CUSSY d'une très ancienne famille normande.

De ce mariage sont nés quatre enfants :

1° Marie DE CUSSY.

2° Alix DE CUSSY.

3° Armande DE CUSSY.

4° Adalbert DE CUSSY.

Enfants de Léopold.

1° HERVÉ.

A épousé sa cousine issue de Germaine, Sidonie DE SAVIGNAC du Fontenioux fille d'Ernest de Savignac des Roches et du Fontenioux, ancien garde du corps du Roi et d'Aglaé Brochard de la Roche, dame du Fontenioux.

Ernest DE SAVIGNAC était un des puisnés, le 3e, de Pierre de Savignac des Roches, et de dame Marie-Louise D'Arclais de Montamys.

De ce mariage est née Thérèze LE PELLETIER de Molandé qui a épousé le 19 juillet 1879, René COMTE de MONTI de Rézé, Secrétaire de Mgr le Comte de Chambord.

De ce mariage sont issus deux enfants :

a) Henri né le 19 avril 1882.

b) Yvonne née le 6 avril 1885.

2° ALBERT s'est marié deux fois et est mort S. P. Il a épousé : *a*) Aliska DU BISSON le 8 octobre 1858. *b*) Berthe DE SOURDEVAL en 1901.

3° BLANCHE, née le 24 novembre 1838 a épousé le 5 juin 1866 le vicomte d'ABZAC S. P.

Enfants de Zoé.

1° MARIE. L'ainée s'est mariée deux fois. Elle épousa :

(1) Erasme GAULTIER de Saint-Bazile, dont un fils EDGARD a épousé demoiselle Thérèze de Tristan dont sont issus quatre enfants :

Marc, Maurice, Gontran et Henri dont postérité.

(2) Le Vicomte Auguste DE CHAUMONTEL officier de Cavalerie dont sont issus deux fils : AUGUSTE et HENRI.

2° ALIX. La cadette épousa JULIEN-MAURICE Comte de la Rivière capitaine de Frégate, dont sont issus :

a) GEORGES enseigne de vaisseau.

b) ROGER capit. de Frégate qui a épousé Germaine DU PARC dont postérité.

c) ADÈLE qui a épousé le comte Octave Becci à Lisieux dont postérité.

3° ARMANDE se marie deux fois.

(1) Elle épouse : Bouquerel DE PLAINVILLE dont 2 filles :

a) EDITH qui épouse le baron de GASPAMY + 1895 S. P.

b) VALENTINE qui épouse Jules DE GUERPEL et habite à Carville près le Beni-Bocage dont postérité. + 11 juillet 1910 agé de 75 ans.

Son fils Henry a épousé Marie-Thérèze de Saint-Pol (1895) nièce de dame Blanche de Tournebu, mère de dame Marie de Tournebu épouse de Raoul d'Audeteau de Montamys.

Sa fille Suzanne décédée avait épousé :

(1) le Vicomte de Quatrebarbes.

(2) Mr Sénot de la Londe S. P.

4° ADALBERT épousa sa cousine Germaine Marie DE CUSSY fille de Fritz et de miss Middleton ; de ce mariage postérité.

a) Louise religieuse.

b) Marguerite qui ép. le baron de Franclieu, dont postérité.

c) Rodolph — de Tillot de Coligny.

d) Jean — Céline de Rougefosse, dont postérité.

Filiation de la Maison Le Pelletier de la Fosse Seigneurs de Molandé de 1587 à 1910

Nicolas Le Pelletier, Sr de la Fosse épouse Anna Heude. Il reçoit du Roi Henri III en mars 1587 des lettres patentes.

Gaspard Le Pelletier Sr de la Fosse épouse le 3 février 1622. Bonne fille Anne Richard fille Judit sieur dudict nom et de Jeanne Vaudin.

Jean-Louis, Sr de la Fosse et de Molandé ép. le 1er décembre 1683 Magdeleine Brazard + le 27 avril 1712 inhumé à Brémoy

Hervé-Jean-François né à Brémoy le 31 oct, 1692, ép. Marie Borel, 30 avril 1747

Guillaume-François-Louis ép. Jeanne d'Estrevaux	Pierre-Germain-Louis né le 3 mars 1722, ép. le 1er janvier 1759 Geneviève Loir

Pierre-Guillaume-Louis ép. miss Middleton un fils + jeune	Jean-Auguste épouse le 22 janvier 1791, Magdeleine-Marie-Françoise d'Arclais de Montamys	Guillaume-Hervé ép. Stéphanie d'Albignac
Zoé ép. Achille de Cussy	Léopold-Louis-Auguste-Alexandre né en 1797 épouse le 23 avril 1825 + le 19 décembre 1873, Pétronille-Charlotte Le Pelletier, sa cousine germaine	Pétronille Charlotte Coralie ép. Léopold, son cousin germain
Albert ép. 1° Aliska du Bisson 2° Berthe de Sourdeval S. P.	Hervé de Molandé né en 1827 + le 22 septembre 1859 ép. sa cousine Sidonie de Savignac du Fontenioux à Niort	Blanche née 1838 ép. le vicomte d'Abzac S. P.
	Thérèze de Molandé née en 1858 ép. le 19 juillet 1879 René comte de Monti de Rezé, d'où postérité	

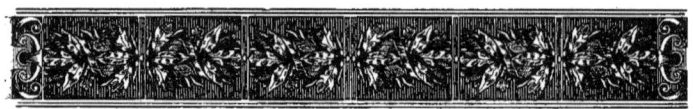

Parmi les nombreux titres que nous avons compulsés, nous n'avons retenu que ceux qui nous ont paru donner plus spécialement, à chaque famille, le caractère qui lui est propre.

Nous espérons n'avoir point fait d'erreurs capitales, tout au moins.

Si nous avons commis quelques oublis très involontaires, nous prions les intéressés de nous les signaler en nous les pardonnant.

Nous remercions les collaborateurs dévoués, dont l'aide nous a permis de compléter notre travail déjà établi avec les documents tirés de nos archives personnelles.

Entre bien d'autres dont le concours nous a été des plus précieux, nous adressons des remerciements particuliers à MM. l'abbé Bourienne, curé d'Ellon, Vattier, principal honoraire en retraite à Caen [1]*, Bannier, des Archives Nationales, ainsi qu'à Madame Herviant, à Paris.*

La famille DE CAIRON a eu à toutes les générations, de nombreuses alliances qui la rattachent à la plupart des familles Normandes.

Il est rare qu'on ne trouve pas la trace DES CAIRON en étudiant d'autres généalogies.

Plusieurs des Maisons dont il est question, dans cet ouvrage telles que les COUSTELLIER, NÉEL, DANIEL, DE TOURNEBU, DE GRIMOUVILLE, DE MORANT, PIGACHE, LE VAILLANT, SAINTE-MARIE, etc., en dehors des unions directes, se relient à la Maison D'ARCLAIS, par les nombreuses alliances de la Maison DE CAIRON.

(1) Au moment de clore notre travail, nous apprenons, avec un véritable chagrin, la mort de l'érudit et toujours si dévoué M. VATTIER ; nous adressons à sa famille l'expression la plus sincère de nos regrets et l'assurance de la part très grande que nous prenons à sa douleur.

Dans l'article Morant [page 319, branche de Coulonces] nous avons dit que CHARLES-PIERRE, *baron de* COULONCES *[par acquisition faite le 11 may 1711 de la 2e portion de la dite baronnie] sgr d'Asnebec-Etouvy, fils de* CHARLES-ROGER, *dit le chevalier du Mesnil-Garnier, seigneur de Bernières, 3e fils, lui-même, de* THOMAS *II, grand trésorier des Ordres du Roi, avait eu plusieurs enfants, dont :*

PIERRE-BENOIT *et* ANTOINE-RENÉ.

Le premier est né à Toulon le 22 mars 1710 et le second à Coulonces le 12 septembre 1717.

L'aîné PIERRE-BENOIT, *chevalier, seigneur et baron de* COULONCES *continua la branche de ce nom qui est devenue par la suite, branche aînée, après l'extinction des autres branches antérieures, tandis que le puisné* ANTOINE-RENÉ *ayant eu pour sa part les seigneuries d'*ASNEBEC-ETOUVY, *donna naissance à la branche de ce nom.*

Voir les dossiers de ces différentes familles et en particulier, les MORANT, par Albert Bruas [Angers, Lachèze et Dolbeau, édit.]

Auteur[...]

NICOLAS-JOSEPH, Comte d'A[...]
Chevalier de Saint-Loüis, [...]
espouse noble dame N[...]
21 févr[...]

Descendance de Nicolas-Joseph, Comte d'Arclais de Montamys

Des cinq enfants de NICOLLAS-JOSEPH, MARIE-LOUISE *et* MARIE-MAGDELÈNE *seules ont eu postérité dans les familles* DE SAVIGNAC DES ROCHES *et* LE PELLETIER DE MOLANDÉ.

Marie-Louise D'ARCLAIS DE MONTAMYS, esp. Nᵉˢ hᵉˢ Pierre de Savignac des Roches, chevalier de St-Loüis, mousquetaire noir du Roi, Lieut. de N.N. S.S. les Mareschaux de France. Il eut 14 enfants dont : 14 mai 1777.

de Savignac

Achille DE SAVIGNAC, comte de Montamys, qui épousa 1° Noble damoiselle Antonine de Mougon, dont postérité ; 2° Serin de la Cordinière S. P. 1821.

Frédéric DE SAVIGNAC DES ROCHES, garde du Corps du Roi, épousa Elisa Rouget de Gourcez, 15 juillet 1818.

d'Audeteau

Ersnet DE SAVIGNAC DU FONTENIOUX, garde du Corps du Roy, épouse Aglaé Brochard de la Rochebrochard, 1830.

Camille DE SAVIGNAC de Montamys, ép. Charles - Amédée, Vicomte de Cugnac 18 février 1851.

Louise DE SAVIGNAC DES ROCHES, épo. Charles - Henri d'Audeteau ou Daudeteau. 24 mai 1842.

Ernest, Marquis DE SAVIGNAC DES ROCHES, né le 10 septemb. 1823 à Niort + S.P. le 23 juillet 1901.

Adrienne DE SAVIGNAC DES ROCHES, épouse Alexandre Maxime Comte de Courseulles, capitaine d'infanterie. 17 février 1863.

Caroline, dame de Goulard d'Arsay, S. P.

Eugénie de Savignac religieuse.

Ernestine DE SAVIGNAC DU FONTENIOUX, ep. Henri Louveau de la Règle. 20 mai 1845.

Sidonie DE SAVIGNAC DU FONTENIOUX, épouse Hervé Le Pelletier de Molandé, son cousin, le 12 janvier 1857.

Antonine DE CUGNAC, ép. Baron Henri de Neufchèze, 1877 S. P.

Alice DE CUGNAC, ép. Vicomte Henri de la Rocque La Tour. 1880 S.P

Cᵗ Louis D'AUDETEAU, chev. de la légion d'honneur, épouse Marie-Antoinette Le Pelletier d'Angoville, 2 mai 1866 dont :
1° Renée, épouse X. Desgrées du Loû, 9 sept. 1896, P., chev. de la légion d'honneur.
2° Raoul, ép. Marie de Tournebu, 1903 P.

de Courseulles

Elisabeth DE COURSEULLES, ép. Roger le François, Vic. des Courtis, dont 3 enf. : René, Anne et Marie, 2 octobre 1888.

Marguerite LOUVEAU DE LA RÈGLE, épouse Raoul, marquis de Ste-Hermine, 1875 + S. P.

Raoul LOUVEAU DE LA RÈGLE, chev. de la légion d'honneur, épouse Louise d'Availles, dont 4 fils.

Thérèze LE PELLETIE[R] épouse René, Comte d[...] 19 Juillet [...] P.

de Cugnac

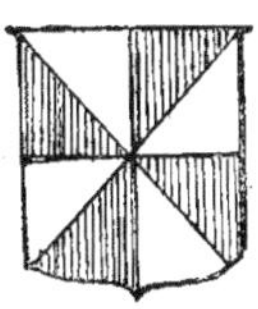

Desgrées du Loû

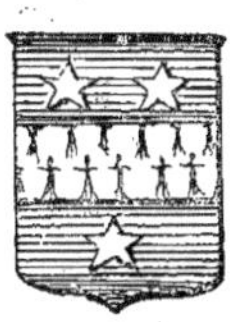

de la Roque-Latour

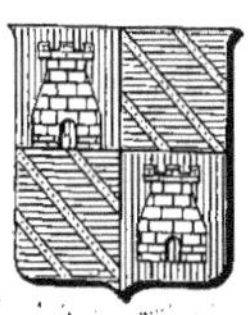

Thibault de Neufchèze

Le François des Courtis

de Ste-Hermine

Louveau de la Règle

de Monti

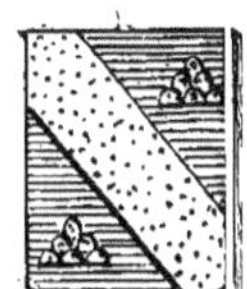

Commun

ARCLAIS de MONTAMYS
ouïs, Major de Cavalerie,
Marie-Jeanne de CHAL,
ier 1759.

de Molandé

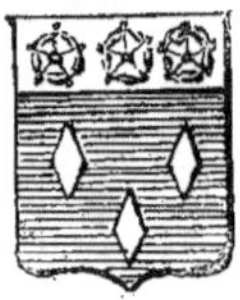

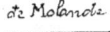

Marie-Magdeleine DARCLAIS de MONTAMYS, espouse Ne Hme Jean-Auguste Le Pelletier de Molandé, Lieut. des Vaisseaux du Roy, chevalier de St-Loüis, le 22 janvier 1791.

de Cussy

Louis-Auguste-Léopold-Alexandre Le Pelletier de Molandé, capitaine d'infanterie, chevalier de la légion d'honneur, ép. Pétronille Le Pelletier de Molandé, sa cousine germaine, 23 avril 1825.

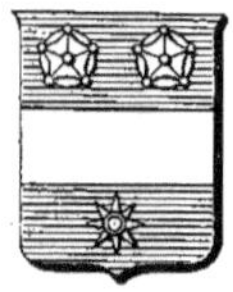

Zoé Le Pelletier de Molandé, ép. Achille de Cussy, garde du Corps du Roi, chevalier de St-Louis, 1820.

Hervé Le Pelletier de Molandé, épouse Sidonie de Savignac du Fontenioux, sa cousine, le 12 Janvier 1857.

Blanche Le Pelletier de Molandé, épouse Adolphe de la Vaudière de Vitrac, Vicomte d'Abzac, le 5 juin 1866, S.P.

Marie de Cussy, ép. 1° Erasme de St-Bazile 14 août 1839. 2° Vicomte de Chaumontel, command. de cavalerie, offic. de la Légion d'honneur, 2 juin 1853.

Alix de Cussy, épouse Georges de la Rivière, capitaine de frégate, officier de la Légion d'honneur, comte de la Rivière, 1845.

Armande de Cussy, épouse: 1° Bouquerel de Plainville. 2° Sénot de la Londe. 29 août 1844. 1881 2° mariage S.P.

Adalbert de Cussy, épouse Marie de Cussy, sa cousine germaine. 20 mai 1851.

...er de Molandé, ...de Monti de Rézé. ...1879.

Edgard de Saint-Bazile ép. 1870 Thérèze de Tristan, dont 4 enf. : Marc, Maurice, Gontran, Henri.

Auguste de Chaumontel ép. Marie 7 mai 1890 de Bagneaux dont 3 enf. :

R. P. Henri de Chaumontel, des pères de Sion.

Georges de la Rivière, enseigne de vaisseau décédé S.P.

Roger de la Rivière, capitaine de frégate, ép. Germaine du 4 Juin 1890 Port dont : Jean, Marie, Françoise

Adèle de la Rivière, ép. le Comte Becci dont : Gabriel Marcel.

Edith de Plainville, ép. Baron de Gapamy, capitaine de cuirassiers. S.P.

Valentine de Plainville ép. 7 Janvier 1868 Jules de Guerpel, dont : Henri, qui ép. en 1895 Marie-Thérèze de St-Pol dont P.

R. P. de Cussy, religieux.

Rodolphe de Cussy, ép. damois. Terrot de Coligny

Marguerite de Cussy, épouse le 29 septembre 1878 le comte Maurice de Franclieu, P.

Jean de Cussy, ép. 5 Juillet 1887 demoiselle de Canivet de la Rougefosse. P.

de St-Bazile

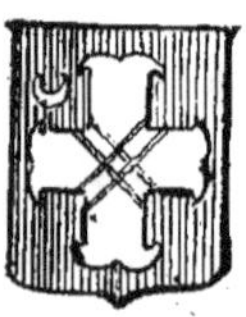

d'Abzac

de Chaumontel

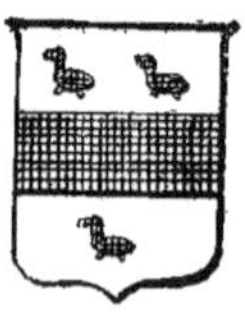

de la Rivière

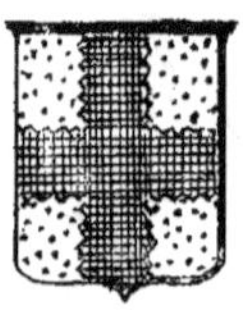

de Plainville

de Guerpel

comte Becci

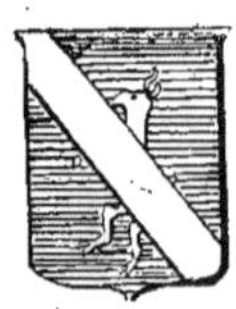

de Franclieu

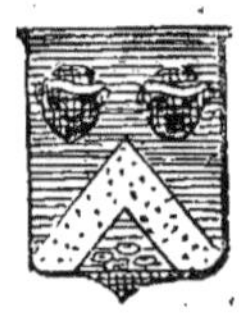

Index Onomastique

A

B

www.ingramcontent.com/pod-product-compliance
Lightning Source LLC
Chambersburg PA
CBHW051127230426
43670CB00007B/709
* 9 7 8 2 0 1 9 5 3 5 4 0 7 *